日本公立中学

一千天

◎谭琦 —— 著

（联书店）

图书在版编目（CIP）数据

日本公立中学一千天／谭琦著. —北京：生活·读书·新知三联书店，2021.5
ISBN 978 - 7 - 108 - 07084 -5

Ⅰ . ①日… Ⅱ . ①谭… Ⅲ . ①中学教育 - 概况 - 日本
Ⅳ . ① G639.313

中国版本图书馆 CIP 数据核字（2021）第 021465 号

责任编辑 黄新萍
装帧设计 刘 洋
责任校对 常高峰
责任印制 徐 方
出版发行 **生活·讀書·新知** 三联书店
　　　　　（北京市东城区美术馆东街 22 号 100010）
网　　址 www.sdxjpc.com
经　　销 新华书店
印　　刷 三河市天润建兴印务有限公司
版　　次 2021 年 5 月北京第 1 版
　　　　　2021 年 5 月北京第 1 次印刷
开　　本 880 毫米 × 1230 毫米 1/32 印张 12
字　　数 274 千字 图 17 幅
印　　数 0,001 - 7,000 册
定　　价 48.00 元
（印装查询：01064002715；邮购查询：01084010542）

推荐序

日本学校是什么样的？

杨东平

　　虽然中国和日本的文化交流源远流长，但改革开放以来，我们的目光跨越了太平洋，对欧美教育的关注远远超过了亚洲近邻。曾经的"亚洲四小龙"在经济上的成功并没有吸引我们去了解它们的教育。对于近在身边的日本教育，我们一直如雾里看花，若暗若明。因而，得到这部书稿，我有种迫不及待的心情。

　　与那种走马观花的见闻和评论完全不同，这本《日本公立中学一千天》是一位中国妈妈对儿子和女儿在日本初中三年学习的纪实。她的上一本《日本国立小学365天》，记录的则是儿子在小学六年级的学习历程。这种来自家长的教育观察，包含了子女的成长记录，日记、作文、绘画，学校的各项教学、活动、管理的细节，以及相关的历史和知识背景，是一种近乎原生态的展示，使我们得以看见日本中、小学教育的方方面面，具有触手可及的温度和质感。

阅读的感受是颠覆性的。看见一个中国儿童在另一个文化传统和教育环境中如此鲜活地成长，竟然有一种久违的感觉。因为沉浸于国内严酷的应试竞争和教育焦虑之中，我们对教育的认知变得越来越虚无，对教育的理想越来越怀疑，甚至陷入一种不可知论。这本书不仅提供了释疑解惑的"它山之石"，而且一扫困扰我们的精神雾霾，让我们重新感受到曾经深信不疑的教育应有的美好、价值和尊严。

自然，阅读是对两国教育时刻进行比较的过程，这也是一种刺痛的感觉。几乎在每一个方面，看到的都是差异，令人陌生的差异。表面上现代学校的面貌都是大同小异的，但一进入学校内部和教学过程，就会发现差异之大超出想象。极端一点说，犹如进化链条上两个不同的物种。日本教育既具有非常明确的现代性，也极富民族特色，是两者的完美结合。

日本的中小、学到底是什么样的，让我们选取一些片段，一探究竟。

早就听说日本学校的教学十分宽松，有一位我认识的中国妈妈痛感在日本学校"学不到东西"，甚至打算让女儿转学到北京上学。本书作者的评价类似，课业负担和学习压力，基本是没有的。"日本学校对学生要求很松，他们注重的是学生的素质教育和手工能力。""儿子在日本国立小学的一年充满了各种活动，正经课都不怎么上，更说不上留什么作业了。""初一才第一次体验考试。"初中时学校不留作业，教科书配有习题册，学生根据课程进度自觉写作业，在考试当天提交习题册。

直到 2011 年以前，日本小学没有外语课，现在外语课的内容也非常简单，不是必修课。正式的英语学习是从初中开始的。小学的一至四年级由班主任教所有课程（包班和全科教师），五至六年级部分学科有专任老师，初一以后全部学科由专任教师担当。

那么，小学的目标是什么呢？作者女儿小学的开学典礼，副校长讲了三个口号：交上好朋友！变得更聪明！身体更强壮！有一首每个日本人都会唱的歌《上学以后》，是他们进入小学时唱的："上学以后／能交上一百个朋友吗／要一百个人一起吃饭／在富士山顶吃饭团／啊唔啊唔 啊唔……"

还有我们难以想象的：日本从小学一年级开始就禁止家长接送孩子上下学。公立小学一般只允许学区内儿童入学，由于就近入学，上学一般走路只要 5—20 分钟。小学男生一年四季都穿短裤，到了中学才穿长裤。

日本的学校分为国立、公立和私立三种。国立学校多是国立大学的附属学校，具有精英教育属性，并承担教育实验的责任。国立学校和私立学校的数量都很少，公立学校占 90%。无论城乡，公立学校的校舍建筑、教学设施都是标配，都有游泳池，夏天的体育课就是游泳。为了均衡教育品质，公立学校的老师最长六年必须流动到其他学校。

看看他们的教学吧。日本小学的数学课叫"算数"，中学开始才称"数学"。算数课的基本模式不是计算，上课的方式往往是给出一个算式，例如 1+1=2，让孩子们说出其含义，能够说出多种含义更好。这实际上是帮助学生建立一种数学思维，是比计算更有难度的事。

国语的学习重视阅读和写作。从小学养成读小说的习惯，社会和学校有多样化的阅读推广措施。写作课，小学主要是写表达感受的"感想文"；中学以后就写"意见文"了，即具有论文性质的作文，通过比较分析不同观点，锻炼逻辑性，提升表达技能。不同年级的选题也不相同。初一的选题，多在交往和价值观方面，例如："男女生之间存在友情吗？""人的外观和内在哪个更重要？"初二，探究事实的真相、讨论是非等问题便会成为写作的主题，例如："从学生时代开始染发和戴耳环就该是自由的？""学校应该允许外貌和家世背景差异产生的潜规则存在吗？"初三的主题更为关注社会问题，如："巴士和电车中需要设置优先席吗？""电视应该播放自杀和杀人的报道吗？""日本破坏自然的现象""智能手机与自杀的关系"。中学的意见文写作要求1200—1600字，可见其思维程度和写作能力的进阶。

比起学习成绩，日本学校更注重学生对所有教育活动的参与。多种多样的俱乐部活动从小学直到大学，称为"部活"。中学阶段，大多数学生都比学习更热衷于"部活"，它主要分为运动和文化两大类。"儿子所在的大泉中学的运动部有排球、篮球、羽毛球、棒球、垒球、足球、田径、乒乓球、剑道、游泳、竞走，文化部有美术、吹奏乐、手工、花道、志愿者、电脑、科学、合唱、茶道、读书、园艺、木工、交际舞、障碍学生跑步会。男生一般加入运动部，女生也大多是运动部，总之，加入运动部的学生占四分之三。"日本没有体校，专业运动员都产生于中学的俱乐部中。因此，如果参加"部活"，就得一周集训三四天，外加自己每天练习，以参加全国大学生比赛为目标。俱乐部会在考试前一周停止活动，以便学生专心学习。

我们从流行的视频中已经看到日本幼儿园高难度的体育活动。日本学校的体育包括运动和保健两部分，保健是健康，体育是运动。不仅是校内的体育课，而且包括到大海中游泳、远足、滑雪等多种户外运动。与中国不同，日本的学校运动会所有学生都是选手，所有项目都是全体参加，包括各年级的接力赛。学生戴一字巾头带，各班颜色不同，按头带颜色记录得分。除各种距离的长短跑，还有传统的流筏、齐步竞走、蜈蚣竞走、两人三脚、跳大绳，以及团体操和群舞的表演项目。艰难的团体操、金字塔等排练往往致使学生"浑身是伤"。可见学校体育和运动会的重点不在竞赛结果，而是锻炼意志、培养协作精神。

日本中、小学有一些课程是中国完全没有的，例如食育。与中国的"五育"不同，日本学校的"五育"，系指食育、体育、知育、德育和才育。食育是五育之本，培养"吃的能力，培育生存能力"。关键是，人家每一个教育目标都是很具体的、可以落实的。培养"吃的能力"的具体目标是"保持身心健康；理解饮食的重要和快乐；能选择和烹调食物；作为基础教育的社会性延伸，有想一起吃饭的人；理解日本的饮食文化，并能做到传播和推广；养成对食物和做食物的人的感恩之心"。能够提出"有想一起吃饭的人"这样的目标，令人叹为观止。

而且，家务在日本的基础教育中是重要的课程，以至于有"家务是国家的起点"这样的说法。这与中国先贤"齐家治国"的理念不是一脉相承的吗？可惜在中国当代的学校教育中，家务早已失传。这门课在日本的小学和高中叫"家庭课"，初中则是"技术家庭课"，简称"技家"。"技家课"在初一、二年级为 70 课时，三年级 35 课时，内容一半是学习家庭领域，另一半是学习技术领域。它指向的就是学会生活、学会生存。

作为一个高度竞争的社会，难道日本中、小学不重视竞争吗？也不完全是。竞争性的学习是在高中阶段才开始的。在义务教育阶段，强调的主要是与自己的比较和竞争，日文中称为"自己轴"，建立了"自己轴"的人，会不管他人如何评价，会积极主动地克服困难。反之，"他人轴"则在意他人的眼光和评价，没人监督就偷懒，遭批评则情绪低落。在日本学生中普遍流行的"加油卡"，就在于调动自发的学习积极性，自主制定目标和实现目标。如此等等。

尽管如此，如何全面评价日本的中小学教育，仍然是个复杂的问题。一个流行的谬误，是想当然地认为作为儒教文化圈的国家，日本和中国一样仍然信奉分数和考试，学生仍然在应试竞争的苦海中挣扎。看了这本书，可谓真相大白。

作者的儿子檀聪的教育历程是一个实例。檀聪 2009 年在日本读小学六年级，2010—2013 年读初中，接受的基本是"宽松教育"，现在已经是医学院的大学生了。檀聪初三的意见文就是讨论宽松教育的，并进行了年级演讲。"宽松教育"是一个需要专门讨论的教育话题，限于篇幅在此不展开，还是听听檀聪的个人体验和感悟吧。

檀聪认为，宽松教育的真正目的在于启发学生的自主学习。"从中国那种放学后几小时都不得不埋头做作业的日子里解放出来，得以体验了宽松教育，渐渐地，感觉学校是个快乐的地方。""来日本以后，我居然喜欢学习了。""通过自主学习，能够发现自己喜欢的学习领域，进而找到了自己的梦想。这是我从宽松教育中收获的最大财富。"他说虽然"宽松教育"政策改变了，"自己对待学问的强烈探究心不会被剥夺，因为我会一直去乐享从学习的宽松中得到的自由并提高自己"。

相信无论是校长、老师还是家长、学生，都能从这本书中获益良多。

对于研究者，我想说的是，应当更多地关注我们的亚洲近邻。比较而言，日本、韩国等亚洲国家与中国的文化传统和制度更为相近，它们教育转型的成功经验，更值得我们学习。

2021 年 1 月 31 日

（本文作者为 21 世纪教育研究院理事长）

目 录

4

前　言

爱因斯坦说，抛开学习，留下的才是真正的教育成果。

我的儿子和女儿毕业于日本东京的同一所公立中学。正如儿子的老师所说，中学的朋友将留在一个人一生之中。广交朋友的儿子后来时常感言，在一起玩儿得最好的还是中学的那帮朋友。不善交际的女儿虽然朋友少，但仅有的朋友也是中学同学。中学毕业后她还一直惦念着那里的校长、班主任和各教科的老师，高中去澳大利亚短期留学，还给好几位老师买了称心的小礼物，每次回中学母校都好似去赴心中的庆典。她甚至坚持一直住在学校附近。按日本的制度，公立学校的老师最长六年要调到其他学校，女儿说，那她也想看着母校的变化。

中国的"中学"包括初中和高中，而日本说中学，仅指初中。高中叫高等学校。

儿子和女儿的中学母校并非什么特殊的中学，不过是全日本无论城市或农村都有的义务教育学校，是庶民家庭的孩子们能就近上学的地方，在那里开展的所有教育活动都在日本的教育大纲中细致规定了。

国立学校是国家办的，《日本国立小学 365 天》对国立大学附小的校园生活做了具体介绍，国立附中、附小是国立大学展开教育研究的试点，对公立学校的教育活动起到先行和示范作用。公立学校是地方政府办学。也就是说，儿子和女儿的"中学一千天"不是个例，而是典型，我们从中可以看到，日本的公立中学留下了怎样的教育成果。

公立学校之间老师不一样，但日本的中学老师不是仅凭大学或大专学历即可就任，他们都通过了教师资格考试，持有中学教员执照，在基本的教育思想和施教方法上渗透了具体的共识。

日本公立学校的 9 年义务教育包括 6 年小学和 3 年中学，按住址划分学区，无须考试，适龄即可随时入学或转学。

义务教育不是以不收学费为标志，也不是国家或学校对儿童有施教义务，而是家长有义务让孩子受教育。

义务教育是强制的，写在了日本的《宪法》《教育基本法》《学校教育法》等法律之中。国民有权利受教育，同时也要尽到保持这种权利的义务。作为家长，配合学校的教育活动是义务，具体到为孩子在学校参加文艺活动缝制一件演出服，以及在校外学习日准备便当。

义务教育期间的公立中小学不收学费，外国人也有相同待遇；午餐和特殊教材费等一年共计几千元人民币。国立中、小学虽然在广义上也属于公立，但各种收费要比公立学校多一些。

国立大学附小有直接升学到该大学附中的内部升学制度，但外界一般不了解，那是要从一年级入学，且上满 6 年才能享受的待遇，体现了学校教育并非仅指教科内容，而是重在让学生全程体验各种教育活动和校园生活。内部升学制度的魅力自然增加了国立小学的考入难度，甚至可以说，考国立小学为的是中学、高中能上国立大学的附中、附高，部分学生还能获得升入大学的优待推荐资格。

儿子是国立小学国际班的插班生，没有内部升学资格，不能直升附中，但允许报考。附中的学生基本都是来自附小的生源，特设有限的国际生名额，并公开招生。也许是为了避嫌，出身同一国立大学附属小学的国际生，以往还没有被录取的先例。

发榜那天，儿子向班主任请假去看榜，但教务主任没有同意。这不免让人怀疑，允许报考也许只是形式，其实根本就没有考上的可能。看榜有具体时间，待儿子下学就已经赶不上了，是我去领略的榜上无名。

到了下学时间，我到孩子回家的路口去迎接。他从老远兴致勃勃地跑来，虽然看不清表情，但他跑步的劲头传达了他在期待考上国立附中的消息。我的心情是不想延长一刻那种期待而加剧他的失望感受，所以，老远就冲他摇手，示意没考上。儿子放慢了脚步，从跑改成走了，看得出，他已经明白了我的示意。走近了，我们同时说话。他说，没考上啊？！我说，没考上。

国立小学毕业前，儿子没有考上隔壁的国立附中，因为日语只学了一年，也没可能考其他的私立学校，就只能升学到公立中学了。

国立小学特设国际班是为了让不会说日语的国际生得到土生土长同学的理解，国际班的存在不仅是辅助国际生学习日语和适应日本文化，对本地生也是一种国际教育。可是，到了公立学校，国际生不被理解可就成了理所当然。

毕业于国立小学而升入公立中学的情况非常特殊，儿子会被同学误解成他是国立小学的差生，甚至老师也不了解实情。公立中学的生源地区性强，更没有什么国际观，笑话出身国立小学却连日语都说不好并非怪事。能毕业于国立小学原本是幸运的，而为此升入公立中学后却要遭受更大的精神挑战。

类似儿子的情况在国立小学的国际班每年都有，国立小学校方采取的对策是：把这样的学生推荐到一所国际生集中的公立中学。并不是那所公立中学对国际生有什么特殊的教学对策，只是对日语不好的学生多一分理解，可避免一些在普通公立中学受欺负的情况发生，让国际生获得某种程度的安全感。

这所中学位于东京都中野区，比我们居住的练马区学区中学要远很多。儿子和几个国际班同学一起去中野区的公立中学面谈，家长陪同，之后校长特意打来电话表示欢迎儿子入学，但儿子认为，他能适应学区中学，还是决定就近入学了。

在公立中、小学，无论考试情况如何，都没有留年的可能。比起学习成绩，学校更注重学生对所有教育活动的参与。不过，中学和小学的根本区别在于，小学毕业无须考试即可升入公立中学，而公立中学毕业前则必须通过考试才能确定即将升入的高中，且考高中不能留年。如果中学毕业当年考不上任何高中，那就意味着一辈子都错过了上高中的机会。除了通信制高中，日本的高中报考资格首先是应届中学毕业。所以，在公立中学的教育活动中，考高中是教育活动的重要内容。

此外，公立中学的课后俱乐部是与学科学习平分秋色的教育活动，包括文化和体育两大类，各有十几种俱乐部。日本没有中国的体校，国家选手也都出身于中学的体育俱乐部。可想而知，中学的课后俱乐部活动具有相当程度的专业性。大多数俱乐部每周只休息一天，因此不可能同时参加两种俱乐部。参加俱乐部是自愿的，但绝大多数学生都有课后俱乐部活动，到 18:30 才下学。周末和节假日不上课，但俱乐部活动的时间变成从早到晚。寒暑假也有俱乐部活动，如果请假、与家人外出旅行，就会耽误训练或比赛，所以，学生一般都优先参加俱乐部的活动。新学年可以更换其他的俱乐部，但三年坚持在同一俱乐部，对报考高中具有正面意义，所以，大部分学生都是三年参加同一俱乐部。

儿子升入公立中学以后面临的挑战是，与同龄人相比，在缺失 11 年日语的情况下考高中，再就是跟上俱乐部的专业训练。

女儿比儿子小 3 岁，儿子在国立小学的一年中，女儿在北京的私立小学寄宿。儿子升入公立中学时，女儿也开始了她在日本的小学生活。

女儿没有儿子的漫画和游戏基础，对日语更加生疏。日本按年龄划分年级，女儿 5 月出生，儿子 3 月出生，日本 4 月开始新学年，于是就变成一个上初一，一个上小学三年级。女儿在中国上完三年级第一学期后转学到日本，重新上小学三年级。儿子毕业的国立小学从三年级开始开设国际班，我们就给女儿报了名。

女儿在那一年的 2 月 16 日来到日本，当时她特别喜欢《喜羊羊和灰太狼》，订了喜羊羊大礼包。

女儿爱画画，画了好多喜羊羊，绘画技巧谈不上，但我看挺生动，就让她带到日本来，结果她忘了，只带来一个没画几页的图画本，里面有一只羊。

有一天我问她为什么喜欢喜羊羊，她说："毛耳耳的，很可爱。"

什么叫"毛耳耳"呀？后来才明白，她把"毛茸茸"念成了"毛耳耳"。不过，说毛耳耳倒是感觉喜羊羊更可爱了。

女儿就是这么一个都小学三年级了还把"毛茸茸"念成"毛耳耳"

的女孩儿。

3月的最后一天，女儿到她哥哥毕业的国立小学考试。她参加过国立小学的开放日活动，也出席了哥哥的毕业典礼，和年级老师用对方听不懂的中文比画着聊过天，班主任是熟脸，校长也不生疏。考试那天，进校后看到了她认识的老师们，感到十分亲切，完全没有紧张感。考生排着队跟老师去考试，家长不陪同。考试9点开始，11点结束。据说，考完之后校长还讲了话。

考完后女儿说，数学还可以，国语（日语）完全不会，估计考不上，因为日语太差了。我就告诉她，日语不会没关系，因为她考的是国际班，不会日语才报考呢。

儿子是数学一门灵，而女儿却是数学不开窍。兄妹考日本国立小学时一样地是零日语，大为不同的是儿子数学几乎满分，女儿就不知能得多少分了。

家长面试时校方问，她的哥哥可谓能人，妹妹如何呢？

国立小学的要求我是十分了解的，学习好坏无所谓，关键是要有能力成为学校各种大小活动的主人。我实事求是地回答了，妹妹不一样。面试官点点头，表示对情况了解了，接着提出了日语完全没基础如何交流的问题。

女儿的考试发榜形式和儿子当时不太一样，考试是上午，下午3点发榜。吃过午饭，儿子陪着一起去看榜。走进学校正好遇到儿子在校时国际班三年级的班主任，看来他没有参与国际班的新生招考工作。老师和儿子像老朋友似的聊了几句。

到发榜时间了，校方推出一个白板。我站在远处，让女儿自己去看有没有她的名字。

数学不开窍，日语没基础，但我们还是希望女儿也能有机会在日本国立小学的环境中成长。女儿那时8岁，对发榜的意义似乎还不太了解。她跑去看榜，找了半天，然后转身大声对我说，没有她的名字。

到底还是没考上，不过女儿觉得考不上反而好，因为国立小学规定用印有校徽的黑书包，而公立小学不限制书包颜色，她可以使用甚为喜爱的粉色蓝兜塞路了。

儿子没考上国立附中，就升学到公立中学了，女儿没考上国立附小，就进公立小学了。

考国立小学那天也是办理公立小学入学手续的日子，我已经事先向小学校长说明了情况，去国立小学看发榜时也带齐了公立小学的入学文件。

下午5点，我领着女儿走进附近的大泉小学，心情是复杂的，一方面想到无须为女儿做四年的国立小学妈妈，感觉松了一口气；另一方面，把女儿送进这所别人说话她听不懂，她说话别人也听不明白的学校，对女儿未免太过残忍，她能承受吗？

女儿像是觉察到我的担心，就说，这个学校不比哥哥的学校差，她没问题的。

我们报了到，领到4月6日正式开学的通知和其他一大堆文件，以及需要填写的表格等。

公立小学没有校服，对这一点女儿感到很遗憾。之后听说区里每天派老师来教她日语，还是多少获得了一些安慰。

日本的公立中学是区属，学生来自周边几所小学。女儿在公立小学毕业后没有考试，就升学到她哥哥毕业的公立中学了。

儿子和女儿毕业的公立中学创立于 1947 年，女儿毕业的公立小学创立于 1874 年，分别是区内历史最长的公立中学和小学。

儿子和女儿的中学母校"大泉中学"除了历史悠久以外，学生来自周边四所小学，在东京都公立中学中属于学生人数较多的。国际生集中的中野区公立中学一个年级只有 84 名学生，分成 4 个班，而大泉中学是每班近 40 人，儿子在学期间 6 个班，女儿在学期间 7 个班。

儿子是第 66 届毕业生，女儿是第 70 届毕业生。

儿子的公立中学生活，女儿的公立小学生活，就从那一年的 4 月开始了。

檀芳日记

2010 年 4 月 1 日

前几天有个晚上，东京刮大风，夜里风吹口哨的声音特别大，我怕得一夜没睡着。

我问，是不是风要袭击我们的城市，是不是要"2012"了？风会不会把房子吹走？

今天，东京又刮大风了，但是，我已经不怕风吹口哨了。

今天去买了校帽、体育服和在校舍里穿的鞋，日本叫"上履"。进校舍都要换掉上学路上的鞋而穿上履。体育服有个红帽子，回家试了，很合适，我就放心了。

买东西回来时，看到我们这边的路上樱花盛开了。

开学季

中学是接续小学、
面向社会的教育

　　在日本的教育活动中，人们会经历多次毕业典礼，而大家常说，中学的毕业典礼是最令人感动的，因为，在人的一生之中，没有任何阶段的变化和成长速度比得上中学 3 年。

　　日本的义务教育截止到中学，所以，即使作为中等教育的前期阶段，它的职能仍是培养胜任社会工作的人才。中学毕业就要不仅作为个人，也作为国家和社会的一员，掌握经营社会生活所必备的知识、技能和态度，在发现和发展自己的个性的同时，培养自立意识。这就注定了，公立中学的教育目的不只是考学，考学只是因为希望从事的社会工作需要高中、大学阶段的深入学习。

　　日本文部科学省规定，中学是在小学教育的基础上，根据身心的发展实施教育。换句话说，中学的教育是充分实现小学的教育目标，培养国家和社会担当者所必备的资质，包括社会职业所需要的基础知识和技能，注重勤劳的态度，以及根据个性需要选择将来发展方向的能力。通过校内外的社会活动，正确引导感情，培养公正的判断力。

小学6年和中学3年并非各自独立，9年义务教育属一脉相承的系统教育。

日本的9年义务教育分为三个阶段。第一阶段是小学一至四年级，这个时期孩子们通过具体的物体去认识和思考，用反复学习的方法彻底掌握基础知识。班主任教所有课程，不仅有算数、国语，也包括体育等。小学五年级至初一是第二阶段，这个时期孩子们转变到逻辑和抽象思维，需通过基础和基本的应用培养学习兴趣。第三阶段是初二至初三，学生已确立逻辑和抽象的思维方式，要通过基础和基本的融会贯通培养主动学习的能力。小学五至六年级的部分教科有专任老师，初一以后，全部教科才由专任教师担当。

此外，适龄教育不仅考虑到学生的思维特点，还顾及他们身体的发育和心理的变化。现在的学生身心发育早，小学五年级已表现出青春期的特点。不上学的现象也是在小学五年级到初一有明显的增加。

注重9年义务教育的连续性和系统化，能够让小学生在升学到中学之后不会感到学习内容和教科方法有很大的差异，可尽快适应，中、小学教师之间也能达成相互的理解和合作，不同年龄的集体活动和体验学习可得到充实，与地区社会的联动也更加紧密。

9年义务教育的系统化还体现在教材的编制需要注重四个方面的事项。

语言活动方面，注重培养表达能力，渗透在调查活动、组织实践、表达技能、表现态度和对方立场意识、表述能力几个方面，比如小学六年级和初一都有调查环境问题并发表意见的活动，要求能用带音乐的演剧形式去表现。

健全发育方面，是心的教育，培养规范意识、尊重生命、为他人着想，比如防止校园暴力的活动，初一学生要结合阻止校园暴力的活动，与家长交流，最后向其他年级的同学演说。

体力提高方面，包括运动必备的技能，感受运动的快乐，加强主动运动的愿望，增加保持健康的知识和理解，比如垫上运动，在小学五至六年级是一项发展技能，到了初一至初二，就是一项基本技能了，中、小学教员也要一起参与。

为将来做准备，也就是推进职业教育，建立自我肯定感和自立心、勤劳观、职业观，比如初一至初二的学生通过辅导小学一至四年级的学生，鼓舞孩子们树立对生活的期待，同时也提高自己的成就感。

在 9 年义务教育的系统中，中学的教育课程包括必修课和选修课。必修课是国语、社会、数学、理科、音乐、美术、保健体育、技术 / 家庭、外语。英语是新增科目，日本的小学没有英语等外语课，而且数学在小学是算数，美术在小学是图工。选修课有道德、特别活动和综合学习。必修课指的不只是必须上这些课，还意味着有规定的教材；而选修课也不是说可以不上这些课，而是在其课程中可对学习主题有所选择。

错开一天的公立
中、小学开学典礼

公立中、小学的开学时间大致相同，都在 4 月初的樱花盛开时节。小学 6 年或中学 3 年、高中 3 年、大学 4 年、医学院 6 年，都只在第一年举行开学典礼，考虑到家有中、小学同时入学的孩子，为了让父母能参加所有孩子的入学典礼，同一学区的中、小学开学典礼一般是错开一天。

女儿是小学三年级转入日本学校，没有开学典礼，但开学集会和开学典礼在同一天，具体时间错开。通常开学集会家长不参加，而女儿属于转学生，家长可以列席。好在女儿的开学集会和儿子的中学入学典礼错开一天。

陪女儿在日本第一天上学，其实是我第一次早上送她上学。在北京她从一年级开始就住校，周日晚上送她返校。早上叫她起床的时候才意识到，这是第一次送她上学。女儿对第一天在日本上学很上心，前夜就吵着要早睡，早上起来就马上去洗澡，然后穿好衣服。根本没心思吃早饭。

开学集会在操场上举行，但从学校正门进入后，要穿过校舍，下大台阶，然后到操场。校舍内有一条可以不用换掉外用鞋的通道，连接校舍两端的出口，设计巧妙。

穿过校舍时我注意到，虽然不比国立小学阔气，但空调是完备的。

操场很大，和儿子毕业的国立小学差不多，但对比学生数量，公立小学人均拥有的土地空间更奢侈了。特别是在东京的市区里，看到操场墙边的那几棵可称为古老的樱花树，这个国家重视基础教育积累的程度，就可见一斑了。

在开学集会上，副校长讲了三个口号：

交上好朋友！
变得更聪明！
身体更强壮！

女儿分在三年级一班，班主任是中年男老师，也是年级教学主任。这所地道的日本公立小学对海外转学生没有什么概念，所以，对女儿的适应力将是很大的挑战。她能熬过去吗？女儿愣愣地注视着那位中年班主任讲话，估计就像看无声电影，只见张嘴闭嘴，不知其动作的意义。

我毫无理由地坚信，女儿一定能熬过去的。

檀芳日记

今天我和妈妈一起 6 点起床，然后洗澡，准备上学。

哥哥今天有中学的入学典礼，妈妈要去参加。本来我可以自己去上学，但不知道教室在哪儿，只能让妈妈陪我到教室，然后她再去参加哥哥的入学典礼。

第一天上学，大家都要做自我介绍，我也背了一段日语的自我介绍。背的时候总忘，但做介绍时还是都说出来了。

"檀芳です。中国の北京から来ました。日本語を頑張ります。よろしくお願いします。"（我叫檀芳，是从中国北京来的。我要加油学日语，请大家多关照。）

然后老师用英语问我："BEIJING？"我用日语回答了"はい"（是的）。

做完自我介绍大家都鼓掌了。

第一节课后休息五分钟，第二节课后是大课间，休息 25 分钟。大课间的时候同学们都到操场上去玩。学校的操场可大了！我试着骑独轮车，不会骑，只能去玩别的。

日本学校的扫除不是课后，在课程中每天都有扫除时间。扫除的时候我肚子疼，一个男生问我，どうしたの（怎么了）？我说，だいじょうぶだいじょうぶ（没事儿没事儿）。除了自我介绍，今天我还说了这句日语。对了，班主任老师给我们表演吉他弹奏的时候，我还和大家一起说了すごい（好棒！）。

学校的中饭叫"给食"，今天的饭特别好吃，我都吃完了。有几个发饭的值日生，明天就该轮到我了。

今天我带了湿纸巾和干纸巾，可没带餐垫和手绢，老师借给了我。老师在联络本上写了让我把借的餐垫和手绢带回家洗，再还回去。可我没懂，就没有把老师借给我的餐垫和手绢带回家。联络本要每天给妈妈看了盖印章，是妈妈告诉我，明天会给我带上家里的餐垫和手绢，然后把老师借的带回家洗。

今天的作业是读国语课文，我还平假名都不会呢，所以也不会读。妈妈和我一起读，她读，我听，还让我一天记住5个平假名，念到这几个平假名就让我念。读完一段，妈妈把意思讲给我听。课文是啄木鸟和野兔子的事，妈妈就让我把啄木鸟（きつつき）和野兔子（野うさぎ）的日语写了好几遍，再在书里把这两个词圈出来，我都做了，也记住了。

下学的时候，刚走出校门口就看见哥哥，他来接我了，其实我能自己回家。明天可以自己上学了，要带雨伞。

教育立国

日本的教育在明治维新后"脱亚入欧"。很多论著中都写到,教育立国是经济发展的基础。其实,"教育立国"最早出现于日本的国家文献,是 1999 年 9 月文部省颁布的"教育改革计划",其中有"力争教育立国"的标题。之后是在 2008 年 4 月,文部大臣再次提出了"实现教育立国"的方针。

在日本看不到规格很高的政府大楼,因为那是用税金建成的。区政府设施如果显得奢侈,会遭到居民的声讨。

儿子在国立小学的时候,教室里没有空调,冬天的教室即使关上门也和走廊一个温度,去学校观摩上课或参加什么活动,从来都无须脱掉大衣。夏天热起来只能是心静自然凉。曾经听国立小学的老师念叨过,全区恐怕只剩国立小学没装空调了。

在经费运营方面,私立学校有家长捐款,公立学校有来自地方政府的各种资助,而国立大学自 2004 年法人化以后,财政管理更加严苛,国立附属中、小学也在其中。

日本对 21 世纪的定位是"智慧的时代"，"创造和继承智慧"是大学的职能，而作为文部科学省的内部机构却难以创新。比如工学部必须设置机械工学科和电气工学科，改学科名要修改省令，更新不需要的岗位也要向文部省提出申请，文部省与总务省和财务省协调之后才能做出批复，大学想要开展什么研究项目不能马上实施，也很难与民间企业合作。经费的使用方面就规定得更加细致了，研究进行中途需要追加资金时不能从其他计划支出项目中挪用。教职员是公务员，工资标准一样，即使做出业绩，奖金也有限。

　　为了能更好地实施先进、特色教育的研究，日本的国立大学脱离国家机构而成为具有丰富个性的"国立大学法人"。

　　国立大学在法人化之后，就有外部人员参与运营了，但国立大学仍是以国民的税金为支撑的，于是引进了确保大学透明化运营的机制，为的是取得国民的理解和信赖。

　　国立大学的附中和附小是国立大学的一部分，在教学活动的设置方面有更大的灵活性，但在经营方面受到更加严格的监督。

　　国立学校那么难考，设施却不如公立学校，这让我起初也难以理解。

　　国立小学国际班的学生毕业后不享受直升国立中学的待遇，有少量学生报考其他国立附中或私立学校，为的是中学毕业后能在考高中时更具竞争力。虽然儿子限于日语水平不太可能会考上国立中学，我还是根据国立小学提供的信息四处参加了一些学校介绍会。有一所国立附中的设施很破旧，校长讲话时反而引以为自豪，我在填写参观感想时提了一个问题：为什么设施如此破旧的学校能人才辈出？

　　国立小学聚集了很多优秀学生，其优秀不在于学习成绩好，而是素质好。素质好是指能调动全身心的能量和智慧在各种教育活动中挑战并突破自己。

出类拔萃是超出同类，在比较和竞争中脱颖而出，但日本的教育活动重在不输给自己的弱点，赢得别人则是水到渠成。

如此教育方针与学校设施的好坏自然毫无关系。

公立中学的入学典礼

对儿子的中学开学典礼，我想象中的气氛仍是刚进国立小学时训练有素的整齐姿态和天籁般的校歌歌声。比较那种考试选拔后还要再抽签的国立小学生，只要住在学区即可入学的公立中学生确实显得松散些了，不过更有真实感。男孩子在中学 3 年正是长个儿的时期，校服都要买大一两号，这时的男生普遍比女生个头矮，穿着校服的瘦小男生简直就像是在不贴身的口袋里晃荡。

入学前领到的资料中有一份《入学说明》，包括校长前言、学校简介和各种有关入学的事项。女儿和儿子入学前都领到这份资料，比较之后才知，前言是校长的原创，校长不一样，内容自然有所不同。可见，校长是需要发挥个性的教育者。

在入学典礼签到处，家长们都领到一份彩纸打印的入学典礼节目单，印有各班学生姓名和校歌歌词。中学 3 年的每个年级都有不同的代表色。

儿子中学分在 3 班，女儿中学时是 2 班。一个班近 40 人，男女生各半。儿子不是从公立小学升学的，看着名单，我只认识儿子的名字。看着其他家长都在对编班兴奋地交谈，很是羡慕。女儿读中学时就好些了，我已经做了几年小学 PTA，认识了不少同学的妈妈，还做了小学毕业活动，看到大家一起升入中学，很有亲切感。做 PTA 可谓增进家长交流的重要渠道。（详见 P306，《周密的 PTA 组织》一文）

二、三年级学生已经坐好，家长席在学生之后，大家都在等待新生入场，他们的位子是离主席台最近的。家长席旁，学生吹奏乐团在排练。

新生排成两列，男生一列，女生一列，像体育竞赛时运动员入场那样，班首学生举着 1-1 至 1-6 的白底黑字木牌，在学生乐队奏响的进行曲中陆续走到自己的座位旁。

家长席分布在新生入场通道的两侧。运气不好，儿子所在的男生列没有从我坐的这侧家长席旁走过。当然，退场时，儿子是从我身边走过的。到了女儿的入学典礼我就有经验了，女儿是从我身边走向了主席台那边的新生席。儿子的入学典礼时，我还谁都不认识，但一些家长是有经验的，知道自己的儿女如何入场。到了女儿的入学典礼，我已经可以给其他家长介绍入场方式了。

入学典礼首先由学生吹奏乐团奏乐，全体起立高唱日本国歌。

接着，校长叫到每一名新生，新生喊はい（发声为"嗨"，"到"的意思），表示从那一刻起，这名学生成为中学生了。

我用录像机记录了儿子和女儿成为中学生那一刻的"嗨"声。

后面是校长致辞、来宾讲话，女儿所在的小学校长也来祝贺曾经的小学生成为中学生。此外，因为是公立中学，区教委领导也发来贺电，当场宣读，教育部门相关嘉宾十几人在座，体现出从政府到社会对基础教育的重视。

高年级学生代表致欢迎词和新生代表发言都包含个人经历，不完全是代表性的内容。

新生代表发表誓言说：

在樱花盛开的这个季节，我们全体新生进入这所富有传统的大泉中学。今天，我们之所以能站在这里，是因为至今有教育我们的老师，还有从出生起就一直守护我们的父母，由衷地感谢你们！

从明天开始，盼望已久的中学生活即将开始。

我想加油的是俱乐部活动。小学的时候有兴趣班，中学以后就是真格的了，非常期待。

我在小学演奏小号，在中学想继续发展。

学习方面新增了英语，而且，听说所有教科都变成不同的老师教，稍有不安，但我想，到时候多接受老师和学长的指导，和新的朋友协力合作，进而转化为自己的一个个成长。

我有一个大的梦想，为实现这个梦想，一定会出现各种各样的情况。为了能克服和超越困难，我想在今后的 3 年里锻炼自己的胆量。

以校长为首的老师们，二、三年级的学长们，我们初次做的事可能会很多，为了尽快成为大泉中学的一员，我们会努力的，也请大家多多关照。

学生代表发言充分反映出日本教育中，学生对老师、家长和学长的敬重与信赖，而信赖也源于责任感。

在日本，从学校到社会的人际关系中，学长和学幼、前辈和后辈的关系尤其受到重视。新生代表发言也提道："之前不久我们是作为小学的最高年级领导低年级，但现在是中学的后辈，要在前辈的支持下，发展各方面的活动。"

学生代表发言之后还有教职员工的介绍仪式，最后是齐唱校歌。

我一直纳闷，刚入学的新生怎么就会唱校歌了呢？

原来，入学典礼之前，新生都会收到一张校歌五线谱，儿子和女儿的校歌五线谱上都写了自己的名字和所属班级。

大泉中学校歌由伊波南哲作词，堀内秀治作曲。伊波南哲是 1902 年生人，日本诗人和作家，代表作有描写 1500 年琉球国石垣岛大滨豪族远弥计赤蜂起兵反抗琉球国王事件的长篇叙事诗《远弥计赤蜂之乱》，还留下了许多冲绳民谣和怪谈。

大泉中学校歌

蓝色的天空，白色的云。
清风吹过武藏野。
真理之泉，涌泉之处，
心怀憧憬，聚集起来，
年青的一代，来到大泉。

春天的樱花，花开之时。
夏天的绿色，穿上新衣。

秋天的红叶是绫锦，

冬天看雪新世界，

自然的恩惠，多么精深。

学习之庭，暮色降临。

正确、强劲而明朗。

理想的灯，渐渐升起，

让我们拉起手，伸展而去，

向着大泉中的朝阳。

檀聪日记

2010 年 4 月 7 日

我居然成了日本的中学生，简直难以相信。我很高兴！

我上的中学是历史比较久的学校，我是第 66 届学生。据说，练马区原来和板桥区是一个区，大泉原来是板桥区的一个地区，练马区独立以后，我上的中学和妹妹上的小学就成为练马区最有历史的学校。

除了历史悠久以外，我上的中学人比较多。我们国立学艺附小国际班同学大多去了中野三中，那里一年级只有 84 人，分成 4 个班。我所在的中学一年级共 232 名学生，6 个班，我被分在 3 班，班主任是英语老师。我们学校还有为智力或精神有障碍学生设置的特别支援班，是 10 班。特别

檀聪中学入学典礼留念

支援班在日本的很多中、小学都有，也有这些孩子去的特别支援学校。中国好像没有这些。

　　樱花已经开落了，地上都是樱花瓣。想起刚到日本的去年春天，也是4月7日那天，是我们小学的一年级入学式，当时也是樱花花瓣飘着，很美，印象深刻。

校服文化

　　制服可谓日本文化的特色之一，幼儿园有园服，学校有校服。

　　校服是正装，不是体育服，包括冬夏两套。正装校服之外，有学校统一的体育服，也是长短两套，其他还有上学路上穿的鞋、校园里分别用于室内外的校鞋等。

　　日本从19世纪末开始有校服。"二战"后日本资材匮乏，曾有过10年不得已的校服自由化时期。进入50年代以后，日本确立了发展合成纤维的战略，为拉动内需，国家号召校服使用国产合成纤维材料，并对校服生产企业给予资助，形成了利于校方导入校服的社会环境。

　　校服恢复初期，高中升学率还不到50%，许多高中属于中学改制新编，男生的立领校服和女生的海军服式校服是传统的象征，更成为学生的向往。在文化意义上，校服继承传统，表现出精英意识和对校风的追求。

　　而一些战后新建的公立中学不存在继承战前学校传统的问题，也先后引进了校服，主要原因是利于学生管理。中学生正处青春期，开始注重穿着打扮。为避免表现在服装上的贫富之差，也为阻止学生的奇装异服，校服的使用被写入校规并逐渐普及了。

60年代初，正值日本生育高峰时期的孩子升入中学。统计数据表明，比起1947年，1962年的中学生增加了1.7倍。管理奇装异服增加了教员的工作负担，为减轻负担引进校服成为必然。同时，公立中学让校服的意义发生了质的变化，从以往表现精英意识和校风，变成了经济、便利的实用之物。到了60年代下半叶，日本的高中升学率超过了70%，高中校服的意义也过渡到实用价值了。

采用校服与否由家长和教员协商决定。日本教育不鼓励与他人攀比，这在校服上也有所反映，教员为消除竞争意识，主张引进校服，家长支持校服的引进在于减轻经济负担。

伴随着校服的引入，日本也出现了拒绝穿校服的情况，有专家甚至指出，校服限制自由。60年代末，以反对越南战争为契机，日本广泛兴起了学生运动，其间，校服自由化的呼声一度高涨。

日本有每天换衣服的生活习惯，服装自由无疑增加了经济负担。日本又是个重礼仪的国家，在参加婚礼等仪式活动时校服也能派上用场。所以，70年代中期以后，日本的学校逐渐恢复了校服，未恢复校服的学校甚至在社会上被看作学生不好好学习、不正派。

可以看出，校服并非国家强制规定，而是各校自行决定采用与否，其历史变迁有着时代背景的原因，反映出对教育认识和思考的不同立场。

日本是尊重多样化的现代国家，现在，家长已不再认为校服限制自由，校服本身也开始多样化。近年来，以校服魅力吸引考生的学校不在少数，校服时装化的趋势日渐明显。

国立和私立小学有校服，公立小学一般没有校服，而成为 2018 年社会话题之一的是地处东京银座地区的公立小学采用了阿玛尼校服。很多人质疑，这一举动助长了贫富差距。

公立小学一般只允许学区内儿童入学，但银座的泰明小学取得了"特认校"的资格，允许学区外儿童入学。特认校是为生源不足而指定的学校。因为学生少，许多特认校得以实施小班高水平教学。

东京都中央区因临海地区人口增加，就从 2009 年开始实施特认校的择校制度，将地处人口不增加的东京都中心而学区内儿童少、设施富裕的四所区属公立小学指定为特认校，泰明小学就在其中。只要居住在中央区内，即可报名入学。报名人数超过招生名额上限时，通过抽签的方式进行选拔。

泰明小学采用阿玛尼校服一事被报道后，区教委接连受到公众指摘。有人说，公立学校采用昂贵品牌的服装太不应该了；也有人说，泰明小学的家长对教育很热心，也多为富裕的家庭。

在日本，所谓"对教育热心"，指的就是以考学为导向。私立名校小学的六年学费为 700 万—1000 万日元（合人民币 40 万—70 万元）。

中央区四所特认校有的打出数理化的招牌，有 145 年历史的学校则宣传英语实力。泰明的特色是有 140 年历史，并培养了作家岛崎藤村、三次出任首相的近卫文麿、诗人金子光晴等名人，在银座地区知名度很高，采用一流品牌的校服也是其特色之一。各国有校服的小学多属私立的精英校，泰明小学是公立的，但它毕竟是公立学校中的特认校。

品牌是打造特殊的方式，特认校可看作公立学校中的品牌校。一直在中央区居住，且育儿时间较长的妈妈说，泰明一直是家长心中的品牌校。了解在校生的女士针对泰明小学的特色说，学校设置了去附近的帝国饭店和百货商场、一流餐厅交流的课程，还有参观画廊等活动。银座有很多高档场所，也有很多校外兴趣班。高档地区的特点是有钱人多，也就难以用一般公立学校的标准去衡量了。

经向泰明家长确认，最基本的校服是一套4万日元，一般公立小学如果有校服也要约2万日元，国立小学的校服更需几倍价钱了，包含品牌成本在内的4万日元还是不难接受的。加上毛衣和其他配饰等就要9万日元了。9万日元相当于6000多元人民币，在当下的中国可能不足为奇，但因其价格高出一般水平，就引起日本社会轩然大波。日本国民对教育的关注程度可见一斑。

儿子和女儿所在公立中学的校服则是样式相同的冬夏两套，深蓝色。夏季校服使用的面料更薄，透气性好。男生校服是西装、白衬衣，没有领带，胸前有校标；女生校服是白衬衣、马甲和西装上衣，下身为长度稍过膝盖的单褶微喇裙。男生的中学校服与小学校服的最大区别在于，小学男生一年四季都穿短裤，而中学的男生变成长裤了。

西装校服要先去指定的店铺量尺寸，然后交钱订购，日后领取。店铺没多大，只挂放样品，店主和店员看着像是父女俩。书包没有硬性规定，可以购买店里摆放的中学生专用书包，也可以自备双肩背包。我们买了日本特有的中学生专用书包，是横长纵短的单肩背包。

衬衣只要是白色的就可以，校服店有卖，街区商场里也有学生校服卖场，可以买到学生穿的白衬衫。校袜为白色，长短均可，在街区商场也很容易买到。中国的商场还真少见类似的校袜，可见校服文化是深入到日本的日常生活了。

女儿是从公立小学升学到公立中学的，校服由厂家在规定时间到中学来集体量尺寸。

校服之外还要购买体育服、校鞋等，供货厂商在同一时间在中学体育馆开展销会，集中推广、销售。

此外，公立中、小学都必备游泳池设施，夏季体育课的内容是游泳，泳衣、泳帽，以及柔道课上要用到的柔道服等，也是厂家到学校去量体征订。

学校设有校服的再利用服务，由 PTA 的妈妈们管理。不过，回收数量有限，可利用的并不多。

称作标准服的校服大致 3000 元，体育服等 2000 元，鞋类 2000 元，再加其他配件，总共约人民币 8000 元。

区政府对收入在一定水平以下的家庭提供学杂费补助，针对初一的学生还有校服购置补贴。

具体到雨伞管理
的生活指导

　　入学典礼后，学校马上发来一份生活指导说明，两张 B4 大小的厚硬白纸，正反面都有字，行距紧密，内容涵盖从教育目标到雨伞放置的方法，处处反映出对素质的养成、建立人生基础的重视。

　　"生活指导"是日本教育领域的一个专有名词，即用教科之外的方法对学生的意识、生活态度和行动等进行指导和帮助。

　　生活指导由教师负责。大多数学校都是体育老师兼任生活指导老师，大泉中学也是如此。因为体育老师体格健壮，言行明确，遇上不良学生有对付的能力。

　　除了上课时间，学生们接受的训诫几乎都来自生活指导老师。在体育馆定期举行集会，严格检查服装、头发等，女生校服的裙子长度是不是改短而没有到膝盖，有没有染或烫发的现象。不上学、交通安全、校园霸凌等问题也是生活指导老师的工作范围。威严感和能深入学生心里是生活指导老师的必备条件。

儿子在校期间是女体育老师负责生活指导，她在家长会上说的话，我到今天都清晰地记得。她说，即使是有同学只想逗着玩儿，但如果让对方感到不适，那就是欺负人。听了她的话，我感觉有她负责生活指导，这所学校一定不会出现欺负人的问题。后来这位女体育老师调任其他学校的校长了。

之后是社会课男老师负责生活指导，虽然他不是体育老师，但身高一米八几，体格魁梧健壮。听儿子说，社会课上，他常得意地说起自己和黑社会打交道的经历。儿子谈起这位老师时总是两眼放光，表现出极大的兴趣和敬佩。在中学年龄段的孩子们面前，有黑道做派的老师显得颇有魅力。

儿子班里有一名从私立名校转来的男生，父亲生意不振，迫于经济窘境，就转到免收学费的公立学校来了。好不容易考上心仪的名校中学，却因家庭经济能力而不得不转学，孩子的心理承受不了，加之对公立学校的不适应，所以这名男生就不来上学了。

魁梧的生活指导老师叫来儿子和其他几名男生，让他们每天早起去接那名不上学的同学。那位同学住的比我家距离学校还远不少，但不管天气晴好还是风雨交加，儿子都要比平常早起 1 小时先到同学家。大多数日子是失败的，按门铃后同学的妈妈出来开门，告知他们儿子身体不适。偶尔也有成功的时候，能接到同学一起上学。

大泉中学"生活指导"的教育目标是健康、诚实、努力，健康是心灵充实、向往健康，诚实是珍重自己和他人，努力是主动进取和学习。通过学校的活动，建立生涯学习的基础。生活指导是教育目标的具体化，落实基本的生活习惯，增强规范意识，培养自主自律精神。

实现教育目标不是发号施令即可奏效，所以，生活指导规定了要以师生相互理解为前提。生活指导的目的是加强学生的社会性，必然要积极与家庭和社会紧密合作。

生活指导包括集体行为规范、理解学生和校内外生活这几个方面。

集体行为规范就是指导学生遵守学校纪律，学校提出了以高素质为豪的标语。通过全校早会、学生朝礼、学校活动、年级集会等培养学生敏捷和整齐的意识，号召听讲用眼，就是要安静地认真地听别人讲话。守时不是指听见铃声坐到位子上，而是要为打铃就上课做好准备。礼貌问候要大声、发自内心，受到问候要回应。

偶尔到学校给孩子送东西，我都会先看贴在冰箱上的学校作息时间表，然后赶在课间休息时间去学校。

日本学校的作息时间和中国有所不同，不是到校就上第一节课。

7:30开始早练，学校有合唱节、运动会等活动需练习，运动俱乐部训练也利用这个时间，老师必须在场。早练到8:05结束，8:10学生广播站早播10分钟，上课时间是8:20。负责广播站的广播委员会同学需要早到学校，女儿就曾在广播委员会做过广播员。8:20学生要到座位上坐好，班主任或副班主任点名确认出席情况。副班主任每学年由两三名教师担任，每人负责两三个班。一直到8:45，班主任和代表委员会委员的班长、课代表等对当天的计划、健康观察情况、生活指导方面等做一些讲解，有通知事项也利用这个时间。因为上课不一定都在班级教室，所以，有5分钟是移动到上课教室的时间，8:50开始上第一节课。每节课50分钟，课间休息10分钟。上午四节课，12:40—13:10是称为"给食教育"的午餐时间。

大泉中学的学生多，一个年级占一层楼，六七个班一共256人，课间的校舍很热闹。遇到的学生都会大声和我打招呼，让我体会到生活指导的训练有素，更能从礼貌问候中感受到学生的纯真、朴实和亲切。

生活指导强调，理解学生不只是一句口号，要求定期召开校内特别支援委员会，全体教员统一认识，对无故缺席、逃学、物品买卖或交换、抽烟等问题行为分析原因，并与专业心理咨询员联动。同时，站在学生的立场，辅助构建学生与家长的信赖关系。

生活指导分为个别指导和集体指导。个别指导主要是教育咨询的形式，学校里设有咨询室，有外请的咨询师接受咨询。集体指导则是通过活动与学生进行交流。休息日还实施校外生活指导，促进学生参与地区社会和志愿者活动等，也包括与家庭合作，杜绝网络和手机犯罪。

校内的生活指导非常重视培养干净整洁和爱惜物品的意识，环境美化活动开展得很彻底，这就是日本运动员在世界各地都给人们留下好印象的缘由了。从小培养珍惜的意识，不仅减少浪费，也使得物品更加精致。

培养爱惜公物之心是重要的教育内容，发生物品损坏时要联系家长，学生当事人须提交书面破损说明。同时，学校也指导学生尽量不在学校放私人物品，手表、钱、手机、电子词典等属于贵重物品，都不能带到学校。教室后墙有储物格，每人一个，每天放学都要把里面的东西全部带走，不能把次日要用的课本暂存在学校，书桌里也不能留下任何东西。

安全方面的校内生活指导首先是避难训练，其他还有学校与家庭和地区合作的巡逻防范对策，近年来，又增加了对手机和电脑受害者的指导。

日语将上学称作"登校"。学生如果忘带教材等，原则上不能回家取。如果发生身体不适需要早退，学校保健室会开出书面通知，学生到家后由家长电话报告学校。期中、期末考试期间经常要交上课笔记和习题集作为成绩的一部分，如果忘带了，学校择情允许学生回家取。

公立中学原则是居住在学区内就近上学，但也有个别学生因特殊理由择校而来，住得比较远，但不仅不能像中国那样车接车送，就连骑自行车上下学都不允许。只有在学生受伤等特殊情况下，经家长申请方可骑自行车上下学。

下雨在日本是常事，所以，雨伞的管理在公共场合有一定之规，学校也一样。大泉中学是由早练的俱乐部顾问老师和成员在校舍入口处放几个带漏水槽的大塑料桶，每个桶上写着班级名称，男女生分别放伞。第一节课结束后，各班男女生各两名生活委员和美化委员在室外将伞桶的积水放掉，然后把伞桶搬到教室里。放学后学生要把伞带回家，空的伞桶由生活委员送回规定地点，待下一个雨天使用。

生活指导说明中还细致地写到，根据天气预报，放学有可能下雨时，就尽量带折叠伞到学校。如果放学时突然下雨而没带伞，教员室入口放有临时用伞，可以来借，届时要和老师打声招呼，并在借伞记录簿上填写伞号。伞用完要晾干，以干净的状态还回教员室，并在借伞记录簿上注明。还伞原则以学生本人为限。

生活指导说明一共 8 页，有一整页都是关于雨伞的管理，既贴心，又细致。

关于校园生活，在开学后的年级集会上，负责生活指导的老师强调了几点：

1. 不进入其他班的教室；

2. 不穿行其他年级的楼层；

3. 不在楼道里跑；

4. 不在玻璃和黑板等地方胡写乱画；

5. 不玩冷水器。

　　学生证是学生手册的形式，有照片，每年更换一次，除了在校外可证明中学生的身份，参加学校活动时也需要，例如缺席、早退、迟到时都要写上。有家庭联络栏，家长填写相关事项后，学生要交给班主任确认。

檀芳日记

2010 年 4 月 8 日

　　今天是第二天上学，我是自己上下学的。

　　我有朋友了，6 个朋友，4 个男生，2 个女生。我和他们说了神奇宝贝的事。我喜欢神奇宝贝，所以，我会说神奇宝贝的日语，他们说我很牛（すごい）。

　　今天的饭也好吃，我都吃完了。

　　今天到操场去玩了，玩竹马，我还不太行。独轮车还是不怎么会，妈妈说，继续加油练习就能会。

　　今天我们做了加油卡，新学期开始都要做加油卡，写怎么生活、学习。我写的是：生活要加油，学习是要在算数上加油，家里是看电视学习。

　　国语老师讲的是国语书第一页的"嫩叶"，这是我抄写的，还画了树叶的配图。

わかばを見ると
むねが晴れ晴れする。
ぼくら子ども
ほんとほ
人間のわか、は。
天が、ほら。
あんなに晴れしている。
ぼくらを見まもって……。

かおる

嫩叶图

看到嫩叶，

胸中就感觉特别敞亮。

我们这些孩子，

其实就是人的嫩叶。

天空呀，

是那么地晴朗，

正在看着我们呢。

从生活指导
到学生指导

　　生活指导是在日本民间教育运动中提出来的，最有名的是"山间回响学校"。

　　1910 年以后，日本东北地区出现了一种叫"生活缀方"的教育方法，就是让学生以自己的生活为内容写作文，老师针对作文中反映出来的问题进行指导。"缀方"意为文字表达，属于启发式教育，以培养学生的人格为目的。20 世纪 30 年代，生活缀方运动的主要领导教师编辑了全国性的杂志《缀方生活》，该杂志成为发表相关议题文章的主要阵地，生活缀方教育得以确立。

　　1932 年，文部省发布了有关儿童和学生的校外生活指导训令，在奖励缀方创作活动的同时，明确了以下规则：

　　　协同互助：奖励协同作业；

　　　国体训练：奖励防灾训练、体操等；

规律节制：服装整齐、时间严守、遵守交通道德；

社会奉献：清扫公园和道路等公共设施、家务等劳动帮助、慰问出征军人家庭、保护名胜、清扫墓碑；

亲近自然：动植物相关的爱护活动、野外生活体验；

敬神崇祖：参拜伊势神宫及皇宫、神社等，清扫其境内；

身体锻炼：奖励登山、远足、游泳、武道等活动，学习救护和卫生活动等相关知识。

50年代，"生活缀方"有了新的回响。雪山深处的山形县山元村（现上山市）有一位青年中学教师，名叫无着成恭，他把班里学生写的生活记录整理成文集《山间回响录》，由青铜社出版，成为畅销书。于是，"生活"的视角形成了日本教育界的一股潮流。

《山间回响录》中有文有诗，还配有黑白插图，内容是关于学生的父母和家庭情况。最后附有学生作者的介绍。这本文集只是一个班的学生的作文，有诗歌，也有像《母亲的死和那之后》《父亲的记忆》《医院生活》《我的家》《教科书费》《我们长大之后》这样的学生作文，还有班级日志。

教育界评价该书说，基于生活写作文的教育方法最大化地实现了社会课的教育成果。于是，"山间回响学校"成为社会课的范例。

以《山间回响录》为原型的电影在1952年上映，岩波文库、教育文库、角川文库都分别出版了《山间回响录》。《山间回响录》的文风在今天的小学国语教材中仍有所体现。

"二战"后，"学生指导"比"生活指导"一词更频繁地出现。生活指导是对学生的行动、态度、思考、感受等进行整体指导，而学生指导则是指扶助每一名学生在人格方面健康成长。教育行政部门支持学生指导的理论，而民间教育团体则倡导生活指导。

学生指导注重对学生的理解，是扶助个人实现自我内在价值的过程，把学生面对的问题分为学业指导、适应指导、社会指导、道德指导、进学指导、保健指导、课后指导等类别，可见，生活指导的内容已经融入学生指导中了。

可以说，"山间回响学校"的实践并非只停留在历史意义上，它让学生从生活和学习的客体转变为主体。

女儿在日记中写到的"加油卡"，就是自己制定目标，特别反映出日本教育中不鼓励竞争而强调建立"自己轴"而非"他人轴"的重要性。

建立了"自己轴"的人，意味着遵从自己的信念，积极主动地克服困难。不管他人如何评价，好与坏都是自己判断。即使遭到诽谤，也能做到置之不理，对他人的评价不生气、不沮丧，总是保持精神十足，挂在嘴边的话是：百分百不一定，但要做到最好。反之，"他人轴"总是在意他人的眼光，有人看着就努力，没人监督就偷懒，受表扬就高兴，遭批评则情绪低落而失去了干劲，迎合他人，忍耐度日，不能活出真正的自己。

公立中学让学生在学年开始时写自我介绍卡，也是加油卡的一种形式，并粘贴在班级后墙上。在自我介绍卡上，学生介绍自己的梦想、加入的俱乐部、珍藏的东西、不擅长的科目、出身的小学、特长、兴趣、喜欢的教科、喜欢的电视节目、喜欢的偶像等，以及写给全班同学的话，表达自己在各方面的加油目标。儿子和女儿的特长，写的都是"中国语"。

"加油卡"在日本很普遍，更是形成了一种记录成长的文化。

制作加油卡的目的在于调动自发的学习积极性，制定目标后，如何实现目标也由学生自己决定。实现目标的过程强化了审视自我的思维习惯。

"加油卡"在日本早已成为商家争相开发的教具，有适合幼儿园、小学老师使用的，也有适合生活自理的、读书的、在校学习的、在家学习的、具体的运动项目的，等等，数不尽的图案和样式，让感觉学习枯燥的孩子可以快乐起来。

山间回响学校时代的农村生活和经济状况已经发生了变化，但对焦生活的切实性并没有过时，其精髓已纳入现在中学的"综合学习时间"，即学生根据现实课题做报纸、写文章，将学习与生活结合起来。

日本球员赛事后打扫更衣室并留下"谢谢"的纸条，感动了世界；日本球迷赛事后捡垃圾清理球场，也博得了世界的好评。但他们都觉得那是应该做的。只能说，这些举动来源于日本教育养成的生活习惯。

第一篇作文：
《成为中学生以后》

小学期间，学校活动基本还是老师领导，签到处会看到老师站在那里。而从中学入学典礼那天就一下子感觉不一样了，学生成了主体，签到处看不到老师了。

岩波书店在 2017 年出版了《成为中学生以后》，作者是有 36 年中学教学经验的宫下聪。书中写到，中学时代为身心快速成长期，要构筑长成大人的基础，同时，也要经历学习、俱乐部活动、交友等充满烦恼的日子，书中还附有烦恼咨询篇。

该书出版后，家有即将升入中学的孩子的妈妈们纷纷购买。大家共同的评语是：想再回中学让人生重新来过。

中学 3 年是成人的基础，可谓身心重生的阶段。

大泉中学有多种通讯，校园通讯以校长名义发给全校学生，各年级都有年级通讯，班级有班级小报，俱乐部也有自己的通讯，还有保健室通讯、午餐通讯、学生会的多种通讯、学生委员会通讯、PTA 通讯，通过这些通讯可以了解到校园生活的方方面面。每年从学校发来的各种通讯足有千页，都是老师和学生兼任编辑和印制。

年级通讯的名称不是一成不变的，儿子在校期间叫"希望之泉"，女儿在校期间叫"SPROUT"，都是 A4 纸大小，正反面印字。发行不定期，在开学季的 4 月 23 日，刚开学不到十几天，已经发行到第 11 期了。

年级通讯上刊登了初一的目标："成为可信赖的人。"释义为：

1. 善良，珍重他人，怀抱感谢之心，主动问候。

2. 正直，有错立即承认并反省，绝不把责任推到别人身上。

3. 全力以赴，学习、班务、俱乐部活动都尽力，不怕失败，持续挑战。

对此，承诺是：

1. 上课前两分钟在座位上坐好，拿出教材，等待老师。

2. 用眼听讲。

3. 委员会、班务等发挥作用。

新生入学后，都要写一篇题为"成为中学生以后"的作文，目的是让他们思考，树立目标，形成决心。

每班选出一名同学的作文，在年级通讯上刊载。儿子的这篇作文在该栏目的最后一次连载时刊登出来，他本人也不知为什么自己的作文被选上了。我猜想，那应该是在国立小学时天天写日记发生了作用。

希望の泉

大泉中学校第1学年通信　平成22年4月23日　NO.11

来週の予定（C週）

4／26（月）	4／27（火）	4／28（水）	4／29（木）	4／30（金）
平常授業①〜⑥	平常授業①〜⑥	平常授業①〜⑤	平常授業①〜⑤	振替休日
・学年朝礼（格技室）	身体計測・体力テスト	尿検査二次	授業参観日	4／29の振り替え
・身体計測準備	（3、4校時）		部活動保護者会	

* 仮入部は今週で終了です。
　部活動の入部申込書は、4／26（月）が提出期限となっています。よく相談した上で、入部を
　決めてください。
* 4／27（火）は身体計測・体力テストを行います。前日に保健委員、体育委員は準備と測定を
　行います。測定種目は以下のとおりです。

身体計測	身長	体重	座高	視力	聴力	
体力テスト	握力	長座体前屈	上体起こし	反復横とび	立ち幅跳び	ハンドボール投げ

　当日は体育着・ジャージ登校となります。
* 4／29（木）は授業参観日です。平日お仕事の関係でなかなか学校にいらっしゃれない方は、
　この機会にどうぞ子供の様子を見に、ご来校ください。

「中学生になって」　作文　最終回

3組　檀　聡

　僕は中学生になって、やらなければならないことが、たくさんあります。

　去年4月から日本に来て、1年しか日本語を習っていませんので、多少しかできません。これ
から日本語をもっとうまくなりたいと思います。それに社会などの教科も全然だめです。前の小
学校で、先生がみんなに「日本の小学校より何年遅れたのか、その学力もその年による差がある」
と言っていました。でも僕はその分を取り返したいですが、明らかに無理ですけど、できるだけ
その分を取り返そうと思います。

　中国にいたとき、中学校は毎日宿題いっぱいで、いやだと思っていました。だけど日本に来て
勉強が好きになりました。中学校もすごく楽しみでした。そして今中学生になって、いろんな方
面で頑張りたいなあと思いました。しかも大泉中学校は、けっこう有名だと聞いて、自分はラッ
キーだと思いました。

　友達作りはあまり苦手ではありませんが、みんなは小学校の時から知り合いで、何を話すか、
まったくわかりませんでした。でもなぜかいきなり友達ができました。これからは中学生1年生
の目標として、"友達100人できるかな？

　これからの学校生活では、毎日きちんと過ごして、学習も積極的に取り組んで、一生懸命頑張
りたいと思います。

檀聡在年级通讯《希望之泉》上发表了《成为中学生以后》一文

成为中学生以后

檀聪

成为中学生以后，我有很多事情要做。

去年4月来日本，只学了一年的日语，多少算是会了一些。今后，我想把日语学得更好。而且，社会等课程我还完全不行。之前的小学老师曾经对大家说："日本的小学迟了几年，学习成绩就会差几年。"我想把这个差距追回来，很显然那是不可能的，但我还是想尽量弥补。

在中国的时候，每天都有很多作业，我觉得很烦。可是，来日本以后，我居然喜欢学习了，进中学也非常期待。成为中学生以后，我想各方面都加油。而且，听说大泉中学很有名，我觉得自己真是很幸运！

交朋友对我来说不是难事，可是，大家从小学就彼此认识，该和同学说什么好呢，完全不知道。然而，不知为什么，第一天就交上了朋友！作为中学一年级的目标，看我能不能交上100个朋友。

在往后的学校生活中，我要认真度过每一天，积极学习，尽力加油。

女儿也写过《成为中学生以后》，但没有被选上。年级通讯《SPROUT》连载了7个班各一名同学的作文，刊出的女儿同班女生的那篇是这样写的：

4月8日，我升入了中学。小学有过高兴的事，也体验了很多的不快。我觉得，是因为克服了痛苦，今天才得以成为中学生。成为中学生以后，科目增加了，俱乐部的活动也开始了。关于俱乐部，我喜欢画画，所以准备加入美术俱乐部。成为中学生以后，要一直有目标，然后去度过快乐的中学生活。当然，能成为中学生，不仅因为克服了痛苦，还因为有家人和朋友以及周围所有人的支持。虽然现在的担心还有很多，但我会对至今支持我的所有人一直怀抱感谢之心。

我的目标，就是能做到标准的问候。我特别不擅长和别人打招呼，以后我要加油，大声地向前辈和老师问候，去度过快乐的中学生活。为了实现充实的三年中学生活，我要发挥在小学学到的知识，并做出各方面的努力。

通讯上还刊登了老师对作文的评语：

所谓"不忘初心"，就是让起初的想法成为人生的指针，让它在遇到困难和挫折时支撑自己。这篇《成为中学生以后》的作文可以在一年后再读一遍，那时就能看到大幅度成长的自己和还没有实现的目标了。

不同于小学的
教科书和笔记本

日本文部省的《学习指导要领》是各校编制教育课程的基准，教科书也根据《学习指导要领》规定的教科而编成。

现在，学校使用的 90% 以上的教科书由民间发行者编著，经过文部科学大臣的审定而发行，一方面发挥了编著者的创意，另一方面也确保了教科书的客观性与公正性。文部科学大臣审定的书，相当于被授予了可作为教科书使用的资格。

为取得人们对教科书的信赖，文部省从 1991 年起公开了审定教科书的相关资料，在全国设七处公开会场，可看到教科书调查官做成的调查意见书、交给申请者的审定意见书、审议会审议概要等资料。而且，在国立教育政策研究所教育图书馆和公益财团法人教科书研究中心附属教科书图书馆还可取得国民对审定结果的意见资料。

除了文部省审定的教科书，还有工农业专科高中、为障碍者学生开办的特别支援学校等使用的教科书，由于用量少，民间发行困难，就由文部省编著。再就是一些特殊课程没有适合的教科书，就采用其他教材。从 2020 年开始，《新学习指导要领》实施，电子教科书与纸书并用。

目前发行的文部省审定教科书有 1546 种，13459 万册；文部省审定的教科书中，用于高中的 56 种，约 11 万册，用于特别支援学校的 299 种，约 5.7 万册。除了特别支援班的教科书，中、小学使用的教科书全部是民间发行者编著的教材。

在此，我们可以看出，政府对特别支援学校非常重视，299 种书才印刷 5.7 万册，平均来说，每种书只印刷了不到 200 册。

文部省审定教科书的发行者共 54 家，发行文部省编著教科书的有 18 家，虽然说不上百家争鸣，但选择也不少。小学教科书的发行者有 16 家，中学的 21 家，高中的 37 家，特别支援学校的 13 家。

从现在的学校整体教育看，小学用书 319 种，6801 万册，中学用书 159 种，3628 万册，高中用书 775 种，3041 万册。可见，小学教科书丰富，种类是中学的两倍。而到了高中，教科书的种类变成了中学的近 5 倍，因为各领域学习内容加深，选修课增加了。

文部省审定的教科书每 4 年修订一次。统计资料过时、事实记载有误、错字、丢字等情况可随时申请修改并得到更新。

实施义务教育的中、小学在选择教科书时依据《义务教育各校教科书无偿措施相关法》，发行者将下一年度计划发行的书目提交给文科大臣，文科大臣汇编书目后，通过都道府县的教育委员会发给各校和市街村的教育委员会。为便于教科书的选择，发行者要将样书寄给都道府县教育委员会与学校和市街村教育委员会。

都道府县教育委员对选书学校要进行援助性指导，设置"教科书选定审议会"，由各校的校长和老师、教育委员会相关人员、有学识经验的专家组成。该审议会开展大量的专业调查研究活动，每个教科都要委托若干教师和调查员参加。都道府县的教育委员会根据审议会的调查研究结果制作教科书选定资料，发给选书单位，并附助言给出评审意见。同时，每年6—7月，都道府县教育委员会还为选书单位开办教科书展示会。选书单位在自己调查研究的基础之上，参考都道府县的选定资料，选定教科书。

教科书展示会场是都道府县设置的教科书中心，不仅供教育相关人士阅览，家长和一般人也可以利用。至2019年8月，日本全国设有957处教科书中心。在东京的公益财团法人教科书研究中心，除常设教科书书展外，还保留了战后的已审定教科书，并收集和展示外国教科书，可供一般人利用。

每年8月31日前，各校选定下一年度的教科书，所需册数经都道府县教育委员会报告给文科大臣。高中教科书的选定方法没有具体的法令，公立高中由所属教育委员会根据学校的具体情况进行选择。

教科书的选定流程非常严谨，教科书统计资料的精度也源于如此周密的教科书选定流程。

义务教育的小学6年和中学3年期间，对所有学生无偿提供教科书，国家买单，该制度规定在日本《宪法》中。

小学教科书每本平均定价379日元，初中510日元，高中816日元。学生平均每人的教科书费为：小学一年级3885日元，二年级2175日元，三年级4952日元，四年级3343日元，五年级4608日元，六年级3767日元，初一8477日元，初二4014日元，初三3670日元。

学生转学后会立即收到所属学校的免费教科书，外国人也一样。

对那些父母在海外工作的学生，国家也购入中、小学教科书并寄给世界各地的大使馆，无偿提供给当地的日本人学校和补习学校；对中途出国的学生，则委托海外子女教育振兴财团在学生出国前提供教科书。

在提供教科书方面，日本政府还有更贴心的举措，比如对有视觉障碍的学生无偿提供大字版的"扩大教科书"。

谁都可以购买教科书，但在一般书店买不到，而是有专门销售教科书的教材书店。我为儿子和女儿都买过教科书用于补习。教科书如果弄丢了，需要自己购买。

日本最长销的商品之一应该是小学生使用的"日本练习本"，46年间销量达 12 亿余本。生产该系列练习本的企业在 1950 年后曾销售"昭和标准练习本""精英练习本"。自 1970 年开始，该企业与出版《日本百科事典》的小学馆合作，开始发售"日本练习本"。

"日本练习本"封皮质硬、光滑，封面采用花与昆虫的特写照片。封底是封面照片的解说和百科学习图鉴，让孩子们感受到大自然的丰富。

练习本的前面两页和最后两页是百科知识，每页一个主题内容，比如"非洲的生物""好想去呀，世界旅行""原来如此，食物的秘密""了解地球和自然"，让学生在亲近自然的同时拓展知识。

百科学习页印有铃铛图，可参加全国铃铛图运动。练习本及其他物品、食品等包装上的铃铛图可以收集起来交给学校，PTA 会到相关管理部门换钱，用于购买校用设备。

练习本内页在委托专门的色彩机构在研究格线印刷的颜色之后，采用了益于眼睛保健的浅蓝绿色。纸张质地便于书写，装订还是线装。

"日本练习本"种类很多，不仅按年级、科目、版型大小分类，而

中学教科书（上）和中学练习本（下）

且有多种设计，如内页的格式、方格大小、行间距等，又组合出更多的产品。

日文的词语由汉字极度草体化的平假名和汉字组成，还有根据语音表示外来语的片假名。平假名和片假名有相当于中文拼音的作用，犹如中国小学生从拼音开始学习中文，日本小学生的国语是从平假名和片假名学起。与中文拼音不同的是，只写平假名和片假名也是日文。日本小学生是随着年级的提升，会写的汉字多了，才逐渐按词典的规范写汉字和平假名组合的日文。而且，就像小学生禁止使用公式、方程式等超出学习范围的方法解答算数题，对没学过的汉字词语，要求不得写汉字，必须都写平假名。"日本练习本"的设计也充分体现了教育适龄的宗旨。练习本的封面标有对象年级，一年级用本标示的"算数""国语"等不使用汉字，而写"さんすう"（算数）、"こくご"（国语）等。内页也是考虑年龄特点的设计。

各科目用什么规格的练习本，在学年开始时班主任会提出明确的要求。儿子从小学六年级开始在日本上学，未能更多感受到使用练习本的细致规定和逐年变化。女儿从小学三年级开始在日本上学，练习汉字的田格宽度从 17 毫米变为 14 毫米、11 毫米。书写汉字时，不仅横或点要写正确，汉字结构写得不好看的，老师也会用红笔标出。国语练习本还有方格本，方格从 15 毫米、12 毫米到 10 毫米逐年缩小。

为什么日本人写字整齐而规范，看他们小学使用的练习本就能理解了。不仅要写对，也要求写得好看。

理科和社会科的练习本有方格和田格两种，格子长宽为 10 毫米。稿纸格式的作文本有 11 毫米格和 10 毫米格，日记本有两种形式：竖条本（用于文字记录）和绘日记本（上部是空白的，用于画画，下部

052

日本公立中学一千天

竖条区域用于写字）。用于老师和家长联络的联络本则是全白的。

　　小学教科书大多为 B5 大小，小学生使用的练习本也基本是 B5 大小，放入小学生专用书包蓝兜塞路很合适，"日本练习本"也有 A5 大小的，同样设计多样。"日本练习本"封面各不相同。即使不使用封面各异的"日本练习本"，其他系列的笔记本或练习本的封面也颜色不一，学生习惯用封面图案或颜色的不同来区分科目。

　　2012 年，因为孩子们有不喜欢昆虫的倾向，"日本练习本"半数以上的封面都停用了，后来又增加了歌舞伎图画封面的练习本，以扩大成人购买量。生产"日本练习本"的企业还联合网销公司亚马逊对过去的封面照片发起投票活动，然后对得票最多的封面进行复刻销售，昆虫封面又出现了复活的生机。投票活动介绍了 20 本 70 年代、80 年代、90 年代、2000 年以后的代表性练习本。投票结果，居然各年代排行第一的都是昆虫封面，而排行前三的 12 种练习本中有 10 种是昆虫封面。一半以上的票数投给了 70 年代的封面，反映出以往封面的人气。

　　升入中学以后，教科书不只是 B5 大小了，开始有 A4 版的了。学生告别"日本练习本"，开始使用"大学笔记本"这种横线本了。

檀聪日记

2010 年 4 月 23 日

　　从 4 月 7 日开学到现在才两周多，但感觉已经过了很长的时间。日本的中学生活和小学太不一样了，首先是不再背蓝兜塞路了，中学的书包很沉啊！本来以为书包买大了，可发书那天，这个书包还有点儿装不下呢，一共 18 本

中学书包

书！小学的课本都是 B5 大小的，中学课本也大多是 B5 大小，美术、技术资料等是 A4 大小，厚度可是大大增加了，字也变小了很多。

现在，每天不仅在这个书包里装书，还要装笔记本。

日本的小学生笔记本都是 B5 大小，封皮设计丰富，比中国的教科书封皮还要厚、硬，很是讲究，特别漂亮；而且有方格、田格等，规格也很多样。但是，中学就不允许再用小学生的方格笔记本了，一律改成 B5 的横线本，封皮也没有卡通人物，和大学笔记本一样。尽管不同科目使用同一规格的横线本，但也要尽量挑选封皮颜色和图案不同的。笔记本有一包五本套装的，每本封皮颜色都不一样。

音乐笔记本是五线谱本。

各种学生委员会
主导校园生活

　　开学季的重要活动有委员会和班务的分工。大泉中学约 750 名学生，20 个班，校长 1 人，各年级教师 13 人，教职员工总共 40 多人。各校教师数量依据文部省规定的比例，按班级数量计算，校长和教务主任各 1 人，教师人数约是班级数的 3 倍。24 个班以上的中学可安排两名教务主任，有 18—29 个班的学校可安排 1 名老师负责学生指导，其他还有保健医师 1 人、营养师 1 人。

　　学校的各种活动属校方主导，但实际上是学生策划并组织实施，其运营系统由负责审议决策的学生会代表和学生会执行机构的各种委员会构成，班内生活由各负其责的班务担当。

　　联合国在 1989 年 11 月 20 日的第 44 届联合国大会上通过了第 25 号决议的《儿童权利公约》，日本在 1994 年加入该公约，是第 158 个缔约国。

　　"儿童"指的是 18 岁以下的孩子，也就是说，中学生是儿童，无须着急做大人，只需要充分认识自己并活出自我。

"权利"一词并非日文，是从英语 right 而来。明治初期的日本哲学家、教育家、启蒙思想家、独协学校首任校长西周（1829—1897）把 right 译成日语，内涵是指："正确""理所当然之事"。儿童的权利，就是指谁都应该拥有的权利，例如"放心""自信""自由"等，没有虐待和暴力，没有生命危险和饥饿，没有生病不能被接收治疗的不安，相信和肯定自己具有独特的价值，最终能够用自己的思考去行动。

中学的学生会活动就是充分应用了儿童的权利，让孩子们像铁臂阿童木那样，朝着想变成的自己，最大限度地发挥他们的可能性。

学生会在日本是中学和高中设立的学生自治组织，宗旨是解决和改善校园生活中存在的问题和课题等。在日本，学生会和班级活动一起，被列为教育课程之中的特别活动部分。学生通过学生会活动结成自己希望的人际关系，更好地作为集团和社会成员之一策划和参与学生生活，并养成合作解决问题的自主实践姿态。所有学生都是学生会的会员，以学生立场自发、自主地开展活动，是学生开展活动的组织机构。

学生会的组织机构各校有所不同，大泉中学施行的是《学习指导要领》中解说的模式。学生会代表组成最高审议和决策机关学代会，学代会设会长 1 名，代表 6 名，审定基本事项、批准预算和结算、修改或废除学生会章程。学代会之下的审议机关是中央委员会，审定向学代会提出的议案，协商各种策划和活动的实施，协调班级活动等。

学生会代表的选举是全校范围的，会长和代表首先要自愿提出参选，之后在体育馆召开选举大会，参选学生各自发表演说，最后全校学生投票，当场唱票选出。学园漫画电影《帝一之国》就是学生会代表选举主题，反映出精英男校高中的面貌。

女儿在校时的学生会会长是她在公立小学时的同班同学井上大地君，大地妈妈当时也是我们的 PTA 主力，在小学一起做过很多活动，毕业季的"离巢会"就是大地妈妈当主持人。

大地君做了三年学生会会长，运动会时在我家就能听到他登台讲话的声音。

学生会的执行机关是代表委员会及其下属的各种委员会。代表委员会由各年级代表委员会组成，其他委员会不分年级。所有委员会都有委员长、副委员长和书记，各年级代表委员会的委员长和副委员长组成学代会之下审议机关的中央委员会。中央委员会也发行自己的通讯，报道校园生活情况。

学生会最高执行机关的代表委员会制订全年的学校活动计划，提出议题，召集各委员会等，执行学生会的整体运营。根据学校传统和时代主题、实情等，各校存在不同的委员会。大泉中学有各班班长组成的代表委员会和生活、图书、新闻、保健、美化、广播、午餐、体育等委员会。一年一度的合唱节和运动会、校外学习、参加临海学校、滑雪教室、修学旅行等，都要临时组建执行委员会。

委员会开会时履行正副委员长和书记的三职选举，制订活动标语，讨论活动计划并确定当月活动计划等。有时也请老师讲话，学生的开会致辞和闭会发言等锻炼从思考到实践的各种能力。

三年级代表委员会制定的活动目标是"成就"，意为总结中学生活，活动计划包括提醒上课，为运动会、考试、修学旅行、合唱节等做准备，与生活委员会召开联合会议，讨论学年状况，改善日后的生活态度。二年级代表委员会的活动目标是发挥每一个人的能力，倡导个人能力的提高决定集体能力的提升，发现个人的长处，让大家都有上进心，实施校外学习、职场体验、滑雪教室、高中访问等年级活动。一年级代表委员会的标语颇有新生特色，即营造充满笑容的班级，以中学生的自觉守规矩，齐心协力，随时找到问题的答案，争取做到最好。

各年级代表委员会的具体活动，包括学期开始和结束时召开年级集会，相互问候，针对大声问候和打铃坐好、上课私语、忘带东西、健康检查等定期开会讨论，明确问题，提出具体改善办法。同时，各委员会合作充实班会。

生活委员会负责搬运伞架、朝礼整队、打铃坐好、下学提醒的值周活动；图书委员会负责制作图书通讯和图书馆海报、整理图书、填写图书日志、制作问卷、记录意见事项；新闻委员会从稿件委托和采访开始编辑和发行月报，并制作问卷等；保健委员会负责陪受伤和生病的同学去保健室，联络班主任和教科老师，补充水池的肥皂，检查洗手和带手绢情况，还有用专用仪器确认水质是否适于饮用；美化委员会负责全校的绿化美化，策划和实施美化周的活动，确认扫除用具，并负责避难训练后的美化，和生活委员会一起做好值周和伞架管理；广播委员会负责早上、中午和放学时的广播策划和实施，还有运动会时的所有赛事广播。女儿做放送委员的时候，早上要早到学校，午餐要快速吃完去值班，放学时晚走。利用委员工作之便，可以播放自己喜欢的歌曲。

午餐的配饭等属班务活动，午餐委员会负责管理抹布、写日志、制作食育海报，与生活和美化委员会合作值周活动。体育委员会负责借球的管理、仓库的清扫、运动会的准备和运营。

通过各委员会的活动，校园生活被学生自己选出的委员管理得井井有条、丰富多彩，更重要的是，学生的多方面素质和技能都得到训练和提高。

各委员会的委员由班级选出。女儿做过广播委员会委员，和其他班级的委员轮流担当。儿子一年级是新闻委员会委员，二年级被选为班长，成为代表委员会委员，后来又被选为代表委员会副委员长、委员长。

学代会的活动有新生见面会、委员证书的校长颁发仪式、每周三的问候运动、捡树叶、运动会、会员全体大会、联合国儿童基金会的募集，以及学生会代表的选举。

儿子的好朋友大平同学担任学生会代表时，标语是"有言必行"，即和所有会员一道有言必行，同时，学生会代表的每一个人都会为实现自己提出的公约而行动。公约是学生会代表的表决内容，在委员证书颁发仪式时发布。

我们家附近的车站至今都经常看到大泉中学的几名男女学生在放学后的时间端着募集箱大声宣传着，并散发联合国儿童基金会的彩页说明。在规定日期放学后的 16：30—17：00 能募集到近 6 万日元（约 4000 元人民币）。他们都是有演说能力的学生会代表。

7 月初的早上 8:00—8:15，在校门前也实施一周的募捐活动。

学生会每年编辑一本杂志，儿子三年级时，杂志叫"虹色"。

《虹色》为 A5 大小，有校长寄语、大泉中学的一年活动概要、班级、委员会和俱乐部活动介绍等。最后一页是学生会下属各委员会名单。

学生会杂志《虹色》

《虹色》的委员会介绍中刊登了各委员会委员长的文章，都是亲笔手书，也有儿子作为代表委员会委员长的文章，标题是初三的标语，"贯彻初志，迎向考学，Let's study"，应该是有代表性地反映了当年毕业年级的主旋律，也能具体了解作为代表委员会委员的班长有哪些具体工作。

　　三年级代表委员会的活动口号是"贯彻初志，迎向考学，Let's study"，我们全年级都自觉地为营造大家专心考高中的气氛而实施着每一天的活动。代表委员的工作有出席簿和日志的管理、上课铃响前招呼大家提前就座，以及放学会活动的主持。特别是放学会，多以代表委员为中心推进活动。此外，学生会总会讨论议案书等的时候，关系到班级决定事项，通常是代表委员主持。而且，代表委员的工作不仅限于自己的班，修学旅行等也是以代表委员为核心确定各种具体活动，细致到规定带零花钱的上限、选出不需要带的东西等，由各班代表委员事前开会讨论决定。我想，结果应该是大家都感受了满意的修学旅行。代表委员是各班的领导，各班代表委员集合起来，就组成了学年的领导机构，代表委员会又是各委员会中最重要的委员会之一。作为如此重要的委员会，代表委员如果不认真工作，就不可能形成一个好的年级。为此，作为学校的最高年级，要成为学弟学妹的榜样。在剩下不多时间的中学生活里，我想，我们要努力地度过每一天。

三年级代表委员会

檀聪

全校各班代表委员组成学生会最高执行部门的代表委员会，儿子是班里选出的代表委员，年级代表委员经常一起开会决定学年活动，同时，他又是年级代表委员会选出的委员长，决定全校活动事项时参加中央委员会的讨论，具有一定的决议权。中学当过代表委员会委员长，在考高中时会加分。

儿子的性格比较厚道，是实干家，代表委员的职务很适合他。

自荐方式的班务分工

班务活动为班内实施的重要教育内容，从小学就开始有了，目的在于培养学生对学习和生活建立主体意识，主动地开展各种活动，从而提升自主实践的能力。

为了顺利开展班内生活，大家分别承担不同的工作。班务与值日不是同一概念，区别于值日的班务需要更多地发挥主观能动性。值日是必须做的，班务是想做才做的，比如擦黑板、给花浇水、打扫游泳池等。班务活动不是必需的，但如果做了，班级生活就能更加富有生气。更换班内的报纸和粘贴物、放置班级图书、合唱练习、照顾班里饲养的小动物等，都是学生自主担当的班务活动。

班务活动的运营方式各有特色，也会诞生一些独特的班务名称。班级人数多的话，"确认扫除用具"也算一个工种，教室使用煤炉的时代有两个男生一组的运煤工种，还有"叫老师来"的工种，还有因为喜欢做保健班务的女生而故意受伤的男生。

班务的种类是班主任根据需要确定的，有的班主任甚至用每人一职的办法调动所有学生的班务能动性，可列出以下工种。擦黑板和关灯分为两种班务，翻日历又是一种，还是人气工种呢。

1. 班长，负责组长会的工作，以及在黑板上写考勤情况。

2. 副班长，和班长一起负责组长会的工作，以及在黑板上写联络事项。

3. 生活记录员，参加组长会，提交生活记录。

4. 组长，负责组长会、发文件和资料等。

5. 组长，负责综合学习、参加组长会、联络综合学习的相关事宜。

6. 黑板工，负责早会后和第 6 节课后擦黑板和整理粉笔。

7. 黑板工 5 人，分别负责第 1—5 节课后擦黑板和整理粉笔。

8. 国语、数学 A、数学 B、社会、理科、英语 A、英语 B、英语 C、音乐、美术、保健体育、道德、技术家庭的各教科课代表，联络上课事宜、收集提交作业、协助教科老师。

9. 日报、粘贴物担当，负责粘贴日报和其他班内粘贴物。

10. 翻日历担当，负责每天翻日历。

11. 保存担当，负责把班级通讯整理成文件夹保存。

12. 保存担当，负责把学年通讯和学校通讯整理成文件夹保存。

13. 关灯担当，负责早上班级活动后、去其他教室上课前和第 6 节课后关灯。

14. 关灯担当 5 人，分别负责第 1—5 节课后和去其他教室上课前关灯。

15. 侧储物柜担当，负责侧储物柜上的美化。

16. 后储物柜担当，负责后储物柜上的美化。

可以看出，日本人的细节功夫是从义务教育时期逐渐养成的。

学期开始时，通过自荐的方式重新确定班务分工。公立中学的班级以 40 人为限，大泉中学每班 36—37 人，委员之外的同学更要自荐班务，以实现每人都有工作。学生通过班务活动，感受自己发挥作用的喜悦，心灵得到成长，加深了班级归属感。

班务活动的开展需要时间，与紧张的学习形成了矛盾，只有认可和重视班务工作的教育意义，才能为之挤出时间。

学生 8:20 到校后的 25 分钟是班级活动时间，简称"学活"，在这段时间里可以对班务活动进行充分的讨论。小学有早会和回家会，用于班务活动的汇报，中学的早会和回家会都叫"学活"，第 6 节课后的学活时间比较短，但要等班主任来结束一天的校园生活，班务有联络事项的也利用这段时间。

午餐时间可以稍加利用，放学后的时间也可以适当开展班务工作，但还要考虑马上去私塾和俱乐部的同学。总之，每天哪怕在校园生活中挤出几分钟的班务时间也是有意义的。

班务活动培养学生的责任感，但前提是明确具体的班务职责，学生才能各负其责。每人一职对低年级尤其适合，逐渐地，学生才能主动去自己思考和推进班务活动。

为保证班务活动的开展，制订班务计划是必需的。一般来说，确定班务职位时，学生的参与态度很积极，但日子久了，活动就有可能停滞，保持学生的积极性非常关键，制订活动计划可算是有效的措施。

在一张大纸上做一个包括班务名称、成员、目标、活动内容、各月内容等的表格，粘贴在教室里，自己的工作明确了，同学之间也能有所参考。

保持班务的生气还可以安排介绍和发表活动，主题内容有时可用于教科学习的发表，或做成小报粘贴出来。

同时，自我评价、朋友评价，特别是老师对班务活动的观察和时而对学生说几句鼓励的话，都对充实班务活动很奏效。

自我评价是日本教育中从小就特别注重的，到中学已经养成了习惯。从事班务活动时自然会有意识地反省没做到的地方，考虑怎样才能把事情做得更好。自我评价采用早已格式化的简单表格，竖向内容包括参与活动的感受、是否主动做班务工作了、是否思考了如何让班级生活更开心、制订计划后是否实施了班务活动、是否与朋友合作了，横向内容分别是哪方面"做得很好""好"和"需要加油"。

朋友的评价可以增强自信，自己做的事如果能得到朋友的认可会感到喜悦，彼此相互评价可以促进自治能力。

学生做两种评价卡片，最上填入写给谁，一种卡片写做了的好事，另一种卡片写希望做的事。

老师的评价对提升学生的班务工作积极性至关重要，要查看活动计划和活动记录，并及时写上鼓励和赞赏之处，用心的老师还会制作感谢信和颁发奖状。学生看到老师关注自己，做事的意愿就增强了。

老师对学生的指导建立在观察和思考的基础之上，他（她）自己必须明确通过班务活动培养学生的什么能力，不是只停留在让学生干活，而是为培养学生的能力给出语言和行动上的帮助和支持。

儿子在北京上学时，班长是一种荣誉，担任课代表也有相关科目成绩优秀的含义，更多职务由老师决定。但在日本的学校，首先必须自己举手主动承担，实在没人举手，老师也不能强制规定，至多是启发和引导学生自愿承担班务。

决定班务分工的时候，老师会把班务种类写在黑板上，首先让自愿做班长的同学站出来，如果有若干同学想当班长，就进入选举程序，得票多的担任班长。接下来就由班长组织确定班务分工。

在教科之外的班级生活也细致地规定了相关的职务分工，反映出学校教育中教科学习只是一部分，它与其他方面的更多活动一起构成了校园生活，教育目标是通过各种活动实现的。

儿子入学后的第一份班务是国语课代表，是他考虑自己的日语最需要学习，所以才主动举手了。因为当了课代表，自然和国语科的佐藤老师接触多起来，虽然不像预想的那样对日语学习有特别的帮助，但在 232 名同年级学生中，算是被老师记住了。公立中学的教师一般是三年在同一学年，到了考高中的时节，儿子发表演讲，还受到了佐藤老师的帮助和赞赏。

食育篇

五育的基础是食育

"德智体"一词源于英国哲学家和社会达尔文主义之父赫伯特·斯宾塞（Herbert Spencer，1820—1903）的教育论，"食育"则是由日本明治时代的医师和药剂师石塚左玄（1851—1909）提出，进而形成了日本的"五育"之说。

"五育"最早应用于明治时代（1868—1912）的训教和幼教，意指道德教育的德育、食事教育的食育、运动教育的体育、知识教育的智育和才能教育的才育。石塚左玄在他写的《化学养生长寿论》《通俗食物养生法》中论述道："体育、智育和才育都在于食育。"这句话至今都是日本、中小学校长等教育者的讲话主题之一。

石塚左玄用"才智体育"取代了德智体育，其指导思想是反对西洋崇拜，主张重新认识东洋思想和智慧。为矫正西洋崇拜，石塚左玄造了"食育"一词，强调对食物要有正确的认知，提出了食育是才智体育的基础。

石塚左玄的专著也就发行了一两千册，几年后村井弦斋（1864—

1927）出版了小说《食道乐》，分春、夏、秋、冬四卷，其中写到"食育论"。该书成为明治时代发行十几万册的畅销书。在学者和政治家们著写枯燥的"德育论""体育论"的环境下，《食道乐》提出了食育论，让读者耳目一新，"食育"一词也就得到了广泛流传。

《食道乐》虽为滑稽小说，但作者是本着启蒙读者的意图去撰写的，在逗笑读者的同时，认真地传播了食育的重要性。小说里的人物说："德智体育好比蛋白质、脂肪和淀粉，要测量和调配它们的比重。如果不理解食育比智育和体育更为重要，那就不可能调配出最适合身心发展的健康基础。"

很长一段时间内，食育是所有家庭育儿和训教的根本。有一阵子，人们对食育的强调有所淡化，不过，当食品安全成为社会问题时，食育又再次受到重视。垃圾食品对孩子的影响和饱食、一个人吃饭的孤食等课题都促使人们正确认识食育的作用。为此，有孩子的人都会重新咀嚼这句来自明治时代的名言："体育、智育和才育都在于食育。"

日本官方教育部门对食育做出了指导性解释："吃的能力，培育生存能力。"

每年6月是日本的食育月，每月19日是食育日。在食育月和食育日，各地区教育委员会向当地公立中、小学提出阶段性教育重点，当"提升体力"被指定为研究课题时，以培养健壮之子为教育目标的学校就要一方面为进一步提高体育课的质量采取具体措施，设定持续运动的机会，另一方面还要有充实食育和保健指导的内容。

吃，是贯穿生涯的最为基本的自我经营，所以，食育是从幼教到基础教育的重要内容。而且，成人以后，食育仍然成为自我经营的课题。食育是从生产到餐桌的食物循环，也是从儿童到高龄者，以及传承到下一代的食物经营循环，是对自然资源和先人文化的继承，与社会经济环境和生活场所密切相关。

全国版《食育手册》由农林水产省食育课制作，学校和个人都可以参考。2005 年国会通过了《食育基本法》，同年开始实施。根据《食育基本法》，政府又制订了推进食育的五年计划，现在执行的是 2016 年 4 月开始实施的第三次食育五年计划，该计划除了延年益寿的食育、减少食品浪费的食育、继承饮食文化的食育等，还特别强调要推进 20—30 岁年轻人为核心的食育。年轻时保护自己的健康，将来作为父母，要把自己的饮食知识和体验传授给下一代。现在单亲家庭增多，家庭生活开始多元化，为实现所有国民的健全而充实的饮食生活，就要通过食育提供更多的共食机会。

有了从小受到的食育基础，人们会不断扩大食育的实践范围，主动把健全的饮食生活实践能力应用到商务和事业中去。日本给外来旅游者形成的"饮食放心"印象并非政府指令所致，可以说，那是长期以来基础教育注重食育的结果。

公立中、小学都有中饭，叫给食。给食是食育的重要内容。公立中学的午餐采用小组共餐方式，男女生配合比例均匀，同学们边吃边聊天。班主任老师轮流加入不同的小组共餐，餐品内容和同学们一样。

为培养吃的能力，日本的基础教育明确了如下几个目标：

保持身心健康；

理解饮食的重要和快乐；

能选择和烹调食物；

作为基础教育的社会性延伸，有想一起吃饭的人；

理解日本的饮食文化，并能做到传播和推广；

　　养成对食物和做食物的人的感恩之心。

　　食育的观点并非单指营养平衡，它包含了人们对食物和环境问题的思考。学校通过每天的午餐给食指导，教育学生利用废弃食材，渗透珍惜食物的重要宗旨。

　　日语里的"可惜"一词借鉴了佛教用语"物体无"，意为可惜物体失去了它的原本姿态。这个"物体"是生命，肉、鱼、米、菜都是生命。学生接受的食育是要在剩饭之前、叫菜之前、自助餐盛菜之前，脑子里浮现告诫珍惜资源的"物体无"一词，对生命不要挑挑拣拣。

　　每天送进嘴里的食物经过了生产、加工、流通等环节来到学校，其间经手的人很多。食育的教科内容就是通过各种围绕食物的活动，加深对相关知识的理解，通过体验，珍惜食物。

　　学校组织学生到农林渔业和食品加工厂、市场等现场参观体验，参观食品加工过程能了解到为生产放心好吃的食品是下了功夫的，到市场可以发现各种食物，也能学习它们的吃法。通过这些活动，学生感受到饮食生活得到了很多人的支持。

　　参观后的作业是做小报。有学生选择了食材自给率的主题，那么，他要了解日本消费的食材中有多大比例是国内生产的（2017 年的日本食材自给率是 38%，62% 依赖进口），食材自给率低会给人们的生活带来怎样的影响，为了提高食材自给率可以采取怎样的措施。这些都是作业小报的内容。

　　有学生选择思考食品浪费的问题，那么，他在收集信息的过程中会了解到，世界上有 8 亿人仍处于饥饿的状态和苦于营养不良，同时，日本每年会浪费643万吨食品，其中包括没卖出去的食品和过期食品、剩饭等，是能吃而扔了的食物。为了减少食品浪费，学生要去思考，自己应该注意什么，也会了解食品循环利用的必要。

作业小报都粘贴在走廊的班级教室附近，每到学校，我都会尽量多看些学生们编写的小报，感到颇受启发和教育。

给食教育的要求之一是不剩饭菜的"完食"。记得在儿子初一时的第一次班级家长恳谈会上，班主任对学生情况归纳了几点，其中讲话用时最长的是关于饭后剩了很多西瓜。究其原因，是学生觉得吐西瓜籽太麻烦。班主任还特别提到，有吃西瓜不吐籽的同学带动了那个小组没有剩西瓜。虽然老师没有点名，但我知道，吃西瓜不吐籽的，是我的儿子，他还因为吃草莓不吐叶的举动在同学间博得过人气呢。

针对给食教育达不成完食（不剩饭）目标的问题，有的班级开展了计算剩饭的食育活动，把剩饭换算成相当于几人份的食物量，在教室的墙上贴一张纸，按小组分别用莲花色表示出剩饭食物量，哪个小组剩饭多，哪个小组完食了，一目了然。

再就是，学校有学生组成的保健委员会，保健委员会发行一种小贴画，午餐后学生收拾餐桌时，看到喝干净的瓶罐就在上面贴个小贴画，再把贴了小贴画的瓶罐排成一排，哪个小组的瓶罐都贴了小贴画，就算BINGO，以示达成了这一项食育活动的目标。

学习成绩的排名不会在明处出现，但食育的竞争活动是充实可见的。

中学的给食教育

根据 2017 年《朝日新闻》对日本 74 个市区的调查，69 个市区的学校百分之百地实施了完全给食的午餐，其他 5 个市区有不到一半的学校实施了完全给食午餐。所谓完全给食就是，学校提供的午餐包括主食、菜、牛奶等全套主副食品。有的学校是自带便当，学校只提供牛奶，属于不完全给食。

虽然各城市情况稍有区别，但札幌、仙台、大阪和东京 23 区的中学都有全套给食。不提供午餐的学校有些是因为采取了自带便当和给食的选择制度，但日本医科大学教授提出，学校给食对缩小贫富差距起到了作用。根据国民生活基础调查的研究结果，比较家庭的经济水准高低显示，低水平家庭的中学生肥胖率是高水平家庭的 3 倍，而小学生的肥胖率与家庭经济情况无关，因为小学给食率高，营养均衡，所以专家呼吁，应采取措施实现所有中学完全给食。

文部科学省 2015 年实施的调查表明，全国公立中学的完全给食实施率为 82.4%，公立小学是 99.6%。《学校给食法》规定，义务教育的学校须努力实施给食。

儿子是 2010—2013 年在公立中学上学，女儿是 2014—2017 年在学，每人每月的给食午餐费约 5000 日元（350 元），年度末的 3 月还会发来书面通知，因流感、地震等临时停课未提供午餐的日子共多少天，退款多少钱。儿子上中学时，一餐 309 日元（20 元），2011 年全年预计提供午餐 192 回，实际提供午餐 190 回，退款 618 日元；那年"3·11"大地震，牛奶运输不过来，少提供了 6 次牛奶，每次 47 日元，所以共计退款 900 日元。有牛奶过敏的学生开始就没有收取牛奶费。

也许午餐之事大可不必如此精细，但它体现了事事仔细的管理标准。

给食午餐不是外请商家送套餐，而是校内有营养师亲自烹调。新生入学那年都有 PTA 生活厚生委员会为家长组织试食会。儿子入学那年是重阳节的 9 月 9 日举办的，菊花正开，菜单是菊花寿司、岩手乡土料理汤（酱油味乱炖根菜白萝卜、胡萝卜、牛蒡和魔芋、烤豆腐）、芝麻味噌烤鱼、芥末蔬菜、牛奶，费用按当年一餐的标准算，为 309 日元。

日餐有七品健康的传统饮食：豆类、干果、紫菜类、蔬菜、鱼、蘑菇、薯类，和食套餐会用到这七类食材，试食会的"和食菜单"也意味着和食七品菜肴，学生午餐的和食也是以健康七品为主要食材。

试食会地点在初三年级教室，食材丰富，味道上佳，吃完后妈妈们都感叹，自己用 309 日元肯定做不出那样营养均衡又好吃的一顿饭。

给食午餐是 6 人一桌，第 4 节课下课后，同学们马上将 6 张课桌拼在一起构成一个餐桌，盖上单色的桌布。桌布是年级色，儿子在学的时候是粉色，女儿在学的时候是蓝色。周末，小组成员轮流把桌布带回家洗，我是过一段时间就有一次洗熨特大桌布及其布袋的工作。有时发现没过多久桌布又来了，就马上担心起来，是不是女儿受了欺负。儿子是经常需要我问，怎么不带桌布回来了，然后他突然想起，说是忘带回来了。

洗和熨是一件事，带回家洗，当然意味着要熨好，周一再带回学校。桌布太大，熨起来我就不那么仔细了，但布袋要特别用心，熨得水平高些，免得拿到学校孩子没面子。

某一桌的小组成员负责配饭和送饭，各小组轮流值周，有书面说明规定做法。值周生先洗手，再佩戴同为年级色的围裙和三角头巾。围裙和三角头巾上有编号，要对号装进相应的布袋。这套东西也是需周末带回家洗熨的。轮到同时洗桌布的时候，儿女带回的是两个布袋。

每层楼都有一个午餐专用升降机的窗口，到了午餐时间，值周生就到升降机旁从厨房人员手中接过配餐架，并推到教室。

配餐时要计算适当的量，需要下一番功夫。

午餐委员会的委员有值周工作，在这时要督促班里的值周生快速准备午餐，并提醒所有同学坐到位子上。

午餐开始时，小组成员要同时说"开动了"才开始进餐。每天拼餐桌再归位上课很麻烦，但6人一起吃饭就是为了实现共食的食育目标。大家要用餐姿势正确，注意自己的行为不给别人带来不快，盛好的饭菜都要吃完。午餐共食就是为了日积月累养成规范。

牛奶是放在奶瓶箱里的，自己去取，喝完再把空瓶放回。奶瓶有个硬纸盖，揭开需要用到指甲。有时候我说孩子指甲长该剪了，他们就会反驳说，要留着开奶瓶盖。有的学生不喜欢喝牛奶，或有学生没来上学，牛奶常有剩余，儿子经常可以喝到两瓶或更多瓶。有时找话茬，我就问儿子，今天喝了几瓶奶？女儿则是喝了牛奶的日子会向我汇报，表示那天她表现很好。

用餐结束后，组内将盘碗归类，分别送到回收处，还有图解说明规范收拾的做法。

食器按规定放到配餐架上，推到升降机旁，剩饭、剩菜按米饭、面包、主菜、副菜的分类放入规定容器内，喝剩的牛奶也要集中起来。午餐剩下的食物用于制造有机肥，所以，餐厨垃圾之外的东西不能混入。有机肥用于校园花坛等。

接着是垃圾分成三类，牛奶纸盖放入手工制作的奶盖箱，塑料牛奶盖、保鲜膜、塑料手套等放入盛塑料垃圾的塑料袋。这个塑料垃圾袋是学校发的，一年发一次，平时要保管好。铝制容器等折叠起来，或摞起来放回原包装。

食器要求珍惜使用，但如果发生破碎的情况，注意自己不要受伤，拿到厨房即可。

饭后大家一起把课桌回归原位。

女儿做广播员的时候，需要赶紧吃完就去广播室，不跟着收拾。我还曾经为了听她的广播特意午餐时间去学校。在她广播的时候，同学们已经收拾完午餐现场，可以听着广播活动15分钟，然后开始下午的课程。

孩子在学校的午餐让家长放心，不仅营养搭配科学，还做到了食材和烹调信息的透明化。

"3·11"大地震发生福岛核电站事故之后，区教委接到许多有关学校午餐的问询，食材来源特别受到关注。对此，学校发文说明了学校午餐所用食材的进货程序及选定标准等。

学校午餐必须保证成长期的学生的身心发育所需，宗旨是营养均衡、饮食丰富、增进健康、提高体能，加深学生对食物的理解，养成良好的饮食习惯。为此，在食材选择方面从来都遵循安全第一的原则，公立中、小学的营养师根据文部省的《学校午餐实施标准》制作菜单，经学校午餐实施负责的校长决定后选定食材并购入。所用食材都在确认产地、品质、新鲜度、制造方法和场所、有无农药残留等事项之后选定，食材送到后也确认并记录。各校进货渠道不一，但都是和充分理解学校午餐标准的业者签署买卖合同。

食材选定标准是品质好、新鲜，加工食品和调味料等需标明品尝或消费期限、原材料、制造场所，不使用加工产品，选用没使用不必要食品添加剂的材料。原则上使用日本国内产品，不得不使用国外产品时须确认食品安全。不使用转基因食品及其加工产品。注意物价动向，购入物美价廉的食材。

牛奶供应商是东京都教育委员会指定的牛奶企业，原产地有北海道、岩手县等7地，在千叶县加工。检出放射性物质超过暂定规定值的原乳不得出货，牛奶业者也确认原乳出货者名称，以保证超标原乳不用作牛奶和乳制品的原料。米从区属商业合作社或东京都学校午餐协会购买，在东京都仓库低温保存，米的品种和精米加工厂厂名都有公布。面从东京都学校午餐协会指定的制造商处购买，原料和辅料使用量明确，未使用保存剂等不必要的添加物。冷冻乌冬面是北海道的，冷冻拉面是九州的，意大利面是加拿大和美国的。面包也是从东京都学校午餐协会指定的制造商处购买，原料明确，没有乳化剂、合成保存剂等不必要的添加物，面粉产自加拿大和美国。

其他食材，如蔬菜、水果、鱼、豆腐、调料等由学校从签订过买卖合同的可信赖地区的供应商处进货，必须事先确认产地。有关食品的放射性物质检测，国家和指定都道府县每周实施一次，结果在农林水产省等官方机构网页公布，区内农产品检测结果在区和东京都网页公布。检测出超过放射性物质暂定规定值的蔬菜和原乳不会用于学校午餐。

与福岛核电站事故无关，儿子和女儿在学期间共发生过 3 次学校午餐内可能混入异物的事情，都以副校长名义发文说明了情况。有一次是厨房发现在用切菜机切菜时，切刀碰到了外罩，外罩的一部分缺损了。考虑到异物混入的可能性，安全第一，那天的午餐没有汤。还有一次是做蔬菜豆腐汤时，发现豆腐里混有一丝塑料，安全第一，蔬菜汤里就没有加豆腐——因为每月都事先发来包括食材说明的菜单，写着"蔬菜豆腐汤"，没有豆腐就需要说明了。最严重的一次是有学生发现在烤鲑鱼上有 1 厘米的铝箔，那是因为在烤鱼时使用了铝箔，而一张张撕下铝箔时残留了一小块，幸好学生没有不经意吃下。对此学校深深反省，表示要为保证学校午餐的绝对安全而努力。

学校的做法对学生也是教育，有错不隐瞒，真诚反省才能进步。

中学的给食教育也与保健体育课相关，比如在比赛前，要如何饮食才能保持最佳状态，专业营养师会讲一堂"为赢而吃"的课。同时，给食教育与技术／家庭课也密切相关，暑假会有"烘焙教室"，学做秋天的甜点。区中学教育研究会还组织使用区内特产的早饭竞赛活动，区里还有食育支援店。可见，学校教育不是自成系统，也需要社会的参与。

公开细致的每日菜单：
食育的一年

    大泉中学以校长和营养师的名义发行《食育》通讯，我把它们插入文件夹的一个透明文件袋里，并从反面插入《保健》通讯，因为这两种小报的内容是围绕同一个主题。《保健》由学校保健室发行。这样的通讯并非特例，日本全国的所有公立中小学都有。

    日本从业资格规定完善，使学校对教职员的要求得以规范化，教职员专业程度高。中、小学都必须安排有"管理营养士"资质的营养师计算适合不同成长期学生的营养要素，并设计出合理的给食午餐菜单，对食物过敏的学生还要单独设计，对肥胖、有糖尿病等情况的学生要做个别辅导。与食育相关的活动也都是由营养师负责，包括编制《食育》通讯。

    "管理营养士"是厚生劳动大臣认证的国家资格，持有"管理营养士"执照才能对病患和进食困难的高龄人群实施专业的营养指导和管理。

还有一种"营养士"资格，是都道府县知事认证的地方资格，主要针对健康人实施营养指导和配餐。

持有"管理营养士""营养士"执照的人从业于医疗现场、学校、体育现场、企业、行政单位、地区活动现场、以高龄者和障碍者为对象的福利现场、研究和教育机关等。

《食育》每月发行，附带当月午餐菜单，一年下来，就是一本四季食育教材。食育没有年级分别，一年级新生是在陌生环境下开始学校午餐，二、三年级也因为班级重编，同样是与新朋友和老师一起开始新学年的学校午餐。

学校午餐的理念非常朴素，就是安全、放心和好吃，目标在于通过摄取适当的营养保持和促进健康，让学生正确理解日常生活中的饮食，建立经营健全饮食生活的能力，养成良好的饮食习惯。学校午餐丰富了校园生活，开朗的社交姿态和合作精神也在其中得到潜移默化的培养。学生必须懂得，饮食生活以自然的恩赐为基础，所以要尊重生命和自然，更要有保全环境的意识。饮食生活同样受到各方面人为相关活动的支撑，因此必须敬重劳动。食育也是对各地区优秀传统和饮食文化的深入学习，由此对食材的生产、流通和消费建立正确的认识。

按照文部科学省设定的《学校午餐摄取标准》，为保证健康和成长，中学生每人每餐的平均营养摄取量是 850 卡路里，其中蛋白质 19—35 克，钙 420 毫克，铁 4 毫克，维生素 A210 微克，维生素 B_1 和 B_2 各 0.6 毫克，维生素 C33 毫克，食物纤维 7.5 克，食盐不超过 3 克。

安全卫生方面在遵从国家和东京都卫生标准的同时，还根据区里制定的安全卫生管理手册，实施安全的学校午餐教育。保健所定期巡查学校的午餐厨房，检查食品、水质和设施设备的卫生状况，同时实施从业人员的健康管理。

学校午餐是当天早上开始做，除产地直送的食材外，生鲜都是当天一早进货。根据不同用途，利用猪骨、鸡骨、鲅鱼干等制成高汤。为避免动物性脂肪超标，炖菜、多纳圈、蛋糕等使用脱脂奶粉。

大泉中学人数多，一年的学校午餐近 200 次，是委托民间公司烹调。一律采用 Corelle 品牌的餐具。

每月发行一次的通讯中包括说明了食材的每日菜单，这也反映出食育注重季节性。按俳句中使用的季节语，5 月是风吹迎夏的风熏季节，树木新绿鲜亮，新学期已过 1 个月，同学们对新学年习惯了，但是，也更容易感到疲劳，所以要保证营养和休息，以防身体出现不平衡状态。于是，5 月的菜单主题就是"不输给压力的饮食"。

造就"不输给压力"的身体不外乎有规律地吃三顿饭、适量运动、充分睡眠。所以，食育就要告诉学生，早饭不能欠，偏食不得有，什么食物都要当美味吃，要快乐进餐，不能暴饮暴食，不要边玩儿边吃。有家人在，不要自己孤食，而要大家围坐在一起进餐。

"不输给压力"的营养要素还有钙，它可以抑制脑细胞的兴奋，起到稳定精神的作用。缺钙会让人出现烦躁的情绪。富含钙的食物有羊栖菜、小白菜、小鱼、芝麻、乳制品等。B 族维生素让神经正常工作，容易疲劳的时候应该有意识地摄取，富含维生素 B 的食物有猪肉、玄米、肝、香菇等。维生素 C 可以帮助提高免疫力、消除压力，富含维生素 C 的食物有柑橘类、西兰花、青椒、土豆等。蛋白质有制造抗体的作用，富含蛋白质的食物有乳制品、豆制品、鸡蛋、鱼、肉等。B 族维生素难以吸收，和大蒜、洋葱一起吃的话，可帮助提高吸收率。

香草茶和中国茶等在食育中是作为有放松效果的茶饮介绍的，也是"不输给压力"和健康度日的要素。

日本料理讲究"旬"，意为使用应季食材。学校午餐的营养师在制作菜单时一定会首选应季食材，并渗透到食育之中。鲣鱼在超市或鱼店经常见到，分为初鲣和回鲣。5月捕获的是初鲣，9月是回鲣，一年只有两次旬期。日本自古注重初鲣之旬，所以，5月的学校午餐菜单中就设计了初鲣生姜饭。5月5日又是端午节，鲣的日语与胜利同音，作为庆祝之宴，吃鲣鱼饭有克服困难取得胜利之意。

每月19日是日本全国的食育日，大泉中学的午餐在这一天设计了使用乡土食材和地区特产的深川饭，一种使用东京深川河蛤蜊蒸的饭。

给食委员每天写《午餐日志》，记录当天的午餐感想。《食育》通讯有时介绍其中的部分日志。持有管理营养士执照的厨师也在上面发表感想。

6月迎来梅雨季节。学校午餐主题变成"注意卫生的饮食"，除了要求营养均衡、适度运动、充分睡眠，还要特别注意卫生管理，预防食物中毒，强调对病毒"不沾、不增、消灭"的三点对策。

6月19日是食育月的食育日，5月食育日设计了东京的乡土料理，6月食育日菜单则用到了自种区内特产的白萝卜。

大泉中学从儿子入学那年开设了午餐室，各班轮流到午餐室进餐，比平时在教室用餐增加了快乐感。午餐室的午餐比教室用餐多一种餐品，一般是精致的甜点，女儿对这一天总是很期待。

7月该预防中暑了，午餐主题便是"思考夏季饮食生活与健康"。不偏食，多摄取B族维生素、维生素C，不能吃太多冷食。7月的食育号召参加区里举办的早餐设计竞赛，还有为自种区内特产的白萝卜配土。种植先配土在日本已经非常普及，几乎所有学校都利用废弃物制作有机肥，特产白萝卜也是因为区内土质适合。种植白萝卜，学生实践了配土、播种、间苗、追肥、收获的全过程，获得了完整的种植体验。

进入 8 月后没几天就放暑假了，食育的主题是"反思自己的饮食生活"，假期里要注意早睡、早起、吃早饭，保持身体上学时候的生物钟。

反思夏季饮食生活有个判分标准，做到项 2 分，有时做到了 1 分，没做到 0 分，项目有：吃早饭，按规定时间吃饭，补充水分，多吃夏季时令蔬菜，没有吃太多冷食，不怎么吃泡面，晚饭后不吃零食。12 分以上算合格，4—11 分需努力，3 分以下就必须特别改善了。

同时，8 月底是白萝卜的播种时期，学生组成的白萝卜种植委员会在暑热中加油播种。

9 月 20 日是世界第一长寿国日本的敬老日，前后某一天的学校午餐设计为敬老日菜单，一定是和食，重温七品健康的传统饮食。

学校午餐提倡使用当地食材，食育的活动也能得到地区的支持。东京都学校午餐协会还举办使用八丈岛鱼做料理的亲子教室活动，都内中、小学生和家长均可免费参加，自带围裙、室内鞋和笔记用具等。

食育与体育密切相关，10 月的午餐目标是"利于体育运动的饮食"。体力来自行动、防卫和精神三个方面。行动体力靠肌肉，保证全身持久力；防卫体力是对温度、病毒、疲劳等的抵抗力；判断力和意志力等是精神力。有了日常的体力才能在比赛中发挥能力，要有日常的体力，饮食就非常重要。运动员摄取的营养和一般人并没有什么不同，但因为运动量大，所需营养的量就多，只能不偏食地平衡增加饭量。所以，学校午餐加饭也不能只吃喜欢的，必须所有食物一起增加，才能保证营养均衡。

10月第二周开始,历经88道工序的新米就送到学校了,食育要教育学生进餐时怀抱感谢之心。

10月2日是豆腐日,大豆被称为"田肉",4日的学校午餐就用豆腐做成了西餐的奶油烤杂拌。6日是品尝秋味,用栗子、红薯、杏仁蒸香饭。10日是爱护眼睛日,8日的午餐菜单就使用了对眼睛好的食材,甜点是富含花青素的蓝莓。每月19日的食育日都以乡土料理为主题,10月的食育日做了宫崎县的乡土料理。30日是鬼节,29日准备的是南瓜食谱,乐享自然的甘甜。

11月3日是文化日,2日是文化日菜单。8日是好牙日。19日的食育日是全区中、小学开展多吃区内特产圆白菜的活动,学校午餐为多吃圆白菜做了家常豆腐,以感谢区内农家。这个月的乡土料理就在17日实施了。11月23日为勤劳感谢日,食育的主题就是感谢生命,感谢养育自己的家人,感谢学校午餐的所有人。不剩饭,不挑食,仔细使用餐具,以表达感谢之心。饭前饭后大声说,不客气了,我吃好了。

到了12月,早餐竞赛结果公布,金奖是大泉中学的初一年级学生,还有几名各年级的学生获得奖励。

12月6日,使用前日拔萝卜比赛收获的白萝卜做了意大利面。

1月称"睦月",意为大家和睦迎新年,食育主题为学习日本的饮食文化。迎新年的传统文化之一就是用当地的应季食材做御节料理,各种料理寄托了不同的愿望。用胜栗,寄托胜利的愿望;用鲷鱼,因为"鲷"和"祝"的尾音相同;昆布卷的"昆布"与"快乐"的尾音相同;虾弯腰的形象寄托了长寿的愿望;土豆和鱼籽表示子孙繁荣,黑豆表示健康,田作小鱼源于田土施肥,有保丰收之意。

2月4日立春,日本更注重前日为季节更迭的节分,举行从中国

午餐菜单月报

平成27年 6月

日	曜	献立名		体の組織をつくる 魚・肉・卵・大豆製品	骨や歯の成分になる 小魚・海藻・牛乳・乳製品	健康を保持し、代謝を調節する 緑黄色野菜		その他の野菜・果物	熱や力のもとになる 穀類・芋・砂糖	エネルギーとなる 油脂	夕食に取り入れてほしいもの
2	火	カレーライス キャベツのサラダ	○	豚肉	牛乳 生クリーム	にんじん		にんにく しょうが セロリ 玉ねぎ りんご きゃべつ 玉ねぎ ホールコーン	米 麦 じゃが芋 小麦粉 砂糖	バター	大豆製品
3	水	梅わかめごはん じゃこ玉の2色揚げ 切り干し大根のごま汁 煮浸し		卵 油揚げ みそ		にんじん		切り干し大根 ちぢ きゅうり ごぼう 大根	米 でんぷん じゃが芋 ごま 砂糖	油 ごま油	果物
4	木	ポテトミートサンド ミネストローネ ミックスめん入りミルク福祉ゼリー		豚肉 ベーコン	コッペパン 小麦粉 じゃが芋 みかん缶	にんじん		玉ねぎ にんにく しょうが きゅうり みかん缶	砂糖 でんぷん マカロニ 砂糖	マーガリン バター	小魚
5	金	ごはん 豆腐とえびのチリソース炒め 小松菜のナムル アーモンド みそ汁	○	むきえび 豆腐		にんじん 小松菜		しょうが にんにく ねぎ ピーマン 玉ねぎ もやし にんにく きゃべつ 大根	米 でんぷん 砂糖 アーモンド 砂糖	油 ごま油	肉類
8	月	ごはん 中華風親子煮 きゅうりのおかかあえ 広東スープ	○	豚肉 卵 鶏肉 豆腐 うずら卵	牛乳	にんじん ちぢ 青梗菜		玉ねぎ 干ししいたけ きゅうり しょうが たけのこ 白菜 長葱	米 でんぷん 砂糖	油 ごま油 ごま油	芋類
9	火	豆腐ご飯のおかか酢 ココアワッフル ポトフ		きなこ 鶏肉 ベーコン	牛乳 脱脂粉乳	にんじん さやいんげん		玉ねぎ 干ししいたけ きゃべつ もやし 玉ねぎ 白菜 長葱	コッペパン でんぷん 砂糖 じゃが芋	油 ごま油	魚介類
10	水	わかめごはん 鮭の三州焼き ごまあえ あじさいゼリー		鮭 みそ ゼラチン	牛乳 粉寒天	にんじん ほうれん草		しょうが 玉ねぎ 干ししいたけ もやし きゃべつ ぶどうジュース	米 麦 糸こんにゃく 砂糖 じゃが芋 砂糖	油	豆類
11	木	大塚のごはん 春野香味炒め 豆腐ととろのスープ 果物		豚肉 油揚げ 豆腐 春雨	牛乳	にんじん にら		うどん たけのこ きゅうり 果物 しいたけ	うどん 白玉団子 小麦粉 砂糖	ごま油	淡色野菜
12	金	豚チャーハン 春雨春雨炒め込み 豆腐わとろのスープ		卵 いか えび 豚肉 鶏肉	牛乳	にんじん ねぎ		玉ねぎ にんにく しょうが もやし たけのこ しょうが 果物	米 春雨 でんぷん 砂糖	バター ごま油	根実類
15	月	パンラザニア ビラフ 豆腐ヨーグルト UFOゼリー		いか 豚肉 豆腐 ベーコン	牛乳 ヨーグルト	にんじん		にんにく 玉ねぎ マッシュルーム 白桃 きゃべつ バイン缶	でんぷん 白桃 細粒マッシュポテト 砂糖	バター	芋類
16	火	パインパン シーフードグラタン シュリエンススープ 果物		たら むきえび いか ベーコン	チーズ	にんじん		マッシュルーム たけのこ 玉ねぎ 果物 きゃべつ セロリ 果物	バインパン小麦粉 マカロニ 砂糖	バター	果実類
17	水	豚ムギM トップスープ		豚肉 鶏肉 卵	牛乳	にんじん 小松菜 ちぢ		たけのこ キムチ ちぢ しいたけ 玉ねぎ もやし しょうが 長葱	米 麦 砂糖 でんぷん トップ	油 ごま油	海藻類
18	木	ごはん つくね蒸し ごまドレサラダ ちゃくスープ		豚肉 油揚げ みそ	牛乳 もずく	にんじん ほうれん草		にんにく しょうが ホールコーン ねぎ 玉ねぎ きゃべつ もやし しいたけ	米 パン粉 砂糖 しらたき でんぷん 砂糖	油 ごま油 ごま油 スライスアーモンド	果物
19	金	【夏野菜】瑞玉揚げ じゃこめし ゼリー寄せ さつま汁 果物		鶏肉 油揚げ みそ ちりめん	牛乳 寒天	にんじん ねぎ		ごぼう すいか 玉ねぎ ねぎ 玉ねぎ しょうが 果物	米 砂糖 じゃが芋 片栗 さつま芋 砂糖	油	小魚類
22	月	尾道と郷土料理せごはん 夏野菜 (ラタプイユタン) スィートポテトトマト		豚肉 大豆 豆腐 鶏肉	牛乳	にんじん トマト ピーマン		しょうが 玉ねぎ グリーンスース バイン缶 レーズン	米 でんぷん さつま芋 砂糖 レーズン	油 ごま油 ごま油 さつま芋	根実類
23	火	ごはん 五目豆腐 電源サラダ 果物		豚肉 豆腐	牛乳 チーズ わかめ	にんじん とう		にんにく しょうが 干ししいたけ 玉ねぎ きゅうり 玉ねぎ 果物	米 でんぷん でん粉 砂糖	油 ごま油	魚介類
24	水	豆乳ひきごはん かぼちゃすいとん ブルーヨーグルト 果物		鶏肉 大豆 油揚げ	牛乳 ヨーグルト	にんじん かぼちゃ		白菜 大根 干ししいたけ 玉ねぎ みかん缶 バイン缶 もも缶	米 小麦粉 砂糖 玉ねぎ 小麦粉 砂糖	油 ごま油	芋類
25	木	マーガリンパン トマトピチーズのオムレツ ABCスープ みそ汁		卵 ベーコン	牛乳 チーズ	にんじん 小松菜 とう		玉ねぎ ホールコーン ねぎ 果物 きゃべつ きゅうり りんごジュース	マーガリン マカロニ 玉ねぎ 小麦粉 砂糖	マヨネーズ 油	魚介類
26	金	梅大根のごはん 手作り3種揚げ ごまあえ みそ汁		豚肉 みそ ちくわ	牛乳 わかめ	にんじん いんげん		ごぼう 大根 きゃべつ もやし ねぎ	米 じゃが芋 でんぷん 砂糖	油 ごま油 ごま	小魚類
29	月	青じゃこ飯 肉じゃが 大豆サラダ アップルゼリー		豚肉 豆腐 大豆	牛乳	にんじん きゅうり		玉ねぎ しょうが きゃべつ きゅうり りんご りんごジュース	米 じゃが芋 でん粉 砂糖	油 ごま油 ごま	豆類
30	火	練馬スパゲッティ じゃこかゆサラダ 果物		ツナ 粉チーズ	牛乳 しらす	にんじん		だいこん きゃべつ きゅうり にんにく しょうが 果物	スパゲティ 砂糖	油	芋類

	エネルギー kcal	たんぱく質 g	脂肪 %	カルシウム mg	鉄 mg	ビタミン				食物繊維 g	塩分 g
						A µgRE	B1 mg	B2 mg	C g		
1人1回あたり 学校給食摂取基準 6月の平均	814	31.1	23.3	409	3.2	336	0.5	0.64	43	6.2	3.6
基準値	820	30 (25～40)	25～30%	450	4	300	0.5	0.60	35	6.5	3未満

※材料の都合により献立を変更する場合があります。

087

食育篇

传入日本的祭祀活动"傩",就是向门外扔豆以祛除病魔和鬼怪等。江户时代以后,也流传把沙丁鱼插在刺桂上,然后垂吊于门口的习俗,因为鬼讨厌刺桂的刺和沙丁鱼的臭味。

3月是毕业季,食育的主题是回顾一年的饮食生活。营养师会制作一本菜谱送给毕业生作为礼物,其中有20多次学校午餐的菜谱。

实用的技术课：
家务是国家的起点

众所周知，日本的国家建设一直是以制造为本，有说"造东西就是做人，做人就是建国"，技术家庭课可谓基础。

家务在日本的基础教育中一直是重要课程。学习家庭生活中需要的认识、知识和技能，小学和高中叫"家庭课"，中学则是"技术家庭课"，简称"技家"。在中学教科安排中，"技家课"在一、二年级为70课时，三年级35课时，内容的一半是学习家庭领域，另一半是学习技术领域。"技家"作为一门课程，与音乐、体育、美术构成中学教科的必修四实技。

"技家"最早是职业课，以取得职业经验为目的。20世纪50年代以后，职业课改为职业家庭课。课分成四类，有一类的栽培、饲养、渔业、食品加工，二类的手工、机械操作、制图，三类的文书事务、经营记账、计算，四类的烹调、卫生保育，以使学生获得更为广泛的职业和家庭经验。到了50年代后期，修得对实际生活起作用的知识、技能成为职业家庭课的学习目的，课程包括农业、工业、商业、水产、家庭、职业指导六个领域。至此可见，家庭专业一直是与工、农、商业等平级的教育领域。

1958 年的中学《学习指导要领》为强化科学技术的学习，将之前的职业家庭和图工课改称"技术家庭和美术"，"技家课"的教育目的在 60 年代升级为培养生活必备的基础知识、技能和态度，学习近代技术的相关知识，包括男女生都适合的设计制图，适合男生的木材加工、金属加工、机械、电气、栽培、综合实习，适合女生的家庭工作、家庭机械、烹调、制衣、保育。

由于学习内容的男女差别在 70 年代受到批判，80 年代的"技家课"就不再提性别，而分为技术系列和家庭系列。

21 世纪前后，技家课的教育目的改为学习生活必备的知识、技能。儿子和女儿读中学时，"技家课"的教学目的已经是：通过学习生活必需的基本知识与技术，加深对生活和技术的关联理解，培养主动进取和创造生活的能力与实践态度。家庭领域的学习是通过衣、食、住等的相关实践和体验，获得生活自立所必备的基础，深入理解家庭的意义，展望生活，培养改善生活的能力和态度。技术领域则通过制作的实践体验，学习材料和加工、能源转化、生物育成等相关基本知识与技术，加深关联技术与社会和环境的理解，培养准确评价和应用技术的能力和态度。

但是，儿子和女儿的"技家课"教科书有所不同，儿子在学的时候，技术课是"技术与制造""信息与计算机"，家庭课是"生活自立与衣食住""家庭与家庭生活"，而女儿在学的时候，技术课包括"材料和加工相关知识""能源转换技术""生物育成相关技术""信息相关技术"，家庭课包括"家庭和家庭与孩子的成长""饮食生活与自立""衣住生活与自立""身边的消费生活与环境",可见教育内容是随着技术的更新和生活方式的变化而变化的。

"技家"虽然是一门课,但技术和家庭的教谕资格是不同的两种,根据教员执照法,只持有家庭领域教谕资格的,不能教技术课,只持有技术领域教谕资格的,也不能教家庭课。

学习"技家课"之后,儿子和女儿都留下了一些手工纪念品,女儿从锯木头到做了光盘架,儿子则要学习缝制衣服。

几年前,日本的"断舍离"专家近藤麻理惠被评选为世界最有影响力的100人之一,与乔布斯并列。她的最大本事是扔衣服,生活哲学是:还有再穿一次的冲动就留下,否则就扔掉。她的名字Konmari已被命名为一种生活方式。

当时有篇评论文章的标题是:"一个日本姑娘居然因为会做家务成了世界上最有影响力的人。"这反映出一种价值观念,即仅凭会做家务是不可能成为世界上最有影响力的人的。

没什么做不来的技能,关键在于持续,代代相传,才能积累出本质的不同。日本主妇的每一天都积累了日本品质,从做事一丝不苟,到招数创新,既反映出社会标准,也反过来影响了社会面貌。家务不能与社会活动分开看待,那是一个人、一个家庭,乃至国家的起点。

学了中学"技家课",无论男女,衣、食、住都可以达到自立水平,作为孩子的第一教育者也有资格了。

在家庭课中,要学习自己的成长和家人支持的关系,家庭和地区、社会的关系,幼儿的游戏与发育的关系,环境对发育的影响,从0岁到6岁如何成长,以至中学生的未来。学习就是传承,当自己成为父母时,家庭课的内容就是基础了。食育是作为一门科学去学习的。衣着方面不仅能学到如何穿和服、不同材质衣服的洗涤方法、缝扣补衣、熨烫技巧，也能了解洗涤与环境、能源节省、循环利用等环境议题。住宅方面从功能和人文的不同角度去认识，学习灾害和空气污染对策、防噪声手段。节能环保的意识是在日常消费与对环境的学习中建立起来的，进而关联到可持续发展社会的形成。

家庭领域的学习是生活科学化。技术领域就是科学生活化了，是学习生活中一般难以见到的专业知识和技能。

看到女儿有一张技术课的作业纸，是材料与加工的学习部分，作业内容是制造钥匙链。女儿画了平面图，填写了设计事项。设计灵感是她喜欢的偶像组合名称，T是她最喜欢组合成员的名字头字母，F是组合名称头字母，设计难点是T和F的连接处。

还有一张信息部分的作业，是关于计算控制程序的，教材中的程序包括按键、照明感应器、温度感应器和内部时钟部分。使用这些程序部分只能按顺序工作，作业要求编一个根据周围状况而变化的程序，比如周围暗了不工作，周围亮了发出警报。或者利用已有的照明感应器程序部分，编一个不接触而手接近就能启动的程序，利用温度感应器程序部分，编一个能感觉手指接触的触碰感应程序。

此外，还要设计一个日用品开发程序，利用感应计算和控制即可让日常生活变得更方便。设计提示是先思考自己在生活中遇到的不便或困难，然后设计一个解决问题的程序。女儿遇到的问题是，使用太阳能电池的手表没有光照就停止了运转。为了解决问题，女儿设计了一个感应式警报器，手表快没电时就发出警报。

孩子爸爸的业务关系到园林设计与施工、植物品种培育、循环利用、有机肥制造，看过女儿的技术课教材感到，学完这本教材就可以到他的企业工作了。设计和木工、金属和塑料制造等内容在制图和一些园林工程方面都可以用上；生物育成技术已涉及植物品种培育的高级技术，就连在行业内属于前卫产品的蓝月季，教材都涉及了。发酵畜粪制成有机肥也在技术课中有详细的流程、技术和操作方法的介绍。

有一次和女儿走在街道上，完全没发觉身后有汽车来。女儿说，是电动车。当时我很惊讶，还是电动车没有像现在这么普及的时候，她怎么知道电动车呢。原来她在技术课上学了。

体育篇

国家选手也出身
于中学俱乐部

　　对日本小学毕业生来说，升入中学的最大期待几乎就是俱乐部活动了，儿子和女儿在开学前念叨最多的也是参加哪个俱乐部。参加俱乐部的情况影响到考学，甚至工作，技能方面出类拔萃的，有晋级为专业选手的前景；即使不发展成专业，俱乐部活动的经历也是学习成绩所不能取代的个人财富，直到步入社会以后，曾经在某个俱乐部仍是决定人际关系网的重要因素。

　　俱乐部活动在《学习指导要领》中被定义为学校教育的一部分，以培养丰富的人格为目的，对体育、文化和学术等方面有共同兴趣的学生在顾问老师的指导下，于课后开展自发、自主的活动，促进学习意愿和责任感的提升，发展个人能力和创造性。

　　俱乐部活动从小学到大学都有，简称"部活"。中学阶段，大多数学生相比学习更热衷于"部活"，学校和老师也鼓励学生积极参加"部活"，只学习而不参加"部活"的学生被称为"归宅部"，是被嘲笑的

096

对象。

"部活"的种类各校不同，主要分为运动和文化两大类。儿子和女儿在学时，大泉中学的运动部有排球、篮球、羽毛球、棒球、垒球、足球、田径、乒乓球、剑道、游泳、竞走，文化部有美术、吹奏乐、手工、花道、志愿者、电脑、科学、合唱、茶道、读书、园艺、木工、交际舞、障碍学生跑步会。各年级在一起活动，学长带学幼，为各班和各年级之间的交流提供了机会。

已有的俱乐部直接加入，没有的可以新创。女儿上高中后一直参加舞蹈部，但考入的大学没有舞蹈部。面试时当考官老师问道，进大学想做什么？女儿说，想新创舞蹈部。据说，考官听后露出了微笑。学校对新创活动都是极为肯定的。考官解释说，学校其实早有舞蹈部，只是活动中止了，希望她入校后把舞蹈部活跃起来。

大泉中学的"部活"规定有 3 页 A4 纸的文字量，考虑周到，要求细致。俱乐部的存在和新创须满足几项条件，首先要有希望加入的学生，第二是有顾问老师，第三是开展活动要考虑学校设施、设备、安全等方面，第四是取得教职员全体会议的批准，且建部只能在年度开始时实施。"部活"在很多日本的动漫和影视作品中都有反映，日剧《CHEER ☆ DANCE》就有建部经过的片段，发起人好不容易组织起参加者之后，又为寻找支持的老师费了九牛二虎之力，还必须取得上上下下全体教师的同意，最后在落实活动场所方面仍不顺利。

日本是全民热衷运动的国家，有三分之二的国民从儿时起就拥有成为体育选手的梦想，老师们也从小经历过专业的运动训练。不过，顾问老师不是教练，并不要求有多少某俱乐部的相关技能，学校强项部有时会请外部教练。俱乐部顾问老师的主要工作是协调内部事宜和外联比赛，但需要占用自己放学后和休息日时间，没有加班费，完全是义务劳动。有些老师出于对某种运动的爱好而自愿出任顾问，有些老师就像家长接受PTA工作那样，被指名后难以拒绝，只能对担任顾问的俱乐部内容从头学起。

儿子在校期间，校长是园艺部顾问，美化校园的花草都是校长和园艺部的学生一起种植和打理。初一班主任是棒球部顾问。障碍学生班的班主任是羽毛球部顾问，打球很棒。女儿在大泉中学加入的篮球部顾问老师曾是儿子的国语老师，她在学生时代就加入过排球部，篮球则属于从零学起。

男生一般加入运动部，女生也大多是运动部，总之，加入运动部的学生占四分之三。

女儿上小学六年级时，我做毕业活动的PTA，妈妈们的聊天主题之一也是孩子升入中学以后准备进哪个俱乐部。有妈妈说，她的儿子准备进吹奏乐部。吹奏乐部属文化类，我就搭话，男孩子还是该进运动部吧，否则能量无从释放。那位妈妈说，吹奏乐部也要做运动性准备的。公立中学的教育非常注重运动，即使是文化类的"部活"也包括做运动的内容。

起初我以为，"部活"就相当于中国学校的兴趣班，所以曾经问过，可不可以参加两个，一个运动类的，一个文化类的。知情家长告诉我，没规定只能报一个，但参加了一个，基本就没时间参加另一个了。

"部活"区别于同好会、兴趣班，虽然是业余，但活动标准具有专业性。大学是"部活"和同好会都有，同好会没有顾问教授，基本功训练也不很严格，娱乐性比较强。有学生先新创同好会开展活动，待业绩有了积累再升格为俱乐部，此后就可以使用俱乐部运营费了。如果参加"部活"，就得一周集训三四天，之外自己每天练习，以参加全国大学生比赛为目标，有顾问教授负责此事。儿子上顺天堂大学医学部以后，加入了游泳部，属于初学者。不是不会游泳，而是按专业游泳的标准属于初学者。没有同好会，只有俱乐部，每周一共上课5天，游泳部在其中3天放学后从18:30开始集训，到家总要过了午夜。学校没有游泳馆，要去距离学校车程2小时的地方集训。室内游泳馆很多，区属体育设施也不少，跑那么老远开展俱乐部活动，为的是在符合专业标准的游泳馆集训。不参加大学生比赛的舞蹈部的训练也是极为严酷的，儿子的男生好友参加舞蹈部，比游泳部的活动还忙，不仅每天集训，还要自制服装，有过多次补考经历。大学"部活"的技能水平也基于中学"部活"的专业程度。

各俱乐部在每年开学后马上开展招人宣传活动，叫"劝诱"，主要以一年级新生为对象，首先要把同学拉到俱乐部活动场所，人越多越好，然后让他们观看活动并感受该俱乐部的魅力。拉新生进俱乐部的"劝诱"是开学季的一大活动，可谓日本校园文化之一。

选择俱乐部时先体验再加入，开学后两三周观看并感受活动。有体验入部申请单，填写递交后可以试练，体验数次后才提交入部报名表。日本学生通常几年里都参加同一俱乐部，一直坚持一种运动，练得很专业。所以，初次递交申请都非常慎重，要再三扪心自问，是否能坚持下来。坚持同一俱乐部在考学时会得到好评，甚至加分。

儿子在北京的幼儿园报过网球班，但中学没有网球部，他就想到和爸爸在露天打过几次羽毛球。他不想参加团队运动的篮球等，更喜欢训练个人技巧的羽毛球、乒乓球等。儿子在那年的4月26日正式提交了入部报名表，他最后决定的是参加羽毛球部。加入羽毛球部后，儿子极为关注林丹。高中后则加入轻音乐部弹吉他，从零开始学起。上大学前也准备进羽毛球部，以恢复中学的球技，已经买了新款球拍和鞋，不料游泳部的"劝诱"攻势颇为强大，儿子感觉这个俱乐部的学长更有意思，就进了游泳部。他们学校的一年级新生住在成田机场附近的千叶县校区，而二年级以后就到东京都中心的本校上课了，每年开学后两三周都要多次远征到一年级新生所在校区开展"劝诱"活动，各年级游泳俱乐部的学生轮流开自家车来回，过午夜1点多才回家，有时是在狂风骤雨中凯旋。女儿高一的最后3个月去澳大利亚游学，回来升高二，从南半球飞到北半球的第一件事就是加入开学典礼之后的舞蹈俱乐部介绍活动，还跳了韩国歌曲 *NEW FACE* 的集体舞等。

儿子入部后才得知，大泉中学的羽毛球部挺出名，经常被相关杂志报道，很多青少年选手都出身于这所学校，甚至包括国家级选手。有个国立小学的女生，因为想好好打羽毛球，而国立中学的羽毛球部太弱，居然放弃享受内部升学的待遇。日本不少艺人都有退学经历。联想起朋友的孩子考上中央戏剧学院的研究生却想退学，因为想到日本学习动漫制作技巧，朋友没有考虑支持孩子的兴趣，而坚持认为拿下文凭才是最正确的。中国孩子的个人兴趣不够强烈，与社会价值观念和教育模式有关，孩子的家长也没经历过优先考虑个人兴趣的教育。如果北京实验小学毕业的孩子为打羽毛球而放弃上师大附中，其父母恐怕难以赞同。

普通中学的俱乐部是只要有兴趣就能加入，不一定要有技能基础，但训练很专业。像儿子这种初学者必须艰苦练习，争取尽快赶上学长的水平，否则难以出校参加比赛。

每人都有训练单，写上当月目标："扣杀更快些""球场内移动更快些"等。还有达成目标的对策："尽量用好转腰""打球时球拍再向上抬一些""脚踢地面，侧踢"等。顾问老师看过训练单后会用红笔写上批语："左手用法也要下点功夫"等。

"部活"的专业性还表现在用具上。女儿是篮球初学者，我也连篮球运动衣是怎样的都不懂，第一次活动女儿随便带了条运动短裤去，顾问老师马上说，那是排球的吧。篮球短裤比较长，排球的短，我赶紧去给女儿买了几条篮球练习裤。

决定加入羽毛球俱乐部之后，很快接到召开家长会的通知。顾问老师讲道，羽毛球是花钱的运动，一筒羽毛球3500日元（240元），一天练习需要3—4筒球，因为羽毛稍有折损就影响球路和速度，不得勉强使用折损球。购买球拍等不是在超市或一般商场，而是去俱乐部推荐的专卖店。球拍合人民币1000元，鞋也是打羽毛球专用的，第一次置办，买了包括球拍、鞋和包的套装。鞋可以当天带走，可球拍需手工上线，要等两三天才能取。购买用具后明白了：羽毛球的确是花钱的运动。

学校体育馆就一个，羽毛球部的活动每天都有，包括周六、日，和篮球部、排球部、乒乓球部等分区使用。训练时间各部不同，羽毛球部在周四是早练，7:30开始，周二不用体育馆，在校庭训练，17:00结束，其他日子都要从16:00前放学时练到快19:00才结束。周六、日有外出比赛活动时，当地的结束时间近19:00，平均路程1小时，到家就20:00多了。周末不外出时，学校训练之后同学们还约着去附近体育馆打球，儿子从来是有约不拒。

外出比赛都很早出门，还要带便当，我必须很早起来准备，对儿子练球不免发牢骚。儿子为了能去打球，就抓紧时间把我布置的英语练习完成，甚至忙到拿去厕所做题。其他家长因为自己在学生时代也有如此经历，不仅不会像我这样对"部活"有怨言，而且还支持得非常具体。原为专业羽毛球球手的家长还在周末组织孩子们去访问现役球手。

每天"部活"，什么时间写作业呢？没作业，也没考试吗？

儿子升入中学时才学了一年日语，中学开始有英语课，对儿子来说，中学三年既要学好日语也要学好英语，还要各科成绩优异，准备考一所高偏差值的难关高中。所以，原本打算选择一个不要有太多训练的俱乐部，结果是进了训练最多的羽毛球部。每天放学后训练3—4个小时，周六日要么全天出去比赛，要么训练6个小时。

羽毛球是一项细腻的运动，不容易提高，要素质，更要脑子。儿子说，为考难关高中刻苦学习可以，但羽毛球的"部活"不能打折扣。孩子有想法和执着，可喜可贺，所以，我满腹牢骚也要支持他。

参加每天都有的"部活"实际上是难以兼顾学习的，但文武两道是日本教育的基本宗旨。大泉中学的俱乐部有规定，考试前一周停止活动。学生就利用这段时间专心学习。

学校不留作业，教科书都配有习题册，学生根据课程进度自觉写作业。习题册在考试当天提交，很多学生不自觉，平时没写作业，临考时才赶作业。习题都配有答案册，抄答案的学生也有。女儿有时有弄不懂的内容就抄答案对付习题册的提交，儿子属于随时自觉写作业的，临考擦掉重新做一遍，做不到全对再做一遍，一般都要做3遍。习题册都是非常基础的内容，没有难题，随时自觉做作业，彻底掌握基础是儿子的学习方法。

儿子上大学后一直在私塾当辅导员，私塾主页介绍他是兼具逻辑和感觉的现役医学部辅导员，"一本参考书不完全掌握就不进行下一本，传授完美掌握一本书的最短、最快学习法"。儿子从中学起就建立了"完美掌握"的学习习惯。

兼顾"部活"和学习的教育强化了自觉学习和进取的精神，"部活"的专业化让学生建立了对运动的正确认知，可终身受用。

参加俱乐部每年要交俱乐部活动费，大泉中学时合人民币几百元，由一位学生妈妈和顾问老师共同管理支出，每年都有结算报告发来，显示收入和上一年的结余。支出包括参加比赛、买球、暑期喝冷饮、给三年级毕业生写寄语的硬质彩纸、送花、退款等。管钱的妈妈也是给俱乐部帮忙的杂事负责人，日语称"世话人"，外出比赛时必须去观看，并帮着做些事，包括暑天给孩子们买冷饮，赢了或输了比赛、训练特别辛苦时送小点心，做比赛东道主校时负责组织俱乐部学生家长做中饭等。

女儿加入篮球部的时候我就多次自带围裙、三角头巾、口罩和擦桌布、擦碗巾等去学校做饭。中学都有用于上家庭课的厨房教室，为各校顾问老师等嘉宾提供中饭就利用这里的炊事设备。

俱乐部的三年级学生一般在暑假前就退部，集中为考学做准备，每年有"引退比赛"，在夏季的一轮比赛中，输球队的三年级学生要退出俱乐部。女儿初一那年的引退比赛是在大泉中学举行的，按惯例，东道主校要为来校球队的教练和老师、顾问等提供午饭。东道主校的队员妈妈要协助很多和比赛有关的工作。

儿子初一那年,羽毛球部70人,女生39人,男生31人。根据进度,分成若干等级的小组进行训练。儿子呼吸道弱,容易感冒导致哮喘。一生病就不能训练,缺席几次,就会从好不容易升了级的组跌到最差级别的组——不只因为技术,请假多了也会降级。

每月发来"部活"日程表,注明每天的训练时间和地点,比赛计划和结果也写在这张日程表上。每次比赛前再发来外出通知,是写给家长和学生的。从通知中不仅可以了解到比赛的时间和地点,还有需要带的东西,便于做准备。全年比赛不少,儿子加入羽毛球部那年,大泉中学已在各种比赛中取得了好的名次。5—6月有东京都大会,7月有全国中学生体育大会,8月关东大会、区民大会、全日本青少年锦标赛,10—11月是只有一年级参赛的"新人战":从区内"新人战"到若干区组成的区域"新人战"、东京都"新人战"。大泉中学羽毛球部获得了区赛女子团体第一、单打第一、双打第一的成绩,进而区域赛获得了女子团体第二、单打第一的成绩。1月有一年级学生赛,大泉中学男子单打第一、双打第三,地区分会男子单打第一、双打第三。此外还有中国也参加的全日空亚洲青少年锦标赛,大泉中学羽毛球部进入了女子单打8强。

各俱乐部东京都大会优胜和挺进关东、全国比赛的捷报都会在学校围栏外挂横幅展示,该校出身的奥运会选手取得成绩也会以大红字突出。羽毛球部总有捷报,让地区居民和过路人都了解到,这所学校的羽毛球部很强。

俱乐部成员每年更新,三年后毕业,要保持强校地位并非易事,因而要求专业性的训练。儿子的学姐已是日本国家队选手,也参加学校俱乐部的训练。国家队选手毕业时会把自己用过的球拍等送给同学,儿子也得到了一个学姐的球拍，至今珍藏。

儿子在北京上小学时缺乏运动，到日本的国立小学补了课，但仍然底子虚弱。记得第一次外出活动回来，儿子在体力方面还是比不过从小在日本接受体育教育的孩子，回到附近车站总算松了一口气，就在下楼梯时摔了，伤势还比较严重。不过，受伤在"部活"也是司空见惯。放学后看见学校有救护车来，准是"部活"有学生不省人事了。女儿在的时候篮球部就发生过这种事，好在伤员女生只是轻微脑震荡。类似事情只要发生，学校就会发通告，家长也由此了解到内情。

参加"部活"没几个月，女儿突然住院，严重时我要陪床，儿子就经历了一段独立生活。公立中学不让带手机，每天的联络只能等儿子"部活"结束后19:00多到家。有时给家里打电话没人接，我就担心起来，恐怕他受伤了，或者回来遇到了什么意外。

女儿加入的篮球部，可谓所有俱乐部里训练强度最大的，还请了外部的教练。外出比赛要带上球、赛服、队旗等，一年级充当背球的。外出比赛叫"远征"，乘公车来回，几乎每个周末都有远征。女儿152厘米的个头，背上6个篮球，早起6点多出门，晚上8点多还没回家，我只能毫无办法地到路口张望。有时看见路口边的房东家妈妈也在门前等待，她家两个儿子，小儿子和我女儿在一个年级。

篮球部有名为"纳豆根性"的通讯，外出比赛一定要带上一块深蓝色的横幅，写着"纳豆根性"的白字，表达队部的理念：要像纳豆那样，每个豆大小整齐才能更好地发酵。俱乐部的教育活动，掌握技能是其一，锻炼体力、培养勇敢的精神和毅力也是日课，篮球部的训练更突出团队协作，并争取所有队员都能达到目标水平。

女儿加入篮球部的契机是在小学投球时碰巧进了球，得到周围师

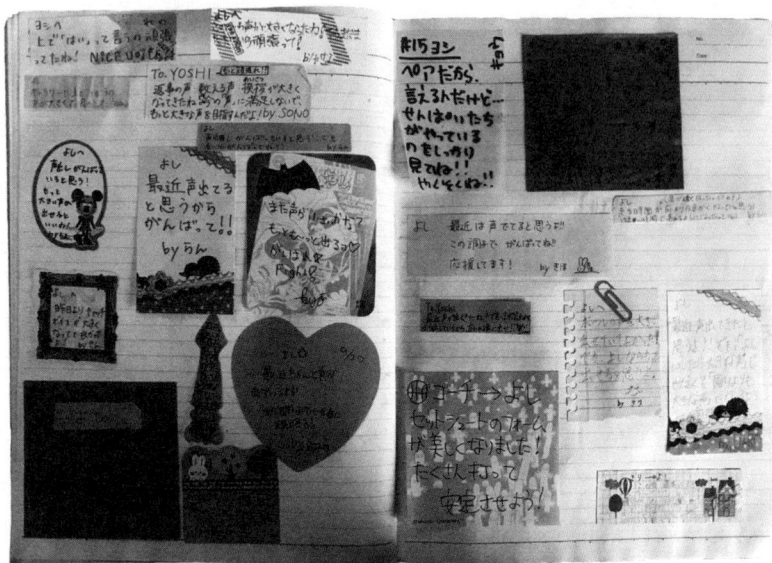

《女篮日记》纸条页

生的称赞，对篮球遂很有自信。但中学的篮球是专业级别，每天在操场跑 40 圈的艰苦训练算是扛过来了，但毕竟体质较弱，也许因为运动过度，女儿的膝盖出现了生长痛，二年级以后就基本没能正式参加训练。但教练还是让女儿出赛了一次，那次还进了球，现场的喝彩让女儿终生难忘。

女儿的中学生活留下了珍贵的《女篮日记》，记录了训练和比赛的内容、自己的技能反省和成长，老师时而有评语，还有队员之间的细致交流。

檀聪日记

2010 年 11 月 23 日（星期二）雨

羽毛球快要可以参加比赛了，12 月 5 日第一次参赛，得好好练习了！

天凉了，开始穿外套，这是第一次穿绣有自己名字的队服外套。

期中考试刚结束，停了一周的羽毛球活动又开始了！

这次考试，数学和物理、英语算是进入前几名了，历史不行，背历史太烦了，背完都忘了，真没用！出乎意料的是，自我感觉国语答得不错，不知分数如何。

2011 年 1 月 3 日（星期一）晴

盼望已久的年末温泉行马上就要启程了，可没想到，学校突然说 12 月 28 日有羽毛球赛，如果不出赛，就不能当学校代表了。好不容易老爸给我从中国买了国家队级的李宁拍，可又和旅行冲突了。但是，我就不能像其他人那样，放弃旅行而去打球……

2011 年 5 月 21 日（星期六）晴

老妈说她小时候练钢琴每天两小时，而准备以钢琴为生要每天练 8 小时。我每天羽毛球训练几小时，周六 5 小时，今天是下午 1 点开始。至于练琴，每天也就只能抽空弹 10

分钟。

妹妹的学校今天上课，是家长参观日，所以，中午我和老妈去吃了泰国咖喱。泰国咖喱辣，那个餐厅没有妹妹爱吃的，所以大家不能一起去，只能趁妹妹不在的时候去。

吃完咖喱回家还有几分钟，就弹了一会儿《月光》。

檀芳日记

2014 年 7 月 13 日（星期日）多云

肌肉训练

早起在体育馆外边做了伸展运动。教练的新伸展运动法让小腿特别疼，还是加油了。大腿练习时肌肉太疼，就中途停下来了。以后要坚持中途不停练练看。

脚下训练

做了单人和 4 人组的脚下训练。单人训练时没有用球，4 人组还做不好，想看看别人怎么做，争取做得更好。张大嘴的发声练习也想出声更大。

投球训练

排队练习了投球，能做到一些了，但还是想看着前面的人做到更好。

防守训练

两人 1 组，练习了防守，排成一列练习，应该都做到了，还想做得更好。

投篮训练

做到了一些，但有时手用错了，也发生了带球走步，以后注意。

一对一 3 个来回和五对五训练

我做了从体育馆一头到另一头的 3 个来回的一对一防守训练，想完成所有训练项目。

2014 年 10 月 16 日（星期四） 多云转晴

早练菜单

快乐套餐练习

早练反省

单腿跳的时间长，中途坚持不住停下来了，要争取达到时间要求。

放学后训练

操场跑 10 圈

1 分钟 5 往返

自由投球

运球拍球

罚球

反省

今天本来要在展示区训练的，顾问老师批评了二年级在老师不在的时候胡闹，我们也只是旁观，表现不好。我一直说要自己加油，还没有更多考虑全队的事情。以后，队里发生了什么，自己也要说说感想。大声说话，认真准备和收拾现场，挽回所有的损失。

2014 年 10 月 20 日（星期一）晴转多云

早练菜单

没有

放学后训练

操场跑 40 圈，因下雨取消

用球伸展

快乐套餐

体干伸展

反省

　　今天顾问老师没在，大家都认真训练了。部长让我回答了不知多少次，我要加油更大声。

　　老师评语：逐渐地能考虑和觉察队里的事情了，每一个人都是重要的存在，芳也是重要的一员。希望你以后能说，进女篮真是太好了。

保健体育是一科

　　日本中学的四实技科包括音乐、美术、技术和家庭、保健体育。
体育课除了在操场、体育馆锻炼运动技能，还有相关理论知识的学习。
教科书《保健体育》中有体育篇，还有 300 多页的图解资料集《中学
体育》。保健体育课的考试主要从《保健体育》中出题，也有少量的《中
学体育》内容。

　　保健与体育的关系可以简单理解为：保健是健康，体育是运动。
比如预防高血压、糖尿病等生活方式病需要适当运动，就是健康与运
动相关联。

　　《保健体育》中分别有体育篇和保健篇，两者为什么同属一科？
其教学目标就给出了答案。保健体育的教学目标是：理解健康、安全
和运动，通过合理的运动实践，养成有计划的运动习惯，促进健康，
增强体力，培养快乐生活的态度。其中的体育是通过合理的运动实践，
提高运动技能，在强健身心发育的同时，培养公正、合作、责任心等
素质，以及生涯持续运动的能力和态度。保健是加深对健康的理解，

培养并提高个人和团体的健康能力与态度。

体育从三方面学习：运动与体育的多样性、对身心发育的影响，以及作为一种文化所具有的意义。

运动与体育的多样性不单指有多种体育项目，而是运动和体育与很多方面相关。作为教育活动，其主要目的不是竞争结果，而是通过学习运动和体育的必要性、运动的人会发生怎样的变化等，找到自己参与体育活动的方法。与运动和体育的关联不只是打球或跑步，看体育节目、声援马拉松、在体育俱乐部做指导、支援运动会等，也都是参与运动和体育的方式。运动和体育不仅促进个人身心发展，还产生了社会效果，比如协商规则和规矩。与保健关系密切的是运动和体育的安全，在理解运动目的和特性的基础之上制订运动计划，还要考虑自己的身体状况、运动强度、时间和频率等方面。身体情况要科学管理，做好准备活动，适当休息和补充水分，提前确认用具、设施和环境的安全，考虑周围的人、气候和自然环境等。

文化（culture）的语源是耕作。而体育（sports）的语源我也是从《保健体育》的教科书中才得知，原本为 disport。port 是生存所需的工作，dis 表示否定，所以，体育就解释为"并非工作的快乐"。那么，体育文化就是在快乐中更好地生活。

日本在 2010 年制定了体育立国战略，强调所有人都运动的重大意义。而且，为在社会生活中实现生涯运动，设施环境和设备更加完善，培养指导者受到重视，地区运动的参与机会也越来越多。

保健体育课的学习在俱乐部活动中得到了应用。

保健包括四方面的学习：身心发育和心理健康，健康与环境，防止伤害，健康生活与预防疾病。身心发育和心理健康根据中学生青春期的年龄特点，科学地讲解身心两方面的变化，为度过健康充实的中学生活提供了理论指导。健康与环境部分让学生了解环境对自己的身体产生了什么影响，热的时候和冷的时候身体会发生怎样的变化，为保证干净的空气和安全的水源该怎么做，废弃物需要怎样处理。

日本是自然灾害多发的岛国，大都市人口密集，交通出行以公交为主，自行车为辅。高中生开始被允许骑车上学。从幼儿园的孩子到大学生，家庭主妇、车站离家远的上班族，其实都要用到自行车。防止来自交通事故和自然灾害的伤害成为保健的主题，不仅学课文，还要学习止血、心肺复苏和人工呼吸等具体应急措施。

保健与日常生活也有很多关联，比如食育，吸烟、饮酒、药物滥用的危害，有关传染病的知识和预防等内容。

保健老师主编有《保健》通讯，内容包含入学的保健调查、一年一度的体检、季节性流感的预防等。

从小学到大学，入学都要由家长填写一系列的健康相关文件，交由学校管理，中学有《健康登记》《保健调查表》《结核问诊表》《心脏病检查调查表》《过敏调查表》，疫苗接种履历也在其中。每年的体检从 4 月开始实施，到 7 月才告一段落，包括身体检查和素质鉴定，项目细致，分析精密。体检结果记录在《健康登记》上，孩子带回家，家长盖章后再送回学校存档。

《保健》第一期主要是体检日程，尿检、内科、齿科、耳鼻科、心脏、身体测量、视力、听力分布在 4 月的不同日期，6 月眼科检查，11 月贫血检查。关于尿检，《保健》中除了有提交方法和注意事项外，还有为什么要做尿检的小知识。到了 5 月的运动会之前，《保健》就会讲解运动保健。10 月开始要注意流感了，《保健》强调洗手、戴口罩、注意饮食和睡眠。《保健》也会发来环境省、东京都保健局等印制的关于中暑、不能吸烟等内容的资料。

儿子在初二体检时出现了"脊柱弯曲，注意姿势"的怀疑项，看到体检报告后我赶紧学习成因和矫正方法。

体检时采用水平仪检测，双肩高低有差异，证明脊柱弯曲。不仔细看还真没注意到，儿子的确一侧肩有些低。之前总说羽毛球包的背带不合适，怎么也调不好，原来是双肩不平。自己也是一直右肩低左肩高，本以为是天生骨骼的问题，这时才意识到，或许自己在青少年时期也有过脊椎弯曲的倾向，因为无知而没有得到矫正，导致年纪大了以后患上了脊椎病。

可能很多家长都注意孩子不要驼背，但脊柱弯曲和驼背不是一回事。驼背是肌肉问题，脊柱弯曲则源于骨骼。脊柱弯曲影响长个儿，驼背不会。脊柱弯曲发现得早可以矫正，但错过成长期则影响身高，也会落下疾病。

从这件事可以看出，体检不仅防病，更是保健知识的普及。

后来，儿子去附近骨科医院看了，医生说，尚处轻度，做了30分钟理疗，并教会儿子如何做矫正的伸展运动。

打羽毛球可能是导致脊柱弯曲的原因，单臂运动多，打羽毛球的孩子多发类似情况。医生建议，要增加全身运动，比如游泳，打羽毛球也要经常用左臂做些运动。

听了医生的教导，儿子马上到附近体育馆游了1000米。在体育立国的方针之下，游泳设施的利用非常方便，没有办卡之类的要求，中、小学生游1小时100日元（7元），成人1小时200日元。学校没有游泳课的日子，儿子都要去体育馆游1000米。羽毛球加游泳，更没时间学习了。

海泳达标的临海学校

公立中学，初一开始实施临海学校的海泳活动，日语叫"远泳"。

临海学校的第一目的是亲海，同时训练游泳，并通过集体活动获得相关的学习成果。中学是孩子们身心发育特别快的时期，运动效果也好。远泳的重点是提高游泳技能，挑战远泳，体验成就感。

海泳爽快而富有乐趣，但一不小心就可能导致重大事故。所以，无论是游泳初学者还是熟练者，都不能放松警惕，必须认真对待，互相帮助，安全第一。

练马区 34 所公立中学的临海学校有静冈县的下田和千叶县的岩井两个地点，儿子去的是岩井，女儿去的是下田，两个地方都有丰富的文学和历史素材，初一的临海学校体验也成为日后课程的资料。

中学刚入学 1 个月，就发来了临海学校的参加确认单，要在暑期的 8 月上旬实施，住宿 3 晚，前后 4 天。住宿点是当地的区属少年自然之家，由学生组成的执行委员会执行临海学校的全程活动。

儿子在小学有过海泳 1 小时的经历，参加中学的临海学校，我已经没有多少紧张感了，但其他家长还是会有很多的担心，女儿参加的时候我也体验了这些担心。特别是刚升入中学，不习惯的事情还有很多。7月中旬召开了临海学校主题的家长会，体育老师做了说明，包括日程和行李的准备等，家长最关心的当然还是安全保障措施。女儿会游泳，但只有小学25米达标的成绩。这种游泳水平，很难想象远泳1小时会怎么样。

远泳期间有带队老师和委托的民间业者负责安全，配有救生板和救生皮艇等。女儿的体育老师介绍说，练马区的临海学校几十年无事故，他也一直为带队临海学校训练而长时间游泳，以保证万一有掉队的学生能立刻下海救助。老师浑身黝黑，看得出入夏后一直游泳呢。

东京98%以上的公立中学都配有游泳池，夏季体育课就是游泳。临海学校之前的两周，利用暑假时间，学校每天都实施集训。根据学生的自报游泳水平，分为高、中、低三级，训练时间不同，训练中途根据具体情况随时听从老师指令，更换训练组。虽然是放假期间，但原则上必须出席，因病等不能参加训练也要穿体育服见习，并在学生手册上写明理由交给老师。当天的缺席则需家长联络学校。

去学校参加集训穿校服或体育服，有俱乐部活动的同学需优先游泳训练，中途离开俱乐部可以穿俱乐部指定服装。

远泳1小时是游1公里的距离，需要游完蛙泳50米的游泳能力。如果因游泳能力不够而不能参加大远泳，就参加距离近些的中远泳。临海学校的海泳与学校游泳池浮力不同，需要事先训练。每天训练90分钟，开始几天是练习蹬壁滑行、蹬壁蛙泳、俯卧漂浮、抬头蛙泳、长时间游泳等，后几天除了游泳，还有水中2列、3列的队形练习。出发前一天全体参加指导讲座。

儿子和女儿去临海学校的行李准备我都没管，他们在小学都参加过移动教室的住宿活动，儿子只上了国立小学的六年级，而女儿可是经历了五年级两夜三天和六年级三夜四天的两次移动教室活动。

当天 6:45 从大泉中学出发，乘坐巴士前往目的地，下午就下海练习了。第二天还是练习，第三天挑战远泳 1 公里，第四天返回。

从练习海泳的时候就启动了保证安全的搭档系统，2 名游泳水平不相上下的同学组成搭档，彼此监督安全。练习中有多次点名，游泳前、游泳中、游泳后。在陆地或水中站着的时候，听到号令"搭档"，大家齐声回答"喔"，再听到"编号"指令时，搭档牵手举高，回应"1、2、3、……15，几组几人无异常"。在水中游的时候不牵手。

游回时向右转弯，没有特别指令不得抓撞浮漂和绳子，须注视目标，保持前后左右的距离。中途如有身体不适马上告知搭档。安全员吹笛后，按老师指示上岸，自己不得擅自上岸。发现有谁溺水时，原则是自己不直接去救助，而要赶紧把附近的浮漂等扔过去，并请求安全员前往救助。我最担心的是腿抽筋了怎么办。抽筋的对策是：发生抽筋时不慌不喊，向反方向伸展。为防止抽筋，特别要注意做好准备运动，保证睡眠。发现水母时要互相通知并上岸，联络安全员。

海是不断变化的，遇到涨潮、退潮、水温和风向有变化等，必须边游边做出正确的判断。一个人漂在海上时，只有寂寞，或是恐惧的感受。身体突然有异状谁来救助？海泳的教学让难以单独挑战的极限成为可能。如果自己的力气用尽了，有船，周围有很多人，有安全员，还有搭档。正因为具备了这样的条件，自己才能放心地挑战海泳。对海泳的挑战也是对自己的挑战，可以借此克服依赖心理，发现自己有战胜困难的潜力。

远泳当天，在陆地上按远泳队形集合，确认搭档后出发。一个接一个入水，走到还能站住的地方，听到身后的老师指示开始游，前后保持 3 米距离。所有队员都开始游以后，会有点名号令发出，举起右手回应"喔"，再举手大声回应编号。游的过程中即便有汽艇、小船、帆板接近，如果指挥船不发出指令，自己也不能擅自改变远泳路线。远泳中途会发冰糖，但自己不能靠近去拿。如果怎么也跟不上队形，或腿抽筋了，要告知自己的搭档，然后出队，做出浮在海面的姿势。这时，搭档要高举手通报附近的安全员。靠岸后，先坐在水里，然后慢慢站起来。所有成员出水后再整队一次，点名确认。

　　岸上的欢迎同学站在靠岸时能看到的地方整齐地排成两队，热烈鼓掌。所有同学都结束远泳后，大家一齐大声喊"万岁"表示祝贺。

　　去临海学校前一天女儿有篮球俱乐部的训练，手指受伤，出发当天早上仍在隐隐作痛，她还担心水母，担心溺水。远泳当天，我好像随时感受到女儿在海中的艰难。终于等到副校长通过邮件发来的平安信："238 人无一掉队，全部游完规定路线。"

　　也就是说，我家女儿也"完泳"了！

浑身是伤迎来运动会：
协作精神的教育

日本几乎人人都有运动习惯，其原因也在于教育注重培养生涯运动的意识、知识和技能。身体素质训练的科学化和标准化早已成为教育的重要组成部分。

义务教育的 9 年里，中、小学都必修游泳课，且各种体育运动标准很高，但学生普遍能达到，并具有努力超标的自主意志。

每年都举办的运动会属于《学习指导要领》中规定的特别活动，以培养学生的协调性和相互团结为宗旨。在日本形成近代化国家的过程中，运动会起到了重要作用。不仅是学生、家长，那些没让孩子上学的家长，也都积极参加运动会，巩固了以学校为中心的社会关系。

大泉中学在 5 月底举办运动会。从 5 月中旬开始，每天都安排运动会的练习时间，一、三、五还有两个课时的全校运动会练习，下雨就在体育馆里练习。放学后，男生练习团体操，女生练习集体舞。运动会召开前一周练习量增加，包括早上 7:30—8:00 的晨练，每天练习的项目不同，具体计划在年级通讯上刊出。临近运动会的几天穿体育服上下学，操场是土地，孩子每天都带着一身泥回来，体育服准备一套是不够用的。

学生会的工作包括运动会相关事项：主持开幕式和闭幕式，策划和运营学生会比赛项目。掐表的、记录的、组织赛跑的、拉冲刺线的，同学们除了自己参加比赛项目，还要做很多运动会的工作，一年级在进行比赛时，二年级同学就在工作。运动会的实况播报是广播委员会的工作，女儿一年级时参加广播委员会，就曾是运动会广播员。观众太多看不到女儿的身影，但在校外能听见她的播报声音。

运动会召开前三天，一上午的四节课都用于全校预演，然后是学生干事会议。运动会前一日，各年级还在练习，还有撒白灰线等具体事项的准备。

运动会的日期有三个备案，第一方案是周六，下雨就上周一的课，并作为上课参观日，运动会顺延；遇上周五下雨，要想周六如期举办运动会，操场干透就成了问题，学生们想出的办法是用干布、纸等吸干土地操场上的积水，为不打折扣地赛出练习成果创造条件。

运动会当天学校对外开放，就像赏花时节那样，很多观众都带上塑料地布来占地方。PTA 的妈妈们承担接待工作，不管在校生家长还是街坊邻里，进校都需要登记，家长佩戴名卡即可，没有名卡的家人可以领到一个不干胶标志粘贴在衣服上或领一个迷你蝴蝶结别针别在衣服上。其他观众标志不同。

日本的学校运动会与中国有所不同，所有学生都是选手，这明显反映出，作为教育活动的运动会，重点不在竞赛结果，而是锻炼意志。除全校选拔选手的 400 米和 800 米接力，所有项目都是全体参加，包括各年级的接力赛。一字巾头带，各班颜色不同，跑步项目不必每班一跑道，也无须各班固定跑道，每次几人跑完出成绩，按头带颜色记录得分。选手上场还要穿有号码的背心，由此可确认全班同学是否跑完。按时间成绩统计个人名次，同时还可以统计：第一名几分，第二名几分，全班得分，由此可赛出班级名次。

运动会项目的内容也有日本特点，除各种距离的长短跑，还有传统的流筏、齐步竞走、蜈蚣竞走、两人三脚、跳大绳，以及团体操和群舞的表演项目。

观众当然会为成绩突出的喝彩，但更多的是声援落后而坚持的孩子。学校教育说，靠天赋就能取得好成绩不需要奖励，通过努力而取得好成绩才值得奖励，奖励的是努力的过程，而非单纯的结果。人生毕竟是一个过程，而不是一个结果。

障碍学生的10班和普通班一起竞技，有的孩子平衡和协调能力差，跑得特别慢，接力赛的时候比普通班慢1圈多，直到最后一个孩子坚持跑完，全场掌声持续不断。也许按一般的逻辑，不会让身体有障碍的孩子和身体正常的孩子一起竞技，但站在障碍者的立场上看，能和普通人一起竞技其实是他们非常高兴的事情，回避正常，只能让障碍者越来越弱。

可以说，运动会是协作精神的教育，所有竞技都注重团队性，很多项目由全班协作完成。在年级通讯上刊登的运动会报道题目是"每人都散发光芒的运动会"。不是所有人都擅长运动，但彼此互补，活跃的同学起到领导作用，就能让大家都切身感受到极限努力的精彩。

以班级为单位的接力跑，是每班37人全跑完，看哪班快，实况广播在第10棒、第20棒、第30棒递完之后都有名次播报，摊上班里跑得慢的，快的就要成倍加油，跑得慢的也要尽量快跑，缩短给班级拉后腿的距离。不过，遇到某个同学跑得慢致使班级落后，也没人埋怨，后面的同学就一个劲儿地向前赶，场面极为动人。

一年级的流筏很热闹，全班同学弯腰90度搭接成好像木筏的板路，一名选手在同学们的背上走，走过的同学赶紧跑到筏头接上板路，就这样移动，直到终点。

两人三脚不难理解，二年级的齐步竞走，是一横排选手的相邻同学把腿绑在一起抱腰前行，三年级的蜈蚣竞走是前后排队，大家都双脚套在一根大绳上，一起搭肩跑步前行，喊着号子，很有意思。

跳大绳不是一个一个跳过去，而是全班近40人一起跳，抡大绳同学的技术很重要。在规定时间内，按跳成功的个数决定班级名次，必胜法就是跳的同学和抡大绳的同学保持节奏一致，所以，这个项目留下印象最深的是整齐的喊号声。

考虑年龄特点，是日本基础教育值得借鉴的地方。运动会也反映出学生在这一成长时期的生理特点。小学运动会的所有项目都是男女生混合的，中学才分男生项目和女生项目，男生是团体操，女生是表演舞蹈。

儿子初二那年，东京提前12天进入梅雨季，运动会就顺延到了"六一"，是一个周三。那天我在家的工作太忙，观看运动会中途还回家几趟上传文件，幸亏学校就在附近。女儿正好赶上小学建校120周年纪念日，休息，能看哥哥的运动会。可到了中午，她要去看偶像小栗旬主演的电影，我又送去接回。儿子从初二当选为班长，运动会中工作很多，还承担了责任重大的掐表任务。除了他参加的竞技项目，我还想拍下他的工作照。

运动会拍照不容易，最难的是大家穿的一样，根本找不到自己的孩子在哪里。可奇怪的是，全场约 750 名学生，我总能很快找到儿子，有时没看到脸，全凭动作习惯判断。儿子笑脸多，有笑脸就有光芒，镜头都会去寻找笑脸的光芒。有时太阳光强，动作习惯也看不出，可镜头里都有儿子。

运动会结束后，原本说好晚饭一起出去吃寿司，可儿子和同学约去庆功了。和女儿两人吃寿司，我说，以后可能哥哥自己的活动越来越多了，芳芳和妈妈两人好不好。女儿快快地说，还是和哥哥一起好。其实，兄妹俩在一起没有不打仗的时候。

我又问，芳芳希望别人讨厌自己还是喜欢自己，从来都气哼哼的女儿回答说，希望别人喜欢自己。于是，我就趁机告诉她，那就要学习哥哥，总有笑脸，笑脸让人喜欢。

檀聪日记

2010 年 5 月 28 日（星期五）雨

明天是中学第一次运动会，我希望下雨延期。小学的运动会时希望下雨，真下了，因为当时不会倒立。现在倒立没问题，可前几天胳膊受伤，倒立又不行了。

小学的团体操是男女生一起，中学的团体操只有男生，每天的练习都有很多人受伤，骨折的也不少，我也受伤弄上了绷带，还好没骨折。再就是膝盖反复挫伤，好了又破。这回的金字塔我还在最下层，但感觉中学的团体操真是难度更大了。最后是向前倒的动作，操场土地粗糙，所以，总会擦伤。现在是两个膝盖、脚趾都是创可贴。

2010 年 5 月 29 日（星期六）阴

今天的运动会没有因下雨而中止，天很阴，但居然一直没下雨。不活动有点儿冷，但总比热起来强。

这次运动会最担心的就是团体操，特别是倒立和金字塔。吓得我呀，好紧张，做不好可就完蛋了。居然，倒立顺利成功！手腕不知什么时候好了。现在我是彻底觉得，倒立完全不成问题了！

运动会总算结束了，又多了几处擦伤。不过，没觉得很累，之后两天有羽毛球训练，体力应该没什么问题。

檀芳日记

2010 年 5 月 29 日（星期六）阴

今天是星期六，本来可以睡懒觉，可因为要去看哥哥的运动会，所以，还是早早地就起床了。

今天没下雨，但阴天，很冷。在运动会上碰到好多我们班和我们学校的同学，他们也是去看哥哥姐姐的运动会。

哥哥参加的羽毛球俱乐部里有个女生，是我们班同学的姐姐，她妹妹今天也去看运动会，我俩在一起玩了不少的时间。她带我在学校里到处跑，累坏我了。

今天是带便当去看运动会的，但没能和哥哥一起吃，哥哥在教室里吃。

看到运动会有两人三脚，想起自己在北京的小学也做过，我一弄不好，同学就埋怨我。还有跳大绳的比赛，让我想起在树人瑞贝跳绳，也是一跳不好，好多女生就埋怨我。

团体操我喜欢看。哥哥离我们太远了，妈妈就跑去附近照相，还是没怎么拍到。

看着运动会，我也想进这个学校了。

滑雪教室：素质的
养成非一日之功

　　记得儿子入学前查看学校周年活动介绍，得知有滑雪的内容，感觉没考取国立中学也无所谓了。

　　日本最早的滑雪记录见于间宫林藏的 1808 年画作《北虾夷图鉴》。1911 年，奥匈帝国大使馆武官在新潟上越市对抱着滑雪板的 14 名青年发出了"穿上滑雪板"的号令，从此，滑雪在日本就以世界罕见的速度普及并发展了。

　　滑雪以自然的山岳地带为基础，大致可分为竞技、促进健康、休闲娱乐三种目的。滑雪教室是日本中学选修课的特别活动之一，目的在于接触冬季的大自然，体会其严酷和壮丽；锻炼身体，在感受滑雪快乐的同时，习得安全的觉悟；通过集团生活，养成注重规则的态度。

　　大泉中学是初二年级结束前安排为期 4 天的滑雪教室活动，还是由学生组成执行委员会。凡有学校活动，都会制作一本活动手册，《滑雪教室手册》包括校长致辞、执行委员会致辞、行李内容一览表、住宿房间分配名单、日程表、工作分工说明、日记、健康状况记录。手册中页数最多的是各工作组的页面，住宿工作组、饮食组、洗浴组、娱乐组、美化组、保健组，工作内容都是各组学生自己制定和亲手书写。可以看出，滑雪教室的教学从事前准备这一环节就开始了，而且都是学生自己操办。

儿子去滑雪教室那年正值日本选手高梨沙罗获得青年奥运会金牌，校长就在致辞中写道："看了电视播放的高梨选手从陡坡滑下，我想，谁都想那样滑雪。可是，由于在我们的日常生活中缺少滑雪设施，没有多少人能体验滑雪，所以，滑雪教室是获得珍贵体验的机会。"

的确，滑雪需要专门的滑雪服和用具等，还要在专业教练的指导之下练习技能，中学生能体验滑雪是幸福的。

学校为滑雪教室的实施召开了家长会。仅 4 天时间，能学会滑雪吗？不可能学会吧。这是我在出席家长会之前的想法。可是，听老师介绍，根据往年的情况，同学们都能在滑雪教室的最后一天像高梨选手那样从陡坡上滑下。直到孩子们滑雪归来，我仍然半信半疑。

公立中学属区教委管理，区里在滑雪场附近设有实习冬季体育运动的少年自然之家，我们所在的区有两所滑雪教室住宿设施。长野县是有很多滑雪场的地区，儿子上中学的时候是住宿在武石少年自然之家，利用番所之原滑雪场，女儿上中学的时候住宿在轻井泽少年自然之家，利用汤之丸滑雪场。

有过不止一次的小学移动教室和初一临海学校的住宿活动之后，准备滑雪教室的行李，对孩子们来说已经是轻车熟路了，一个行李箱包，一个双肩背。孩子们看着《滑雪教室手册》中的携带物品一览表，自己准备行李，这也是家长会时老师提醒的，家长代为准备会使孩子们不知道什么东西放在哪里。大包里放室内服、3 天的内衣、毛巾、洗漱用具、笔记用具、睡衣、体育馆用鞋、滑雪手套、工具手套、保暖内衣内裤、长筒线袜、浴巾、创可贴。日本没有穿秋裤的习惯，滑雪服下需特意准备秋裤。长筒线袜是为避免滑雪鞋高帮直接摩擦皮肤。

双肩背里放《滑雪教室手册》、手绢、餐巾纸、晕车备用塑料袋、体温计、水壶、口罩、3000 日元（合 200 元人民币）以内的零花钱、学生证。

从携带物品一览表可了解到日本的生活文化，特别是准备口罩和手绢等是日常卫生习惯。

细致的提示还有，水壶要能装热水，因为住宿地的自然之家只能灌热茶水。日本的水壶分保温和保冷两种，只保冷的不能灌热水。

零花钱装在一个信封里，写上班级、学号、名字后封好带上。

滑雪教室为期 4 天，第 1 天 7:20 从学校出发，乘巴士前往滑雪场附近的住宿设施。出发时按活动程序的常规，有一个 15 分钟的出发仪式，由执行委员会的学生委员长主持。每班近 40 人一辆大巴，男生和女生各 1 名班长负责点名。

儿子那年住宿组和滑雪组合一，女儿那年是住宿组和滑雪组各有编制。儿子是班长，也是住宿室长兼滑雪组组长。《滑雪教室手册》里有一页是巴士座位表，儿子把自己班男生的名字写在相应的座位号上，以便在服务区休息等上下车时确认名单。

巴士上了高速公路以后，各班在巴士上要收包括零花钱在内的贵重物品，放在班级袋里交给带队老师保管。

到达目的地后，按滑雪组所属房号住宿。首先，依照日本的习惯脱鞋进入设施，各自把鞋放入鞋柜。每个房间住宿 12—13 人，以自己班同学为主，有的为凑人数也住其他班同学，1 名同学为室长。儿子是 208 号房的室长，住宿者包括 3 名三班同学和 9 名四班同学。但是，201 房的同学哪个班都有，为什么？这一组是有滑雪经验的。从住房分配名单就能看出，只有不到 5% 的学生有滑雪经验。

进入住宿房间后，各自把行李放入储物架。房间里已经备好了滑雪服，左腕有名卡，找到自己的滑雪服，换上。号码不合适要向设施工作人员报告，同学之间不得私下交换滑雪服。

房内放有物品检查表，由室长填写后交给带队老师。

200 多名 14 岁的初二学生就在自然之家住下了。番所滑雪场位于长野县上田市，海拔 1300 米，从住宿地到滑雪场需乘巴士前往。有很多教练教大家滑雪，目标是让所有同学都学会滑雪。当然，滑雪教室的教学目的还不只是学会滑雪的技能，通过集体生活加深与朋友和老师的交流也很重要。

由学生组成的执行委员会是滑雪教室的组织者，他们制定了滑雪教室的口号，儿子那年是"喜欢上快乐全开的滑雪，留下最难忘的记忆"，女儿那年是"挑战、迈向下一舞台的第一步"。

在住宿地吃过午饭，大家带好滑雪服、帽子、滑雪镜，按广播指示先去滑雪用具库。在这里，各自找到与左腕名卡上标注尺码一致的滑雪鞋带上。12:30 整队出发前往滑雪场。

到达滑雪场大约 13:00，下巴士前大家就要戴上自备的手套和租用的帽子、滑雪镜，按滑雪组领取与左腕名卡色标一致的滑雪棍和左腕名卡标注尺寸的滑雪板。组长整队和点名，向指定老师报告。

大家穿戴得像模像样了，接着举行滑雪教室的开课仪式，还是学生的执行委员会主持。

之后，95%的学生开始体验人生的第一次滑雪。

15:00结束第一天的滑雪实习，同学们按要求刷掉滑雪板上的雪，把滑雪板和滑雪棍还回滑雪库。15:30返回住宿设施。16:00回到住宿设施后，在滑雪用具库脱掉滑雪鞋，按尺寸放回鞋架，然后回房间换下滑雪服。滑雪服和号码布挂在衣架上，帽子和滑雪镜各自保管。

各房室长组成室长工作组，组长是滑雪教室执行委员会的委员长，组员是包括儿子在内的各房室长，还有辅佐室长工作的副室长和做记录的书记员。

室长工作组的工作方法沿用委员会活动的，先制定工作目标："室长降临，做出有责任感的行动。"室长是设施生活负责人，负责管理室内、整队、点名、报告、参加室长会、主持房间会议。

室长们对设施生活提出了具体要求：在设施内不跑、不折腾，不去其他房串门，也不去其他楼层。不在走廊坐和躺，没必要的话不去走廊，更不要在走廊聚集和吵闹。夜间除了上厕所不得出屋。遇到设施内工作人员要问候。不去指定使用场所之外的地方，保持设施的整洁，最后恢复原样离开。

室内生活要求平静度过，有常识，时刻考虑到不打扰房间的其他成员，对房内物品要小心使用。不能只考虑自己，要以集体行动为优先。行李要在储物柜内整齐排放。发现不需要的物品立即没收。感觉到身体不适马上报告。

对房间会议的召开，室长工作组指示，全组成员都要掌握时间和内容，积极提意见。组员不到齐，会议不开始，所以大家都必须严守时间。会议中传达重要事项，大家都要认真听，并做笔记以免忘记。

开室长会的时候，室长要准备好课题和改善方案。

关于整队，室长工作组要求严格做到提前5分钟集合，排队安静，前后左右对齐。点名时配合，室长要等大家安静后才做指示。因为次日早晨需清扫，时间紧，需要带的东西和号码布要于前一日准备好。穿滑雪鞋时不吵闹。

这时，室长们在反省临海学校时的不足之处，比如因行李没准备好而迟到，光顾自己说话，队伍因松散排到无限长。随时反省的习惯在基础教育中得到了巩固。

副室长为辅佐室长工作的角色，工作口号是"为大家做出行动"，工作内容非常具体，有贯彻生活态度、传达时间、带头做事、吆喝就寝、背地里加油、带头问候、叫早、辅助其他工作组。室长不在的时候副室长负责，提醒收拾房间和整理行李，帮助有困难的同学。副室长还兼任滑雪服等用具的管理工作，协助交接用具，提醒大家管理好房内存放物品。

滑雪教室结束时，同学们要各自把滑雪服挂到配套的衣架上，并带到各层前厅，在这里经老师检查后返还。滑雪帽、滑雪镜和号码布在房间由副室长集中并确认数量后拿到返还场所让负责老师检查。最后，副室长把检查完毕的滑雪帽和滑雪镜返还研修室，号码布集中放到2层前厅。

滑雪教室的操办除了滑雪、住宿，还有重要的用餐事宜，由学生组成的饮食工作组具体落实。每班2名同学加入饮食组，由学生担任组长、副组长和书记员。

女儿去滑雪教室时就是饮食组成员，她在《滑雪教室手册》的饮食工作组页上用铅笔添注"过敏男生 10 人，女生 8 人"，也用黄色荧光笔标注了食堂配置图。

饮食组制定的工作口号，儿子那年是："不原谅剩饭，快乐用餐！"女儿那年是："让我们乐享吃饭时间。"

做饭由住宿设施的工作人员负责，学生的工作是晚餐之前的 20 分钟配餐，所有工作组的同学一起做。配餐后引导各组同学到指定座位就餐。早晚饭后的收拾和清扫是各班饮食组同学轮流值班，每餐由 3 个班的 6 名同学承担。

饮食组制定了对同学们的拜托事项：餐桌按房号排列，每名同学都要事先记住自己的座位，在滑雪教室期间不得变换座位。严守集合时间，房间人员到齐后方可整队进入食堂。早餐是自助式，要考虑到他人，只取自己能吃完的量。大家一齐大声说"开动了""吃好了"。吃完饭要把餐具和剩饭分类收拾后，自己送到指定地点。吃饭中途不要站起来到处走动，更不要在食堂内跑动。对食堂工作人员要问候。餐具容易损坏，须小心使用。

午饭在滑雪场的餐厅吃，按滑雪组到餐厅的先后时间，饮食工作组要负责对各组发出"开动"和"吃好"的号令。午饭的收拾是各负其责。

以女儿滑雪教室时的菜单为例，各餐的人均成本是：早 600 日元（40 元），中 900 日元（60 元），晚 800 日元（50 元）。

第 1 天中饭是牛肉盖饭和热蔬菜沙拉、味噌汤，晚餐是米饭、蘑菇牛肉、炸鸡排、番茄酱意大利饺、热蔬菜玉米沙拉、水煮绿菜花、迷你西红柿、苹果羹。

晚餐时可以把自带的水壶带到食堂灌上热茶，这项工作也是饮食组承担。

第2天早餐有米饭、味噌汤、玉米奶油汤、炒鸡蛋、香肠、山野菜蘑菇意大利面、春卷、炸薯条、牛蒡、南瓜沙拉、烤鲑鱼、煮蔬菜、罐头鲔鱼、迷你西红柿、纳豆、海苔、拌饭素两种、干玉米片、牛奶、牛角面包、圆面包、枫糖、麦淇淋、蓝莓果酱、鲣鱼青梅、泡菜萝卜、腌野泽菜、水果杯，中饭主品换了鸡肉和鸡蛋的亲子盖饭，晚餐是米饭、肉汤、肉饼、奶油蘑菇馅炸土豆饼、炸豆腐、带皮炸薯条、炒菠菜、哈密瓜。

第3天早餐与前一日不一样的有蔬菜汤、厚切摊鸡蛋、火腿、炒面、奶油玉米馅炸土豆饼、软炸柳叶鱼、萝卜干丝、韩国小菜沙拉、软炸土豆、西兰花、菜花、柚子；中饭是咖喱饭，汤换成了苹果汁；晚餐是米饭、味噌汤、烧牛肉带乌冬面、炸虾、德国煎土豆、煮豆角、迷你西红柿、豆浆布丁。

第4天早餐与前一日不一样的有南瓜汤、荷包蛋、法兰克福香肠、肉酱意面、炸洋葱圈、奶油土豆饼、炸饺子、土豆沙拉、烤金枪鱼、鸡柳、酸奶。

滑雪之后的家长会上，负责生活指导的老师特别传达了住宿设施对饮食工作组同学的赞扬。他们说，这所学校人最多，但从配餐的效率到用餐的秩序、收拾等，都做得最好，为其他学校起到了示范作用。

应该说，在滑雪教室的活动中，同学们得到了进一步的食育练习，也呈现了相应的教育成果。

日本人有每天洗浴的生活习惯，洗浴工作组也是必须要有的，他们的工作口号是："清洗浴池，让同学们泡澡爽快！"洗浴组的工作内容是管理入浴时间，回收忘在浴场的东西，刷浴槽，收拾和打扫浴场。女儿在公立小学去移动教室时参加过洗浴工作组，主要负责刷浴槽，结果回来之后就吵着要刷家里的浴槽。浴室打扫对中学生来说已非难事。

洗浴组制定了注意事项，换衣服加洗浴每人 25 分钟，从 16:25 开始，每个 25 分钟的时间段男生 3 组，女生 3 组，不给其他小组添麻烦，严守时间。自己的东西上都要写名字，袜子脱在房间里，带的东西集中到 1 个袋子里。洗浴之后才能进浴槽泡汤。使用洗发露和肥皂等不浪费，全身擦干之后再进更衣场。

最近到日本来的中国游客增加了不少，会看到很多温泉设施都张贴着泡汤之前要洗浴、擦干全身再出浴场等的注意事项。其实，对日本人来说，这些注意事项无须贴出，他们在义务教育时期就早已熟知并习惯了。

洗浴工作组从 17:40 开始打扫和检查浴场，这时饮食组开始配餐，18:00 晚餐开饭。时间安排得非常紧凑，所有同学都有工作。

美化工作组负责检查填表、褥单和枕套的发放与返还、屋子的收拾情况、储物柜内行李的放置、清扫状况等，也有组长、副组长和书记员，工作口号是"让用过的地方干净"，要求具体，垃圾处理教育可见一斑。巴士内的垃圾要各自负责整理，去程垃圾在住宿地处理，回程垃圾各自带回家。把垃圾带回家，日本人从小就习惯了。

滑雪教室期间保证身体健康的工作由保健组同学负责，与其他组不同的是，保健组除了组长、副组长，还有两名书记员，工作口号是"打倒流感，实现健康第一的快乐滑雪教室"。发现有身体不适的同学时，要立即向老师报告，去保健室之前必须告诉老师。提醒大家起床后和就寝前填写健康记录卡。

保健组制定的注意事项是：

- 洗手、漱口做彻底，需要时戴口罩。
- 认真做好流感、感冒对策。
- 健康记录表必须每天早晚填写。
- 带体温计、创可贴、膏药。

22:00 是就寝、熄灯的时间，但实际是 22:30 所有学生才开始填写手册中的日记栏，然后量体温并记入健康记录表。早上 7 点前出家门到学校集合，23 点才入睡。真是充实的一天！日本孩子的体力真是练出来的。

檀聪日记

2012 年 2 月 18 日（星期六）晴

今天是出口君的生日，祝贺你！

今天第一次滑了雪，滑雪鞋的鞋扣也会弄了。教练的柿岛老师教得好，从明天开始我要称呼他师匠。滑雪会滑成"八"字了，也没摔跟头。现在想要滑得快一点儿了。

老师评语：我用红线画下的一行半，大家都写了同样的句子。

会议提案：滑雪组按号乘坐 5 号车，负责老师是磯 T。

铺被褥时的最好状态是彼此谦让。

2012 年 2 月 19 日（星期日）晴

　　今天一早开始就坐缆车上了滑雪高台，从第二高的地方滑到林间滑道入口处的时候，速度太快了，撞进了雪里，太爽了！第一次滑林间路线的时候，急转弯滑好了，平行转弯也会了。在柿岛师匠的指导下，比昨天滑得好多了。最后，从第二高的高台一直平行转弯滑下来的。练习了很多次，掌握了重心的移动方法。

　　老师评语：成为了不起的男人吧！还有最后 1 天。

　　会议提案：不在供暖炉上坐和放东西，生活要规矩。不出阳台，不去其他楼层，不去其他房间。日记要写 5 行以上。入口处的门基本是关着即可。厕所入口的拖鞋要摆放整齐，厕所的灯要随时关。生活注意彼此的协调。小组移动与乘坐巴士密切相关，对巴士工作人员要问候。柿岛师匠名言："男人靠的是胆量！"

2012 年 2 月 20 日（星期一）晴

　　今天是滑雪最后一天。一早上来就奔了山顶最高台。从陡坡平行转弯滑下，太爽了！第二回滑，脚的平行转弯也会了。速度太快了，控制不好，摔了好几个跟头。最后，终于从山顶结合平行转弯的小转弯和大转弯，无停止地滑到了终点，很有成就感。柿岛师匠，非常感谢！

　　对了，角田从缆车掉下去了（笑）。

　　老师评语：成就了非常棒的滑雪教室啦！我也度过了快乐的 3 天。

会议提案：房间会议开完做就寝准备。供暖炉设置 18 度。去厕所注意关灯和拖鞋整齐摆放。起早了不出被窝，不说话。听广播指示时不说话，理解内容。从巴士下来后戴手套，滑雪镜放在头顶。在滑雪场的坡道上，穿着滑雪鞋的状态时不要跑。穿着滑雪服不要打闹，不要玩雪。充分休息。滑雪库有忘在那里的滑雪镜。日程有变，行动时要有所考虑。

2012 年 2 月 21 日（星期二）晴

今天滑雪教室结束，回到了东京。这次滑雪教室留下了许多的美好回忆，而且，也学会了滑雪，真是太好了。返回的途中买了特产，葡萄果汁特别的好喝。到了家，可能是累坏了，睡了 6 小时的午觉。

老师评语：真是快乐的 4 天呀！

会议提案：返还褥单和枕套要分类，注意被褥的朝向和叠放方法。出发集合严守 5 分钟前规则。早餐时最好带上水壶。在体育馆，行李放右侧，按班级放置，行动要安静。观光中心不能所有班级同时休息，一个班最多停留 15—20 分钟。垃圾要全部带回家，不得留在巴士里。学校解散后各自回家，不要等朋友。

檀芳日记

2015 年 3 月 3 日（星期二）晴

第一次滑雪，练习了左脚和右脚的动作，有些动作稍微习惯些了，我要继续加油。

老师评语：喔！这么快就习惯滑雪了，真棒！就按这感觉，明天继续加油！

自我评价：滑雪，A；工作，A；守时，A；遵守纪律，A。

会议记录：检查带的东西要快，哪怕多争取出 1 分钟也好。按照老师说的方法，点数 3 样东西即可。

2015 年 3 月 4 日（星期三）晴

坐缆车上到最高处有点害怕，但慢慢地就快乐起来，习惯了。脚感觉有点疼，但我想继续加油。

老师评语：哇，都能上高台啦！可能有点恐惧，还有 1 天，继续加油！

自我评价：滑雪，A；工作，A；守时，A；遵守纪律，A。

会议记录：6 点前醒来也要在被子里待着。发来的两个零食如果吃不完就给同学吃。移动之中说话的太多，要安静。

2015 年 3 月 5 日（星期四）晴转多云

今天最后一次滑雪，非常快乐。坐缆车上去滑下，终于懂了"八"字滑法。最后扔掉滑雪棍滑雪成功了。好想继续滑雪，以后和家人一起去。这次滑雪教室留下了美好的回忆。

老师评语："八"字滑成了！以后一定和家人一起再去滑雪。

自我评价：滑雪，A；工作，A；守时，A；遵守纪律，A。

会议记录：带来不需要的东西，属于精神过于松懈。零花钱在体育馆发回。用餐时穿自己的衣服。

《滑雪教室手册》

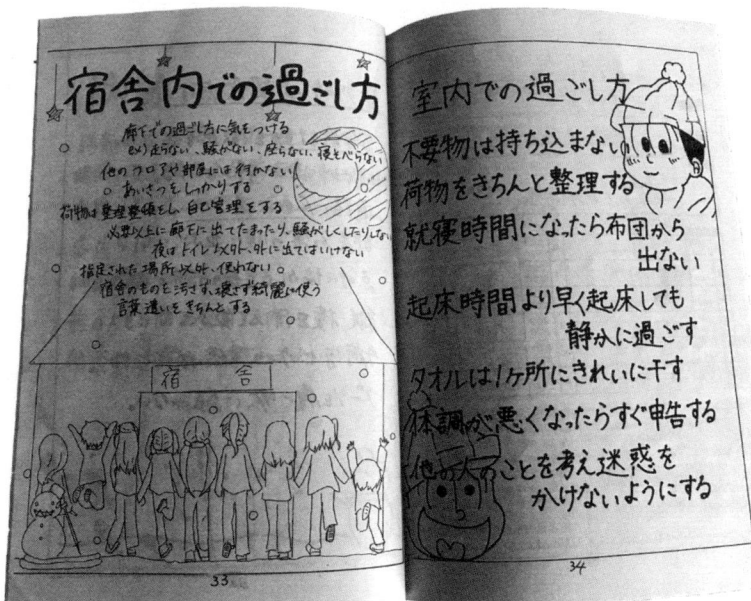

《滑雪教室手册》内页

"3·11" 大地震
检验避难教育

2011 年 3 月 11 日午后，还在上小学四年级的女儿两点十几分就放学回家了。5 节课的日子应该快 3 点才回来，这天不知为什么有点不一般。不过，那也是常有的事。家里没米了，女儿回来我就马上骑车去了附近的超市。超市免费提供纯净水，买一个适用的水罐即可反复打水，那天我也带上了水罐，准备把纯净水打回来。

买完东西回到家，把自行车停进车棚，接着就去拿自行车后座上的食材，怎么感觉地面有些倾斜呀！我以为是自己头晕，这时，看到车棚附近的树在晃动。啊，地震了！想到女儿一个人在家会害怕，没顾上拿水罐，就赶紧往家跑。

边开门边问女儿，知道是地震了吧？女儿已经躲在桌子底下了。我也赶紧陪她躲到桌子底下，房子摇晃得越来越厉害，而且感觉持续了很长时间。其间女儿不断地问，没事吗？还说，我不想住日本了，我要回中国！这些话她反复说了好几遍，摇晃依然没有停止。估计过

日本公立中学一千天

了一分多钟吧，像是坐过山车一样，心里一直念叨，怎么还不完呀，怎么还不完呀！

早已习惯了日本的地震，一般只摇晃几下，摇晃15—20秒都算是长的。这次地震可够大，比当年在北京经历的唐山大地震还厉害。电视上报出震中是宫城，里氏6.9级，很快改为7.4级，接着又改为8.4级，最后改到了8.8级。报道说，这次的8.8级大地震相当于几十个阪神大地震或关东大地震，是日本史上最大的地震。

3—4次比较大的地震和数不清的小震后，感觉自己的身体系统已经出了问题。桌子动一下觉得是地震，什么都不动，坐在那儿，站在那儿，也觉得是地震了。

我们住的房子是整体钢结构，两层连排，属于抗震型，而且，房子前面还有一小块宝贵的空地，二层不飞下来什么东西的话，房前空地还算安全。日本的安全指导是地震时留在家里，因为建筑密集，路上很多电线杆等，外出更危险。

大地震时儿子在学校上课，女儿的小学操场是我们这一地区的避难场所，而且，儿子和女儿交给学校的留档文件中，家人集合的避难场所写的是小学。以为儿子会去小学避难，所以，我和女儿就冒着危险走去小学了。

到了小学，作为地区避难场所的操场根本没有开放，有零星几组人过来了，也都又回了头。女儿说，还是回家吧，于是，我们又冒险走回家去。虽然只有5分钟的路，但深深感到，地震时避难场所派不上什么用场，最好留在家里，主要是外出没处躲。日本的住宅区建筑密度大，空旷地带离得挺远，不是马上能走到的。

到家的时候，儿子已经回来了。他是在学校经历了这次日本史上最大的地震的。儿子说，当时，初三年级毕业班的欢送会刚结束，大家正在收拾教室现场，把摞起来的椅子恢复原状时有震感，以为就是日常小震，还都乐呵呵地说，地震了。儿子先把自己的桌椅恢复了，想在教室里把差一点儿就完成的作文写完。可是，地震大起来了，他的桌子开始晃。班主任喊，赶紧离开窗户，把摞起来的椅子放下，去操场避难！

大家跑去楼道，很多女生都趴在地上。

儿子的教室在四层，好歹大家都跑到操场了。在操场上又经历了3点多那次7.4级的余震。

3月11日是周五，本来有羽毛球训练，地震了，学校就让大家都回家，周末也停止了训练。

我和女儿去小学的时候把家钥匙藏在儿子知道的地方，儿子到家取钥匙时，感觉地震又来了，房子在晃。他赶紧跑去门对面的树间躲了一阵，平稳之后才开门回家。他说，看着房子和树在晃，不知道哪个更恐怖。

余震频繁且震度高，是这次地震的不同寻常之处。和儿子团聚后，我们又一起经历了几次不小的摇晃。儿子好像一家之主地说，做好出去避难的准备吧！

我首先在澡缸里蓄满了水，然后备好一个装着贵重物品的包，装了几瓶水。大家穿好出门的衣服，继续看着电视感受不断的余震。

女儿困得，也可能是吓得累坏了，晚饭没胃口，频繁躲到桌子下，后来就在桌子底下睡着了。我们平时在二楼睡觉，女儿说，要在一楼铺垫子睡，让我陪她，但不要睡，盯着电视看发生了什么情况。儿子还是在二楼他自己屋里睡的，门没关，恐怕大震起来跑不出来。

晚上 11 点多有朋友来电，说她被困在我们附近的地方回不了家，电车没有，出租更排不上队，旅馆也挤不进去，想走路来我家避难。两小时后她走到我家了。

本来周五我是有工作的，很庆幸临时休息了，否则也会被困在半路回不了家。那天的工作地点很远，根本走不回来。孩子在家，电话不通，那可会急死人的。

3 月 13 日，这次地震从日本史上最大的 8.8 级地震，改成了世界最大的 9 级地震。傍晚去超市，扶梯停着，买东西的人很少，好多货架都空着。如此凄凉的日本还是第一次感受。

3 月 14 日，生活指导部通讯《心之泉》发行大地震反省特刊，强调了重要认识事项，发生灾害时通信系统有可能中断，手机失联，而且，大地震之后一定会发生余震。

发生大地震的时间，正好赶上学生放学，有的学生已经回家，有的还在扫除。通信系统中断了，学校与家庭联系不上。按发生灾害时的规定，原则上家长要去学校接学生，因铁路和公路等交通系统发生混乱导致家长不能到校时，学生要在学校暂时等待，由负责地区班的老师指导下学。

小学的地区班系统我是熟悉的，但中学的就没有事先认真确认。其实，我不应和女儿去避难场所，而应该去学校接儿子。因为我没有到场，儿子是在学校等待了一段时间之后，由地区班老师护送回家的。

日本从小学一年级开始就禁止家长接送孩子上下学，就近上学一般走路 5—20 分钟，但国立小学的有些孩子乘坐公交车上下学，路途最长达 1 小时之久，所以，仅在这种情况下需家长陪同上下学两周。

自然灾害多的日本为保证孩子上下学的安全，要求学校必须有特殊时期通知家长接送的联络措施。现在网络方便了，手机可以做到同时向多人发信息，但在过去没有手机的年代，都是一对一传话通知，况且发生严重灾害时，通信系统有可能中断。

为完善孩子上下学的安全保障，家长就自发组织了"地区班"，就近的孩子家长组成一个小群体，几个这样的小群体再组成大群体，大群体和学校直接联系。学校认为地区班在保证孩子上下学安全方面起到了非常重要的作用，所以，地区班就成了学校组织的一部分，一般副校长是校方的地区班领导。

地区班的职能是让住得近的孩子和家长彼此认识，以便在出现灾害和犯罪时保护孩子们，具体活动是组织和实施地区班的集体下学及其训练。

地区班的组织机构非常严谨，最高领导是校方，发生灾害等特别时期，校方会通知 PTA 会长和地区班牵头人、障碍儿童等所在的特别支援班。女儿所在小学的地区班共 24 个，按住址分组，再合并为 4 个大组。大组的组长接受校方指令，然后再通知其组员各地区班。大泉中学有 25 个地区班。

日本发生较高级地震也避难迅速、有序，与如此周密的全民日常对策不无关系。

为保证学生在校内外的安全，小学还不只有地区班系统。学校每月都发来题为"学校安全放心"的志愿者募集通知，附有日历，并在当月需要志愿者的日子加了粗线框。选择适合自己的时间段，填写学生和家长姓名，通过学生交到学校，即可作为安全员参与到校园生活之中。安全员的主要活动是在校内外巡逻，协助接待来校人员。

地区班主要保证学生在上下学路上的安全，校内外有安全员保安，校内还设有"课后广场",也是家长志愿者管理。学生在课后广场登记后,就领到一个广场名牌,家长下班晚的,放学后可以佩戴广场名牌在校内图书馆、操场等地学习和游戏,这样也增进了在校生之间的跨班相识。

女儿同桌的妈妈就是管理课后广场的主力,当时女儿日语不好,和同学说不上话,可是在课后广场和同桌妈妈却聊得欢快。课后广场也组织各种活动,为准备万圣节做手工,在操场举办独轮车名人评选,等等,不仅解决了学童放学后单独在家的安全问题,还把课余时间做成了教育活动的延伸。

由于课后广场的活动时间不在学校的学生保险范围之内,所以要交一年也就是相当于人民币几十元的保险费,在课后广场时间受伤了也有相应的保险负担医药费。

地区班有章程和措施实施的手册,也发行通讯,所有 PTA 成员都能拿到,也就是所有在校学生家长都能看到,因为 PTA 是所有家长都必须加入的,承担 PTA 工作的属于 PTA 代表、委员等。

我当时是承担了小学的地区班班长职务,负责 37 个孩子。所有家长都要在小学 6 年间承担一次这个职务,做过一次无须做第二次。当然,有自愿做第二次、第三次的也可以。具体工作是参加会议、制作文件和执行地区巡逻、参加避难训练,以及真的发生灾害需要集体下学时做领队。

发生紧急情况时,家长要到班级教室接孩子。班主任站在门口,家长排队说名字接孩子。有家长不能来的,就按地区班集体下学,地区班的班长负责护送。孩子们排着队按规定的下学路线回家,地区班的家长班长引领,而且必须亲自把每个孩子送到家门口。但是,如果发生 5 级以上的地震，家长不亲自到校，孩子是不能回家的，地区班的班长也没权利代管。

地区班的班长任期为一年，每年更换。地区班的组织每年召开 3 次大会，第一次大会之前就要做好地区班小组名单和联络簿、标有各地区班安全下学路线的地图等。5 月召开第一次地区班大会，各家长班长自我介绍，彼此认识，提交相关资料，确认地区班手册中的重点事项。

大会之后有地区班班长见面会，都要说说下学路线中自己认为需要注意的地方，那时我才发现，女儿上下学没有走地区班规定的路线。

地区班规定的上下学路线对我们来说有点绕远，但确实避开了日常我千叮咛万嘱咐让女儿多加小心的地方。按照女儿的错误上下学路线，她在早上的汽车来往高峰时间，要走过一段步行道与车道之间没有围栏的路，那段双向车道窄得不占步道就无法错车。想着身材矮小的 8 岁女儿每天都要走过这段路去上学，我总是提心吊胆。原来，这条险路不是正规的上下学路线。由此，我终于把地区班的工作和自己孩子的安危联系在一起了。

到了 6 月，就是学生、老师和家长见面的地区班集会活动了。

这一天，学校所有教室都贴上了地区班的标识，全校各年级学生在下学后集中到自己所属的地区班教室，有老师分管地区班教室。家长们也到自己所属的地区班教室门前集合。

每个地区班教室内都坐着大大小小的孩子，学生挨个儿做自我介绍，实现了跨班、跨年级的相识。地区班的学生班长是最高年级学生，在地区班集会时要讲话，让大家认识自己。班长的职责当然还有要认识自己领导的地区班里的每一名同学。我们所属地区班的学生班长是

PTA 会长的儿子三上君。

家长们站在地区班教室附近彼此搭话，大家早已是熟脸。房东的小儿子和女儿在一个班，房东的大儿子比儿子高一年级，也在大泉中学。房东住的离我家隔一个门牌而已，从我家二楼阳台正好看到房东家院子里的樱花树。同属一个地区班，房东也来参加地区班集会。我和房东聊得挺投机，她家是做园艺的。租房是通过中介，如果没有地区班的活动，我和房东还真没有搭话的机会呢。

有时女儿放学回来家里没人，如果男房东正好在门前剪树，他就会给女儿拿来备用钥匙。

女儿同桌男生的妈妈因为和我有地区班的工作交接，自然聊天的机会也就多了。她家孩子有个姐姐，我家的有个哥哥，共享话题聊起来没完没了。

总之，作为地区新人，地区班对我们融入社区非常重要。

那一年，在夏季就发生了因台风警报而需要地区班集体下学的情况。

在《地区班手册》里写有发生怎样的情况时需地区班集体下学，根据台风预警，我已经接到了准备地区班集体下学的通知。放学时间是下午 2 点，家长们又像地区班集会那天一样集中到了所属地区班的教室门前。通常学生在校内穿校鞋，外穿鞋就放在校舍入口处写有学号的鞋格里，但这一天，地区班教室门前铺着报纸，整齐地摆放着外穿鞋和雨伞等，学生们都背着蓝兜塞路在地区班教室等待集体下学。

各地区班的学生按顺序排队走出校园，我走在所属地区班学生队伍的最前面，按照之前预习了好多遍的集体下学路线，带着孩子们在风雨中走着。过了信号灯是我们这个地区班的住地，有家长来的学生就跟着家长回家了，没有家长来的，就由我把孩子挨个儿送回家。最后我和女儿一起回家，走的已经不是我们日常熟悉的回家路线了。

通过这一经历，感觉放心了许多。如果自己工作在外时发生紧急情况，会有地区班的家长陪女儿回家。

11月的第二次地区班班长会主要是总结地区班集体下学的经验教训，针对问题点和改善措施发行小报。年底的地区班下学训练，设计的是发生自然灾害时，地区班如何保证学童下学。来年2月召开第三次地区班大会，主要是向下届地区班班长交接工作，我的继任还是女儿同班女生的妈妈，家里是在信号灯路口经营荞麦面店的。

从中学开始，可通过俱乐部、委员会等实现跨班交友，但地区班仍是实现跨班相识的重要组织。

中学开学后，学校马上发来三样东西，一是用于家长进出学校的入校证，再就是用于发生灾害时的名卡，还有防范警报器。其中的"灾害时名卡"就是在发生地区班集体下学时使用的。

开学后不久有地区班见面会，会后地区班集体下学，在距离住地较近的一个地点解散，学生各自回家。

我家隔壁住着一个女生，通过地区班才知，她和儿子在一个学校，比儿子高一年级，是同一个地区班。3月11日大地震那天，看隔壁女生也没回家，我还算比较淡定，想着儿子和她会是地区班集体下学而一起回来。我想，隔壁妈妈也是这么思量的。

知育篇

日本"教育"
含义的变迁

　　教育学者宫寺晃夫执笔撰写了《日本大百科全书》"教育"词条的
释文："在日本，自古以来，'教育'一词是作为外来语，出自《孟子》，
并在知识分子中有所认知和使用的，但出现于日本人著写的文献，是
在江户时代以后。"

　　《孟子·尽心上》有言："父母俱存，兄弟无故，一乐也；仰不愧
于天，俯不怍于人，二乐也；得天下英才而教育之，三乐也。"但是，
孟子所说的教育对象是英才，并不包括所有的孩子。

　　以"教育"的汉字构成来说，"教"的原义是从上施教，自下而
学；"育"字从生孩子的姿势而来，是"养孩子"的意思。汉语"教育"
一词在日本启用于18世纪末的江户时代后期，与"教化"同义。

　　明治时代引入了不少英语词汇，例如society，福泽谕吉将其译为
"社会"，在日本得到推广。education一词则对应了在日本已经流通的
汉语词"教育"，但此时，"教育"一词已然完全不是出自《孟子》的

含义，它脱胎换骨，开始广泛用于日本家庭的育儿、学校的教学活动，以及青少年的育成方针等。

英语 education 至今都比汉语的"教育"具有更加广泛的含义，跨越多个领域，其教育对象不仅是孩子和年轻人，养蚕、驯化动物等都用"教育"来表达。而且，施教的主体也不限于人类，世间万物都可施教。

"教育"一词源于拉丁文 educare，e 表示"向外"，ducare 是拉拽之意，所以，教育就是对孩子从内向外挖掘潜力的意义了。德语也遵照这一宗旨，合成向外的 er 与拉拽的 ziehen，造出了意为教育的 erziehung 一词。

日本最初的教育制度成形于 701 年颁布的《大宝律令》，之后有了贵族和武士受教育的地方，江户时代设立了一般庶民的学习场所，叫"寺子屋"，相当于中国古代的私塾。

汉语的"教育"曾在日本被理解为"从上施教，自下而学"，但明治时代以后，教育的语意发生了巨大变化。引起变化的是西欧近代思想中对个人意志的尊重，它同时也为日本带来了新的教学方法。在明治维新后的 20 年里，翻译外国著作，雇用外国人当教师，通过日本的留学生从美国引进开发主义的教学方法，都向日本传播了西方初等教育的模式，于是，藩校中的讲读法和寺子屋的习字法被取代，单方面传授知识和以模仿为宗旨的传统教学法被改变，开始用实物及绘图讲述事理，并通过教师与学生之间的对话推进教学。让学生亲眼观察事物，自己讲述其印象，自主地积累知识，使学生观察事物的能力和思考力、判断力都得到培养。

开发主义的培养观念就是挖掘学生潜力的教育，当时的日本文部省已经在初等教育中积极地把直观主义和开发主义的教学法作为国策予以采纳和推行，并与欧美保持同一水准地普及教育。日本教育的内涵至此扎根：教育不是单纯地塞知识，促进孩子发展、鼓励自发性才是关键。

教育有广义和狭义之分。在广义上，教育对人的身心产生影响。人们在家庭生活和社会活动中受到影响，这种影响也包含了无意识的部分。教育是随时随地的。与之相对地，学校教育是狭义的教育，属于有意识地培养人才，所以首先要确立教育目的和目标，并为实现教育目的选择必要的教育内容，为传达教育内容钻研教学方法。与社会教育不同，学校教育伴随着不同的评价。

日本从19世纪下半叶的明治时代就紧跟欧美，建立起了学校教育制度，并开始实施官方教育、一般教育和义务教育，成为当时欧美之外以母语实现高等教育的少数国家之一。中国在20世纪初废除科举制度之后，逐渐过渡到学校教育，最初按国文、算术、物理、化学、音乐等门类划分知识的教科书就是参照日本教科书编纂而成的。

日本在明治时代确立了初等教育、中等教育、高等教育的近代学制，"二战"后以学制改革为契机，日本的教育开始以日本《宪法》和《教育基本法》《学校教育法》为根据。现在的日本教育是在文部科学省（相当于中国的教育部）的主管之下，以《教育基本法》为依据实施和开展的。教育立国是国家战略。

日本现在的"教育"不单指狭义的学校教育，还包括家庭教育和生涯教育等社会教育。

回到"教育"一词。日本使用汉字"教育"仅仅是作为education的翻译对应词，汉字也只是日文词语中的一种符号。日语中的汉字含义与中文的并不相同。现在，日本学校的古文课程包括汉文和古文两部分，"汉文"是中国的古诗词和古文，而"古文"则是日文的古文。

所以，日本一直以来都是将中国文化视作外来文化的一部分，9世纪末废除遣唐使后，日本以其固有的和文与神话等为基础发展其传统文化，日本的教育在明治维新后也没有沿袭中国的传统文化，而是更接近西方的教育思想和模式。

中学教育课程
的编制

中学教育课程包括三大部分：教科、综合学习和特别活动。文部科学省规定了编制教育课程的一般方针，学校也有一定的自由度，公立和私立中学在规定方面有所不同，私立中学更具特色。课程的编制成为学生择校的重要参考方面。

课程编制要遵循《教育基本法》《学校教育法》及相关法令，必须让学生能够作为一个人得到协调的育成。要充分考虑地区和学校的实际情况，以及学生的身心发育阶段和特性等，编制适合的教育课程，并为实现其中设立的目标实施教育。

学校必须为充实发挥个性的教育而努力，课程的编制以培养学生的生存能力为目标，在开展发挥创意能力的特色教育活动中，要让学生确实学到基础和基本的知识与技能，培养应用知识与技能来解决问题必备的思考力、判断力、表现力及其他能力，并从中养成主动学习的态度。为此，学校还要与家庭合作，帮助学生养成学习习惯。总之，学校的所有教育活动都是为了学生能建立自主的人生观，从而推动和实现以学生为主体的升学方向选择。

日本的中学有国立、公立和私立之分，其中90%都是公立，私立的不到800所，国立的70所。日本绝大部分公立中学都只有初中。中、高一贯制的学校总共不到600所，其中公立的200所左右。中、高一贯制的私立学校学习进度快，初二就能完成初中3年的课程，为的是在高中时期争取更多时间应对高考。而中、高一贯制的公立中学还是按部就班地遵照《学习指导要领》编制课程。

日本的考学和中国一样，分为小升初、考高中、考大学三个阶段。公立学校的小升初无须考试，参加小升初考试的只有志愿上国立和私立学校的学生。有小升初考学意识的，一般是走精英教育路线的家庭。能落实精英教育的，也通常是经济宽裕、主妇能全职进行家庭教育的家庭。有些中、高一贯制的学校不招高中入学的考生，原因就在于小升初考来的都优秀，而从公立中学毕业的学生难以与本校升入高中的学生步调一致。一贯制学校即使招收高中入学生，也不让高入生和初入生混班，高入生要用高一的时间补课赶进度，从高二开始才能整体混合编班。

中学的课程有：国语，包括历史、地理和公民在内的社会，数学，包括生物、物理和化学的理科，音乐，美术，保健体育，技术家庭，外语，道德，综合学习以及特别活动。综合学习时间必须要有，具体内容由各校根据规定方针设定。如果学校有特殊需要，可以增加其他课程。规定的课程范围和程度以所有学生为对象，由学校自行设定，但不得脱离规定目标和内容的宗旨，更不能增加学生的负担。

中学1—3年级的各教科课时规定如下，每年共计1015课时。

	初一	初二	初三
国语	140	140	105
社会	105	105	140
数学	140	105	140
理科	105	140	140
音乐	45	35	35
美术	45	35	35
保健体育	105	105	105
技术家庭	70	70	35
外语	140	140	140
道德	35	35	35
综合学习	50	70	70
特别活动	35	35	35

各教科规定内容的学习顺序由各校自行设计，并在不给学生增加负担的前提下，可另立选修课，选修课也成为学生择校的参考项。

女儿上了 4 年公立小学，有一次观摩她的算数课。老师说，算数是语文课，这给我留下了深刻的印象。日本的小学数学课叫"算数"，中学开始才称"数学"。算数课的 90% 时间是，给出一个算式，让孩子们说含义，几种含义都要说出来。计算很容易，但要把算式的意义用语言叙述出来，实际上是一件很有难度的事情。

各校的课表在编制上有弹性，也凝聚了教师的创意。每年第一次家长会，学校会发来全年的《指导和评价计划》，是一本 30 页左右的 A4

大小、横向打印的册子，写有本校教育目标、学年经营方针、学习说明、评定办法等，9门教科各有详细的计划，包括教科学习目标、基础和基本的内容、学习重点、具体评价办法等。《指导和评价计划》考虑到了各教科与各学年之间的相互关联，可实现系统和有延伸的指导。

比如初中一年级国语课"心的漫步"单元，课文是儿童文学作家今江祥智的《草帽》和绘本作家米仓齐加年的《写给没能长成大人的弟弟们……》，"关心、愿望、态度"方面要求感受到作品的趣味，有阅读愿望，主动查询、了解作品背景，有兴致地阅读；"写作"方面要求对作品有感而写读后感；"阅读"方面要求找到能表达外表和心情的词语，读取登场人物的心理变化，从而捕捉人物和作者的思想；"语言事项"方面要求能读、写新的汉字；评价方法是朗读、听写、作文、小测试和习字。

国语课中包含的"书写"，1—2年级占国语的20%课时，3年级10%课时，其中不仅练习毛笔字，对各种字体也有练习，所以在评价中有"习字"的内容。年末作业的"书初"就属于国语课的书写作业。

初中二年级国语课有"亲近古典"单元，课文选了《枕草子》，《平家物语》中的《扇之标》(扇の的)，《徒然草》中关于仁和寺法师、汉诗的风景的文章。"关心、愿望、态度"方面要求积极背诵；"听说"方面要求感受古文和汉诗文的语言和节奏，并朗读；"写作"方面要求明确自己的想法和心情；"阅读"方面要求根据现代注释感受情景、人物的心情等；"语言事项"方面；要求理解古语和现代语的差异，理解文学史，理解假名的运笔，按摹本注意文字结构写毛笔字；评价方法是上课观察、定期考试、背诵、小测试，看笔记、作业和习字作品。

日语的"古文"指日本的古文，"汉诗文"指中国古诗文，高考时古文和汉诗文是两个不同的领域，中央统考的国语中，现代和古典部分各占 100 分，古典部分中，古文和汉诗文各占 50 分。中国古诗文与日文语序不同，日本在学习汉诗文时需使用系统化的标注方法，标注方法本身也需要学习。儿子和女儿可以无须标注而直接阅读古诗文，稍有优势。古文是日文语序，古语和现代语的互译是重点。

儿子上的是普通的公立中学，也没进日本人几乎谁都要去的私塾，学习不费劲，成绩名列前茅，让国立小学同学的妈妈们觉得意外，并感触，中国来的孩子就是学习强！但我认为，只是因为日语比英语和中文更难以理解，用日语学习更费力。聚会之前，儿子因流感一周没能上学，其间数学课学反比例，我用 5 分钟给儿子大概讲了讲。复学后赶上考试，他居然得了满分。很多没休息照常上了课的同学都学不会反比例，数学老师就纳起闷来，课间问儿子，为什么他花了 3 个课时讲反比例，大多数学生都没学会，而没听课的他却得了满分。我是用中文讲的，学校老师用日语讲，区别就在于此。日语是不太适合解释科学的语种，但用于文学，所能表达的细腻程度也基本没有其他语言可以翻译得恰当。

初一才第一次
体验考试

公立小学升入公立中学无须考试，而从初一开始的考试成绩将影响考高中。虽然小学也有单元学习内容的小测试，但重在检验学习内容的掌握程度，对升级毫无影响。

初一最开始的4月，学习内容90%都是简单的。可是，一过5月，就难起来了，等待孩子们的是人生第一次真格的考试。

数学、理科、英语我就不管了，国语和社会还是要给儿子辅导一下日语的，特别是国语，即使解决了语言问题，还有感受上的理解问题。

儿子把国语书扔给我说，课文读了，字词的意思没问题，可还是全然不懂讲的是什么。我也读了两篇课文，是文学作品，描绘非常细腻。

一篇课文叫《雨天和青鸟》，是非常有画面感的文字。主人公是兄妹俩，哥哥丰海（TOYOMI），妹妹育海（IKUMI），哥哥对妹妹说话粗暴，妹妹很反感。即使是顺便能给哥哥办的事，因为哥哥总用命令的口气，妹妹也不想管了。两人总在吵架状态，简直和我家儿女一模一样。然而，哥哥是个非常热爱生命的善良孩子。课文中描述了两件事，一是丰海捡到一只受了伤的大鸟，他非常关心这只大鸟，千方百计找医生救活了大鸟。再一件事是妹妹生病发烧，哥哥细心照顾。

日语擅长写作文学，但语法逻辑是目的在后，语句也多表现气氛。后来，我让儿子用理解钢琴曲《月光》的方法感受课文的字里行间，并给他讲了我弹《月光》的感受。贝多芬的《月光》是朦胧的，月亮若隐若现，跟着浮云移动，月光也随之流动。虽然《月光》的开始部分速度不快，貌似没有高超的技巧就可以弹奏，但要让音符从指尖平滑地流淌出来，才能表现浮云遮挡的山形海影的时隐时现。儿子用感受《月光》的方法理解日语课文，收获很大，终于知道怎么读日语了，一做习题，全对。

后来有中国妈妈来咨询，她的女儿在中国一直学习成绩优异，确认日本的学习进度不成问题，就满怀信心地转学到日本的中学了。可是，已经到了初二末期，国语成绩仍不见长进。面临考高中，妈妈着急，就打听我的儿子是如何学习日本国语的。我告诉她，知识是别人的，感觉是自己的，学习知识可以赶进度，但感觉的培养是不能一蹴而就的。儿子是从小学一年级学生看的《Keroro 军曹》开始补课的，目的是尽量多地去感受日本孩子经历过的。

大泉中学是在考试前两周发来一张 A3 大小的学习计划表《定期测试的学习计划与实施记录》，学生填写测试目标，以及各教科的每天计划学习时间和实际学习时间。这张表在考前两周内每天提交班主任，班主任看过后盖章，有时写评语，"80 分钟，不够""2 小时，就按这个节奏"。

计划表的格式有两种，按日期是文字描述，此外还有一个语、数、英、理科和社会五科总共学习了多少小时的图表，1格表示30分钟。学生自己计算学习时间后，在各教科栏涂上不同颜色。同样是学习时间长，有人是出于兴趣，有人却是因为不擅长。对照考试成绩，也能看出学习效率。

这个图表右下角还有家长印章处，隔周1个印章，共3个印格，写有日期。学生从第3日开始实施计划，家长在第7日盖第1个印章，第14日盖第2个印章，第17日考试结束日盖第3个印章。

中学的首次考试准备期间，儿子说，考试范围都发了，轻松复习即可。我没太在意，也没看计划表内容就盖了第1个印章。收拾他的房间时整理了散落在地上的测试卷子，按数学、语文、英语、社会、理科、音乐分了类，稍加仔细看了看，发现还有好多稀里糊涂没掌握的内容呀。等儿子放学回来就向他要来了考试范围。完全不是我误以为的习题范围，而是只写了教科书多少页到多少页和习题册多少页到多少页。说到中文的"考试范围"概念，我理解就是从学过的内容中抽选一部分，但日本的考试范围不是老师抽选，而需要掌握学过的所有内容，要求做的习题也是相应部分的所有页。

儿子在中国习惯每天做老师留的作业，在日本国立小学的一年充满了各种活动，正经课都不怎么上，更说不上留什么作业了。所以，对比中国的学业，感觉很轻松，完全没有自主学习的意识。国立小学的孩子考学厉害，社会上认为他们都是聪明孩子，可是，天天那么多活动不学习怎么会考学厉害呢？其实，国立小学的学生和家长都很明白，学习不能指望学校，而要自己上私塾或通过其他办法去练习，总之需要自主学习。儿子的国立小学班主任曾说，种子都撒了，剩下就看自己能学多少、学多深了。学习是无底洞，不思考则一事无成。当时我已经意识到了，每天留作业也可能会养成孩子的依赖性，导致不会自主学习。不过，儿子在国立小学的一年里学会了调查学习的方法，有疑问马上找各种渠道学习，这让他至今受用。

第一次期中考试让儿子明白了，虽然没有每天留作业，但习题集要自觉地跟着进度做。小学的社会和理科课很充实，体验也多，有了基础，到中学也轻车熟路。对儿子来说可就不一样了，社会教科书有很多要背，历史的、地理的，上完课必须及时复习。老师讲过，要重视预习和复习，可儿子觉得学习很轻松，不用预习上课也能听懂，课后不复习临阵磨枪也没问题，结果，到考试时才发现，几天内真的没法在世界和日本的空白地图中画出正确内容。

日本从小学三年级开始有社会和理科，社会包括历史、地理、政治，理科包括物理、化学、生物，初一的社会和理科已经有一定的深度了。数学以学习基础内容为主，拔高靠自觉。国语有字词学习，但更重视写作，包括作诗绘画，小学三年级开始的毛笔字书写也属于国语课。期中考试共六门，语、数、英、社会、理科，还有音乐。音乐考五线谱、音乐符号、作品分析等。

中学考试的难度与小学截然不同，小学测试得90分、100分理所当然，得80分已经感觉很低。但中学考试是按平均分60出题，即使在小学得百分是家常便饭，升入中学后得百分也基本不可能了，得80分都不那么简单。

大泉中学的期中、期末考试不简单，评价成绩的信誉度也高，但不那么容易取得。如果平均分80，自己得了80分，作业都按要求提交了，那也就给5级评价中的4。如果平均分30，考试得了80分，作业按要求提交了，评价还是 4。也就是说，即使平均分降低，你的分数也不是就该降低。

想取得 5 的评价，就要按考试得 90 分的标准去学习。

儿子的期中考试成绩不敢指望了，不过，作为明白自主学习的开端，应该是好事。

考试结束后发来三种成绩单，一种表示到达程度，按各教科显示。每个教科包括若干评价项目，80% 以上到达程度的项目评价□、50% 以上△，50% 以下▼，还有"未"的评价，表示没交作业。比如国语，讨论游戏的总结报告项评价"未"，就是没交；铃木老师上课的笔记评价▼，就是完成度不到 50%；小林老师上课的笔记评价△，完成度 50% 以上，作业评价□，表示完成度 80% 以上。这些评价并不是直接转化为观点评价 A、B、C 和 5、4、3、2、1 的评级，但会作为升学的重要参考依据。有时考试成绩很好，可评价等级上不去，就与上课笔记、提交报告和作业的情况有关。

儿子经常上课不好好做笔记，以为考出好成绩就行，但其实笔记也计入评价。

第二种考试成绩单是得分记录，有各教科平均分和自己的得分，一年用同一张记录表，方便比较 1 年 4 次的期中和期末考试成绩。这张记录表有学生自己填写的反省和感想栏，也有家长填写栏。

第三种成绩单是成绩分布，语、数、英、理、社及四实技分页显示。10 分一档，人数表示 10 人一格，不精确到个位。从这个成绩单能了解到，10 分以下的人有几人，90 分以上的有几人，60 多分的占四分之一的人数等。

日本的考学分数都不高，学校里期中、期末考试的平均分也很低，百分制，50—60 分居多，得 20—30 分的也大有人在。仔细看了儿子和女儿的考卷，发现判分太严格了。数学有中间式，即使几十行的中间过程都对了，只要最后的答案行单位写错，就整题没分；汉字是每个笔画都要能看清楚，否则就算不对；英语整句都对了，只有过去时的动词词尾错了，也算整题没分。

难怪日本人写字都那么工整，做事也那么精益求精，和基础教育的考试评分应该有很大关系。

为智力和精神障碍学生开设的特别支援班

　　"特别支援教育"重在针对特别的需要实施教育。"特别教育需求"的概念是 1978 年由英国提出的，1994 年被联合国教科文组织采用，并推广到世界各国。日本也从此在相关文件中把"障碍儿童"改为"需要支援的儿童"。

　　特别支援教育的对象为障碍儿童和学生，包括视觉、听觉、智力、肢体等方面的障碍者和亚斯伯格症候群、自闭症、学习障碍、AD/HD发育障碍者。日本在幼儿园、小学、中学、高中都设置了特别支援班，为障碍者提供特别的支援，让他们能够自立，进而参加社会活动。

　　日本于 1878 年设立京都盲哑学院，成为盲聋教育的开端。1891年东京泷乃川学院设立，智障教育由此开始。1940 年成立了战前唯一的智障儿童收容学校。战争中，实施特殊教育的学校纷纷关闭。战前已经开始对实施特殊教育的学校称作"养护学校"，1946 年在普通学校中开设了养护班。

1958 年公布《盲聋学校学习指导要领》，仙台的小学设置语言障碍班，从这时候开始，很多小学就以矫正口吃为目的开设语言教室和语言治疗教室。女儿毕业的公立小学就设有语言教室，因为女儿不会日语，还曾经想过接受语言教室的训练。虽然语言教室就在校内，也只有校内的学生利用，但是否适合接受该语言教室的训练，要经过持有相关执照的老师做测试。测试时家长不得陪同。结论是：女儿不适合接受语言教室的训练。

2001 年春开始，"特别支援教育"取代了特殊教育的名称。实施特别支援教育的重点在于把握每一名学生的具体情况，提高自持能力，改善或克服生活和学习上的困难。为此，指导必须适切。

日本是于 2007 年 4 月在《学校教育法》中确立了"特别支援教育"的地位，从此，所有学校都开始进一步充实对障碍学生的支援。

我接触到日本的特别支援教育是在女儿上公立小学的时候，学校有专门为障碍学生开设的"5 组"班，教室在 1 层，和 PTA 工作室是邻居，进进出出都能看到 5 组学生的课上或课间活动。各校特别支援班学生的特点不同，大泉小学的 5 组班有智力和精神障碍的学生，也有表现出运动性障碍的。由于在中国没遇到过一般学校里同时设置障碍儿童班的情况，起初我还带着成见担心过，正常学生会受到精神上的不良影响吗？

特别支援教育有时不一定设置专门的班，对普通班有需要的学生也实施特别支援，女儿一句日语都不会，进了普通班，就属于需要特别支援的学生。儿子刚到日本进了国立小学的国际班，也是一种特别支援班。特别支援教育在普通的学校环境下实施才更具意义和效果，避免了正常学生对障碍者的偏见，更能增进彼此的理解。女儿有一天回来跟我说，她结交了一个新朋友，是 5 组班的。

日本公立中学一千天

女儿小学毕业那年，我参加了毕业活动的 PTA 小组，其中有两位妈妈是 5 组班的，遇到需要拿主意的时候，她们有时会说，还是普通班的妈妈决定吧，但 5 组班的学生各有特点，毕业活动必须考虑周全，5 组班妈妈的意见非常重要。有的 5 组班学生需要妈妈接送上下学，一起工作的 PTA 妈妈会很抱歉地提出要提前离开我们的会议。5 组班妈妈没有把自己特殊化，我深感她的不易，更油然而生敬意。

大泉中学也设置有特别支援班，叫 10 组。不是所有的 5 组毕业生都升入 10 组。小学 PTA 遇到的两位 5 组班妈妈中，一家的孩子当时已经确定升入 10 组，另一个孩子是计划进更适合他的特别支援学校。

儿子升入中学后参加羽毛球俱乐部，其顾问老师就是 10 组班班主任。有一次儿子去 10 组把俱乐部年费交给顾问老师，看到 10 组同学的超常现象有点害怕。顾问老师就解释说，他班里的学生比一般人敏感，即使是很小的声音，他们听到的也是放大了很多倍的效果。正常人听到很大的噪声难以承受，10 组学生出现超常反应也是一样的道理。

特别支援教育对障碍学生的支持就是提高个性共存中的学习质量。

我参观过大泉小学的四次艺术展，5 组学生的作品具有独特的创造性，我每每被深深感动。增加障碍者发挥个性和能力的机会是特别支援教育的具体措施。

大泉中学 10 组学生有放学后的"跑步会"俱乐部，学校杂志对 10 组的活动总有专栏报道。运动会时 10 组和普通班一起竞赛，哪怕是跑最后一名，也能获得全场最热烈的掌声。

学校有时开展障碍班与普通班的交流学习。特别支援教育不仅在学校实施，生涯教育、文化、体育等很多方面都有针对障碍者的具体措施，障碍者就业也有专门机构管理。

上课参观日

　　无论小学、中学，还是高中，学年开始都会发来全年日程表，各种活动的实施时间都具体到几月几日，公立中学每年有两次上课参观日和三次学校开放日，这也是确定的，上半学期每月都有，下半学期还有一次。上课参观的对象是学生家长，由 PTA 妈妈接待，要在学生名簿上签到登记。学校开放有面向地区的意义，就像到某地参观，资料自取。为了让下一年度的新生及其家长了解学校，6 月设有学校开放周。

　　上课参观日从早自习到第 5 节课都可以参观，包括午餐。学校开放日除了第 1—4 节课可以参观，第 5 节道德课就是地区参与了。这天同时举办公开道德讲座，是学校道德教育的一部分。学校开放周的日程每天都不同，可以分别参观上课及俱乐部、学生会的活动。

　　第 1 次上课参观日在 4 月底，儿子初一那年我是第一个到校的家长，因为我想观摩第 1 节课，社会课。课表已在前日通过学生转给家长了。

学校大门口的地上支着一块大牌子，表示当天是上课参观日。学校开放时也有这个大牌子，形式一样，只是内容不同。

走进学校做完登记，PTA妈妈把参观问卷发给我，并提醒说，问卷填好后投入她身边的回收箱即可。

按照课表标注的儿子班级，我前往4层的教室。教室有前后两门，上课参观日都开着，家长可以从后门进入教室，站在学生座位之后观摩上课。第1次参观不了解状况，走廊里也没有其他家长，我正不知所措，看到儿子的班主任迎面而来。凭我脖子上挂的粉色家长名牌，他就知道我是初一学生家长了。他加快脚步向我走来，到近处看到名牌上写的姓氏，知道了我是谁的家长，赶紧热情地把我带到了3班教室。

中学的社会课包括地理、历史和公民，小学的社会课和中学其他教科按年级安排学习进度，而中学的社会课是分科推进学习内容。教科书分别有《地理》《历史》《公民》，还有地图资料集。

按领域安排教学进度分几种形式，一种叫π型，即初一同时学地理和历史，结束这两个领域之后，初三学公民，就是宪法、选举制度等的政法领域相关内容。如初一学地理、初二学历史、初三学公民，叫坐垫型。还有一种形式叫鸟居型，还是像π型那样，在初一、初二学地理和历史，但中途根据学习内容辅助性学习公民领域，初三再重新学公民。一般公立中学采用π型，私立中学实施坐垫型。

π型是地理和历史交替学习，各校教学计划有所不同，大多是按月或单元交替，也有1—2周交替的，按期中、期末考试分阶段交替的，按学期交替的，半年交替的。之所以实施地理和历史的交替学习，是因为两个领域联系密切，平行学习可加深理解。

大泉中学是初一、初二地理和历史并行学习，社会科目的考试内容包括地理和历史，每次考试根据各自的进度，有时是 30 分和 70 分，有时各占 50 分。地理的学习是初一基本结束，初三是历史和公民并行。

对儿子来说，中学的社会课是新鲜的，学习起来比其他同学需要花更多时间，因为大家从小学三年级就已经学了社会科，中学就是在此基础之上拓展和加深。比如历史，小学主要是老师讲故事，教科书的内容也不是按时间顺序编排，只是学习重点事件的几个大圆。而中学历史是在时间顺序中学习，把大圆串起来之后，要学大圆和大圆之间的填充部分，同时，对大圆里的零件还要插根签子追究一下，哪里是骨头，哪里是焦点，从而把握大圆这个整体。儿子是大圆都不知道，还像小学生一样期待听故事。老师不讲故事，他就要睡觉，还说老师讲得不好。我参观的社会课就是历史内容，老师的提问不在事件本身，而是对历史人物的思考，或其事件的历史意义，儿子回答不积极，我也发现了他的问题所在。

日本在义务教育阶段已经学完了世界地理、日本地理、日本史、世界史。高中的地理、历史分为日本史 A 和 B 与世界史 A 和 B，A 系列是农业、工业、商业高中等非普通科学习，普通科高中都学 B 系列，课时方面 B 为 A 的两倍。为了考大学，在高中就要选修 B 系列，而实际上，普通科高中很多也没有 A 系列的教科可选。比如日本史 A 主要学习江户时代末开国之后的近现代史，而日本史 B 从原始、古代到现代的历史都要深入学习。大学中央统考时，国立大学要求选考地理 B、世界史 B、日本史 B 之中的 1 科或 2 科。

中学的公民科到高中分为现代社会和伦理、政治、经济三个领域，伦理就是哲学，儿子高考时的志愿是医学院，除数学、国语、英语、物理、化学，必须选考伦理、政治、经济组成的政经伦理科。

提高应用能力的
鉴定考试

日本的资格和鉴定种类繁多,从业必须取得相关资格,鉴定则测试是否符合标准。资格和鉴定也具有类似的含义,通常并列使用,如"资格鉴定一览表"等。资格鉴定中,可分为基础教育、文化爱好和教养、办公电脑技能、IT 计算机、外语、经营、法务、医疗、福祉、健康美容、体育、饮食、环境、设计等很多类别,基础教育类中的汉字鉴定、数学鉴定和外语类的英语鉴定,都是公立中学可以作为准考场举办的。

鉴定划分为各种级别,初中毕业应取得 3 级,高中毕业相当于 2 级。但拿到初中毕业证书的学生中有很多 3 级鉴定不合格,如果在初中取得了 2 级,考高中时就可以作为自荐项目了。

每年都收到好几次鉴定考试通知。鉴定合格可证明自己达到了某种社会公认的标准,对期中期末考试成绩的提高也起到积极作用。而且,无须乘车赶时间前往考场,学校就是准考场,来去方便。

鉴定也具有一定的资格意义，比如胜任某些工作的标准是几级鉴定合格等。数学鉴定的全称是"实用数学技能鉴定"，最低级的 12 级也就是幼儿园水平，懂得比较大小、长短，会计算 10 以内加减法即可，小学一年级程度是 11 级，小学六年级是 6 级，初一是 5 级，初二是 4 级，初三是 3 级。3 级的知识内容从平方根到二次函数等，与学校考试的不同是鉴定应用数学的技能，出题中会有木工画图等。鉴定考试合格证明掌握了社会创造活动中起作用的基础数学技能，能做简单的建筑设计和计算，能对产品和社会现象用简单的统计图表示。

儿子开始要考数学鉴定，就是感受到数学的应用魅力。私塾是为考学拔高知识，鉴定考试则避免学习只停留在知识层面。虽然鉴定考试没有难题，但是能通过应用思维巩固学生对基础知识的透彻理解。

鉴定考试有习题集，数学菅老师看儿子对数学鉴定表现出兴趣，就在初二时把 3 级的习题集借给儿子看。儿子感觉自学一些数学知识就能考，很快一次性 3 级合格了。之后菅老师对儿子说，你赶紧考 2 级吧，又把 2 级的习题集借给儿子。初三忙于考高中，但儿子仍然把很多时间用于他喜欢的数学，超前学了高一数学，2 级数学鉴定也合格了。可在校期间，菅老师的书忘了还。

大泉中学有个传统，每年要请几名毕业生返校给初三学生讲述自己的考学经历。儿子高三时的一天，菅老师来电话了，不是为要回儿子没还的数学鉴定习题集，而是要请儿子返校。

女儿那时初二，可惜没能听到哥哥在主席台上的讲话，但篮球俱乐部有初三学生，之后都纷纷向女儿打听，檀聪是不是她哥。我们的姓比较特殊，一般都能猜到他俩是兄妹关系。女儿终于对哥哥刮目相看了。

就在那天，儿子把数学鉴定的习题集还给数学营老师了。

儿子在中学除了数学鉴定，还考了几次英语鉴定，从 4 级开始考，初中毕业前 2 级合格了，在考高中的报考文件中多了一项超标成绩。

纳入学校教育的
假期生活

　　日本的学校每年有三次假期：春假、暑假和寒假。春假和寒假短，暑假较长。中学的春假 10 天左右，儿子初二时的春假是 3 月 26 日—4 月 5 日，暑假是 7 月 21 日—8 月 24 日，寒假是 12 月 23 日—1 月 9 日，其他学年基本相同。假期开始时，有学习教室，每天有语、数、英三科的补习和复习，自由申请，女儿每次都去。假期中俱乐部活动不休，每天的训练时间比上学的时候还长，参加的比赛也多，很难安排回中国或家庭旅游。

　　即使是较短的春假和寒假也有假期作业，但放假后要提交的作业不只是各教科的习题，首先是一份几张 A3 纸对折的册子，一部分用于写计划，另一部分用于写记录。教科作业方面除了指定范围的习题，还有主题调查报告。

　　春假作业的计划分为学习和生活两部分，学习是家庭学习和参加学校开办的春假讲座等，生活是关于旅行、俱乐部活动和家务等，按日填写。日本的新学年从 4 月开始，所以，春假的计划还要写上新学年的生活目标和学习目标。记录部分是写日记，并在当日记录栏内填写学习和生活两方面的自我评价，好是□，一般是△，不好是 × 。日本的反省文化无处不在，日记之后要写上自己对假期生活的反省之处。还有家长评语栏。最后是写给新学年班主任的留言。此时还不知道新学年的班主任是哪位老师，还是在反省过去的基础之上向新班主任表决心。

暑假时间长，作业就更充实了。初二的暑假作业，除音乐和保健体育之外的 7 科全有作业，数学和英语是指定范围的习题，国语要完成产品说明的彩页制作和写 1600 字感想文，社会的地理和历史有背的，有归纳的，还需要参加区内征文活动——写两条纳税标语。理科作业不用提交，就是复习，加深理解，开学要小考。美术是制作广告画，体育是练习仰泳、蛙泳、蝶泳，开学后要测试。学习和生活两方面的计划和记录也是每天都有，不可少的还有学生反省和家长评语栏。那年的彩页制作主题是关于盗版的"不法地带"。

寒假作业仍然由计划、记录和自我评价及反省构成，特色是感受季节、辞旧迎新。

1995 年，日本汉字能力鉴定协会主办了"今年的汉字"征集活动，在年末选择一个代表性汉字，用以表达当年的世态和人们的感受。票选最多的汉字就确定为"今年的汉字"，于 12 月 12 日下午在京都清水寺公布。同时，从 1995 年起，汉字鉴定协会把 12 月 12 日定为纪念日，这一天就成了"汉字节"。之所以选择 12 月 12 日，是因为它的日语发音与"好"字相同。汉字鉴定协会也是汉字鉴定考试的主办机构。

12 月上旬，有些新闻和综艺节目在回顾一年的新闻中，常安排推测当年汉字的时段，艺人和名人接受采访时会发布他们自己的年度汉字。中、小学也开展回顾一年的当年汉字挑选活动，并发表挑选理由。

2010 年，儿子读初一，学校布置的书写作业是"用一字描述你的这一年"。

书写规定用行书，儿子自以为写得不错，同学也夸他写得好，就回家拿给我看。写了很多张，学校留了最好的。写得不好的装在一个塑料袋里带回家，我从中又选了一张比较好的保存。

儿子用"零"描述他的那一年。开始我以为他的意思是"一无所获"。后来看了他的立意才明白，他是用"零"表示这一年他是一切从零开始！零，表示开始。

回顾过去的一年，展望新年的方式就是"书初"了。书初是日本的传统季节活动，意为新年第一次用毛笔写字和绘画，同义语有试毫、试笔。过去，书初的时间是阴历正月初二，现在改为阳历的 1 月 2 日。

学校的书初作业中渗透了新学年的目标。学校发来 3 张尺幅为 17.5 厘米 ×68 厘米的宣纸，学生自己用半纸练习后，再写在这 3 张宣纸上，最后自选一张提交。"半纸"的称谓源于镰仓时代。学校和书法教室使用长方形的半纸练习，尺寸为 24.24 厘米 ×33.33 厘米，超市、文具卖场都有售。

书初写什么词语是学校规定的，符合当年的教学目标。儿子初二寒假写的是"不屈精神"，意为"遇到困难也要勇往直前"。初三面临考学，书初写的是"新春决意"。

寒假后，所有同学的书初作品都挂在走廊的墙上展示，之后老师挑选代表参加在区立美术馆举办的中、小学联合书初展。儿子和女儿的书初作品都没有得到过参展的机会。堂堂美术馆中，中学生的书初经过多年的书写课练习，已经达到可称为书法的水平，当真很气派。

读小说的习惯
从小学养成

　　在日本的电车上经常看到小学生捧着字书在读，女儿小学三年级暑假后刚开学就住院，日本朋友来探视时带给女儿的礼物也是字书，还说，也许女儿刚学了不到半年的日语还读不懂，先了解一下适龄的书，然后为之努力。儿子的国语成绩一直提不起来，很是苦恼，幸运的是喜欢上读小说了，开始是读轻小说，到现在，满书架的小说。最开始读的是一套20册的小说，自己都说，从来没有如此认真地读过字书。皮革质地的书皮还是国立小学毕业时学校赠送的礼物，欣然地用上了。

　　轻小说的定义各种各样，儿子是动漫迷，读的多是动漫原作的小说，有时是看过动漫，想读原作，有时是先看小说。轻小说文字比较简单，容易读，是挺好的进入阅读的方法。

　　国语成绩上不去，我们马上想到，是日语能力不够。但初二开始的年轻国语女老师曾对儿子说，你不是没有语言能力。可她也并没有说缺乏什么，如何提高。

语言文化对人产生重大的影响，因为它是从语言本身的用法中积累而成。语言怎么用，用了的语言如何被理解，进而调整语言的用法和丰富语言，在如此的过程中形成了语言文化。

有语言能力不一定具备语言文化，儿子需要提高的是语言文化水平。读小说让他开始理解情感交流中的日语表达，补习日本孩子从小学开始积累的语言文化，国语成绩开始逐渐提高了。

东京都教育委员会给中学生推荐了打开心扉的56本书，分成6个主题。好朋友系列中有这些内容：快乐的孩子、帅气的学长、深思熟虑的家伙、邻居大叔、亲戚阿姨、宠物；超越系列有类似"难过和烦心的日子也要坚信云变天开"这样的主题；祈愿系列的内容有遇见、生存和传达；守护系列的内容有重要的人、珍惜的物、关键的场所、决定性的时刻，启发思考自己要守护的是什么；爱情系列有"想到你就心跳""见了你就幸福""有你在就能加油"等主题；开门系列告诉你"未知的风景"、新的体验、未来的自己。

区图书馆每季也推荐不同系列的书，主题包括冒险、恐怖与不可思议、生与死、家族、恋爱与友情，等等，还有"与你同天生日的作家"系列。

从幼儿园到大学都有图书馆，公立中、小学定期召集志愿者妈妈参加图书馆的管理和图书介绍工作。根据日本的图书馆法，就职图书馆需有司书资格，从选择资料到借出图书、编制读书介绍等的所有工作都是专业职务。司书是日本的国家职业资格。学校司书就更严格了，必须首先取得教师执照的教谕资格，然后接受司书专业的相关讲座，才能就职于学校图书馆。中学图书馆的志愿者无须有司书资格，工作时间是 13:10—13:25 的 15 分钟，重在参与学校的教育活动。

大泉中学的学校图书馆按季发行书介通讯，学生的图书委员会每月发行图书小报，各年级图书委员轮流主编，邀请同学写作图书介绍和感想文章，这些都是手写后复印而成。中学各委员会发行的小报都是手写，便于拉近文字与读者的距离，增强读者对书的亲切感。

　　班内的读书活动有图书谈话会，6人一组，每人用2分钟推介一本书，简介故事，以及自己与书的联系。

意见文写作是
人生的学习

　　小学是写感想文，升入中学以后就是写意见文了，也就是论文性质的作文。感想文写自己怎么想、如何感受，而意见文则重在向别人传达自己的思考——我赞成怎样的主张、理由如何，需要在考察他人立场和不同意见的基础之上才能写得有说服力。

　　从中学开始写作意见文的目的在于，让学生学会有逻辑地阐述自己的主张，培养让他人理解的表达能力。通过反复练习写作意见文，锻炼逻辑性，在比较自己和他人意见的过程中，冷静地做出判断，提升表达技能。

　　意见文的写作也是考高中的考题内容之一。在有限的时间内，就给定的一个主题，写出自己的主张。如果没有足够的练习和积累，完成起来还是很有难度的。

　　步入社会以后，都要面临许多讨论各种主题的机会，也一定会出现与自己持有不同意见的人。这时，无须慌张和情绪化，可以像写意见文那样，站在对方的立场冷静思考一下，并向对方传达自己的意见。可以说，意见文的写作是步入社会的学习。

意见文的写作是国语课的教科内容，国语老师给予主题确定、写作方法等方面的指导。初一第一次写意见文，总会有许多学生还是会写成感想文，儿子和女儿都经历过。

中学的意见文要求写作 1200—1600 字，也就是每面 400 字的竖版作文纸 3—4 页。不是流水账，而是论文，对小学毕业没多久的 13 岁孩子来说，要么不知所措，要么望而生畏，再就是像儿子那样，为感受到挑战而干劲十足。

到了写作意见文的时节，国语老师会发来填写思路的格式纸，开始部分是主题，自己的意见如何；中间部分是自己为什么那么认为，列举理由 1、2、3，不同立场的反面意见，以及驳倒反面意见的根据、体验；最后部分是结论和重申自己的主张，今后如何应用到校园生活中等。每部分大约写多少字各有分配，于是，千字多的论文就拆成了各有几百字的若干部分，不知所措的学生也就容易下笔了。

看过学校教材中有关意见文写作的注意事项，我也给孩子们做了适当的辅导，告诉他们，不能只陈述自己的想法，还要关联到他人的意见，在列举自己主张的理由时，应加入他人的意见，以求做到客观。

初一学生分别来自几所小学，人际关系和环境都发生了不小的变化，所以，价值观的差异成为意见文的主题，包括"男女生之间存在友情吗？""必须有朋友吗？""手机必要吗？""人的外观和内在哪个更重要？""是否该请家庭教师或去私塾？""昵称好不好？"等等。

到了初二，人际关系方面已经基本习惯，学生们有精力观察周围了，所以，针对平时使用的东西、遵守的规矩等发问便会成为写作的主题，"真的是那样吗？""大家以为是规矩就一直遵守，但实际上是不是让每个人都自由会更好呢？""自动铅笔和铅笔哪个好？""从学生时代开始染发和戴耳环就该是自由的""校服制度该废除""真的是读书量大就好吗？""学校应该允许外貌和家世背景差异产生的潜规则存在吗？"等等。

初三的主题就是关于现实社会了。

初三的学生生活就该考虑考高中了，意见文的写作也成为应试的需要。"巴士和电车中需要设置优先席吗？""电视应该播放自杀和杀人的报道吗？""日本破坏自然的现象""不上学的学生增多，学校真的该去吗？""智能手机与自杀的关系""人道毁灭""能吃而当垃圾扔掉的食品浪费"等是大多数考生练习的意见文主题。

各年级学生源于自身感受而思考的主题方向有所不同，校方的教科要求也对不同年级的学生各有侧重。

初一学生的首要目标是写出自己意见的根据，通俗解释就是：自己觉得好还是不好，为什么那么想。要写得明白。

对此，学生要围绕主题查找事实资料作为依据去写。现在是信息共享的网络时代，搜一下，抄一抄，很方便，但那是严格杜绝的。做到了认真调查，自己消化内容，就能写出有根据和谁都明白的意见文了。

初二学生写作意见文的要求就复杂些了，要在初一的基础之上加入预期的反对意见而使用必要的反驳信息。不能否定反对意见，而是要首先肯定提出反对意见的人也有他的道理，然后再调查相关事实依据，让对方认识到，原来有他不知道的事实，从而证明还是自己的意见正确。

初三学生写作意见文的要求自然是在初一和初二的基础之上，附加了客观看待自己的意见，使用有说服力的信息。

初一和初二写作意见文，培养明确自己的意见和预测反对意见的意识，初三就需要自己想象自己意见的反对者，站在他人立场，用其他视角审视自己的意见。

儿子在初一主要热衷于羽毛球俱乐部的活动，因为日语从零开始学了1年，所以，在学科考试方面给自己制定的目标是继续填补11年的日本生活空白，经过几次期中、期末考试，从争取不要最后一名提升到平均水平。他做到了。初二开始强烈意识到高中考学的问题，也曾想过是否要进私塾等，初二的意见文写了对高中考学的思考。

面临高中考学的自己

考高中，是大多数人都要经历的。现在，东京都只允许报考一所都立高中，听说，很多初三学生都滑到私立高中了。由于经济方面等的因素，私立高中去不成的也大有人在。所以，如果都立高中考不上，就成浪人了。准确说，就是落到二次报考、三次报考，乃至包括夜校在内的定时制高中、通信制高中的地步，不去不想去的高中，也不就业，就沦为浪人了。我即将升入初三，面临高中考学，深深地感到，自己被危机包围着。现在的自己，正是那种要成为浪人的状况。

我现在是，说要学习，可精力集中难以持久，没过10分钟，心思就转移到其他事情上了。这样下去的话，距离考取志愿校可是太过遥远了。而且，志愿校的选择也难免变得越来越局限，甚至不能选考自己想去的高中了。但是，我想要考超出自己现有实力的学校！

　　确定了志愿校，一边怀抱危机感，一边也经常纠结在不能彻底奋起的软弱之中。到底要不要追求仰望之处？还是应该选择与自有水平相当的高中？不过，有一点是不容置疑的，今天，从这一瞬间开始，我必须不懈地努力，朝着自己想进的高中努力，用自己的力量去得到。不是让高中录取我，而是对照自己的梦想，自己去选择适合这一梦想的进学之处。为此，努力自然不会是一般的程度，但那是自己的路。我不想放弃！或者说，我应该放弃想要放弃的念头，而径直朝着自己的目标前行。

　　面前如果有一堵一米高的墙，比自己的身高矮，那就很容易翻越。可是，设想一下，如果那是一堵高于自己身高的墙，墙的那一边看不到，是翻越它还是不，你会瞬间迷惑。翻过去的情况无从知晓，而为了翻越它你要付出的时间和努力却很多，所以犹豫了。自己想去的高中偏差值很高，把它比作那堵超过自己身高的墙，要翻越它必须付出前所未有的努力。

　　如果自己决定要翻越那堵墙了，就应该直接向自己的目标迈进。实现目标不容易，哦，不，是不可能容易。而如果持续努力，是不是能让自己受到磨炼而有所提高呢？

　　我听说过这样一段故事。有一个初三的学生，他想去的高中偏差值很高。考学前，他的母亲住院了，他必须每天去看护他的母亲，学习也只能利用看护的时间。就那样，即使少睡眠，他也挤出所有的时间去学习。志愿调查表可以填写三个志愿，他只写了第一志愿。正由于他的不屈精神，本来就要放弃的梦想，让他奇迹般实现了。他没有放弃自己，而是坚持了只去第一志愿学校的决心和信念。

现在，对我来说，缺乏的正是如此的强烈意志。不是说嘛，有压力才能发挥出更大的潜能。即将到来的考学期，正是挑战自己的机会。

学习得太多了，有可能失去爱好，或者不得不克制自己的兴趣。但是，仔细想来，那不过是觉得学习辛苦而找理由罢了。有了坚定的目标，发挥兴趣应该是提高自己的正能量，翻越高墙是对现有自身的挑战。

不去寻找做不到和考不上志愿高中的理由，而是要去制造考取的理由。

意见文的活动不止写作，最终是以演讲的形式完成，每年举办一次。各年级设有学生组织的意见文执行委员会，协调意见文演讲活动日程，并制作出节目单发到每一名同学手中。

毕业季应该说是从初二结束的 3 月就开始了，3 月是学年结束月，召开各年级家长会。

那一年 3 月 7 日，我出席了儿子初二的最后一次家长会。

首先是 200 多名学生的家长出席年级家长会，所有老师的讲话开场白都是关于为期 4 天的滑雪教室活动的。滑雪是公立中学的必修课，各中学在定点滑雪场预约活动时间。负责升学和校园生活的老师讲了滑雪期间的情况，其中，他主要提到意见文的演讲。

老师首先说明了意见文演讲者的推选过程，先是每个同学写出

1200 字的意见文，然后各自在班里宣读，宣读后大家投票，选出每班一男一女两名代表到全年级演讲。

儿子的时候 6 个班，12 名同学演讲。女儿的时候 7 个班，14 名学生演讲。年级演讲安排在滑雪之后的晚上，地点是住宿地的食堂。

在零下 15 摄氏度中滑完雪已然很累，吃过晚饭，在非常温暖的食堂里还要再认真地听两小时演讲。可想而知，肯定会有不少同学打瞌睡。

演讲者是非常紧张的，听讲的一共 228 名同学，结果怎样呢？无一人打瞌睡！而且，很多同学都是瞪大了眼睛注视着演讲者，还认真地做了笔记。

老师在家长会上总结了 12 名同学的演讲内容，虽然没点名，但我知道他说的是儿子的那篇意见文。

老师描述得绘声绘色，很打动人。我也在思量，如此荣光的场景，儿子怎么都不跟我汇报呢？可能是孩子长大了。

对年级演讲者还是采取投票的方式，再选出男生和女生各 1 名代表，于滑雪教室之后的周·早会上做全校演讲。男生代表就是儿子，说明儿子的意见文引起了同学们的共鸣，是有代表性的。

在体育馆召开的全年级家长会结束之后，家长们回到各个班级与班主任谈心。有家长问，班里选出的两名演讲代表是谁，班主任介绍了我和一名女生的家长。然后又有家长问，全校演讲的年级代表是哪班的。班主任回答说，男生就是我们班的，于是我又被单独地介绍了一遍。

班主任还继续介绍了选票情况，她说，选出全校演讲的两名代表时，男生代表的选票非常多，与其他候选者相比悬殊很大，所以很快就决定了。此时，我又迎来了一片赞叹。

意见文的年级演讲

儿子在年级演讲时是有稿的，而在全校演讲时脱稿了。

听儿子说，演讲结束后，国语老师激动地跑过来和他握手说，脱稿演讲太厉害了，效果太好了。

儿子初二的意见文刊登在了年级通讯《希望之泉》上，附文是："12日（星期一）举行了意见文全校演讲会，代表学生的堂堂陈述感人至深，对听者也是一场美好而难忘的演讲会。"

初三的意见文，儿子写的是关于宽松教育的，还被选出到年级演讲了。班主任觉得文章好，就推荐给儿子初一时的班主任。该班主任当时已调离学校就任教育研究机构，看过文章后就想要在教育刊物上发表。

学习的宽松

宽松教育结束了。小学在 2011 年，初中在 2012 年，而且，

2015年高中也将结束宽松教育。宽松教育不是简单的减少作业、减轻学生负担，更不是减少活动负担、只学习，我理解，宽松教育的宗旨在于培养对文化、体育等所有领域都发生兴趣的自主性。学生是一张无垢的白纸，遇到任何颜色都会马上被染上。宽松教育可以把这张纸染成多种多样的颜色。也就是说，让学生得到全面的发展，成为社会性的人。可是现在，宽松教育被废止了。那么，这是正确的选择吗？

媒体报道了学校"每周6天上学制"的问卷调查结果，86%的家长和36%的教师认为有必要，7%的家长和52%的教师反对。由此可见，担心宽松教育降低学力和认为导入"每周6天上学制"可期待成绩提高的家长是赞成的，但大多数身为专业教育者的教员是反对的。遗憾的是，对受教育主体的学生并没有做有关的调查。对此，我想提出几个疑问：宽松教育真的是学力下降的原因吗？导入了"每周6天上学制"，真的能让学力提升吗？

我是2009年4月从中国北京来到日本上小学六年级的，日语完全不会，进了学艺大学附属大泉小学的国际班，由于活动特别多，教科书还是崭新的，就迎来了毕业典礼。从中国那种放学后几小时都不得不埋头做作业的日子里解放出来，得以体验了宽松教育，渐渐地，感觉学校是个快乐的地方。

国际班的作业是每天写日记，开始写两行需要花1小时，没过多久，10分钟就能把日记写完了，后来，自己开始制定写日记的目标，30分钟写4页，为了让写的内容充实起来，要做调查学习。就那样，学会了自发主动地去做作业。而且，通过自主学习，能够发现自己喜欢的学习领域，进而找到了自己的梦想。这是我从宽松教育中收获的最大财富。

所谓宽松教育降低了学力是根据 PISA 测评的日本排名，的确在 2000—2006 年的 PISA 测评中，日本的排名下降了，但是，从 2010 年发表的测评结果可以看出，日本的排名是全科都上升了。到 2009 年的几年中，一直是实施宽松教育的。实施宽松教育的丹麦在 PISA 测评中也排名下降了，但每周休息两天的芬兰同样执行宽松教育，它的 PISA 测评排名是第一。所以，我们不能断言，宽松教育是学力下降的原因。

灌输式填鸭教育的特点是强制作业，学生是被动的。然而，主动认识自己的弱点才最为重要。成长不是得到知识的时候，而是发生疑问的时候。主动认识会自然地对学习发生作用。而且，在各种活动中，通过自主的学习体验，能够把知识发展成自己的能力，并演变成学习的宽松。

宽松教育被打上了终止符，对此，我感到遗憾的不是学习负担的增加，而是从宽松教育中产生出来的自主学习欲望不再涌出了。学力不是对学到东西的评价，难道学力不是发现不知道而去知道的能力吗？

提高学力不是靠单纯地学习各教科，而是要通过类似宽松教育导入的综合学习，提升综合能力，那样才能让学习成绩得到提高。

人是通过睡眠休息脑子的生物，人生需要三分之一的时间去睡觉。睡眠中分泌出各种各样的荷尔蒙修复身体，促进新陈代谢，让白天活动而疲劳的身体得到有效的修复。从被动的学习转换成自主的学习需要思考的时间，这个思考的时间，我认为就是学习的宽松。灌输式填鸭教育把这个宽松的时间也填满了。让我们把学习的宽松想成是取代学习的重要睡眠时间吧。

失去了宽松，学生受到压迫，就失去了邂逅兴趣的机遇，自然智力荷尔蒙的分泌、修复和新陈代谢都会出现异常。

学力测试能测定的事项有限，学力中所包含的主体性、自律性、协调性、感受性等都是难以测评的。

为了能成长为活跃于世界的有用之人，体力和交流能力非常重要，需要持续的学力。在考学的延长线上，需要可持续活跃的体力和通过自主学习提高的交流能力。学习的内容除了重视知识的教材，还有宽松教育方能学到的自主学习法，让人得到综合性的发展。

宽松教育的真正目的在于启发学生的自发学习。即使以后《学习指导要领》发生变化了，营造学习环境还是重要的。培养充满社会性的人、不大量留作业、增加课外活动、促进调查学习等都值得期待。

我相信，自己对待学问的强烈探究心不会被剥夺，因为我会一直去乐享从学习的宽松中得到的自由并提高自己。

那么，从什么时候开始做呢？当然是现在了！

写这篇意见文的时候，日本正流行私塾老师林修的一句讲课结束语："从什么时候开始做呢？当然是现在了！"儿子就把它用作了意见文的结束语。

林修老师是1965年生人，是日本私塾"东进"的国语讲师，负责现代文部分，有"超级教师"之称。因为他的讲课结束语流行起来，他就不再仅仅是教师，还成为流行艺人了。2013 年起他参加了很多电视节目。林修老师毕业于日本顶尖名校东海高中，应届考取东京大学，与日本演员香川照之是同届同学。东大毕业生多就职于咨询公司和银行等，林修进了日本长期信用银行，可没多久他就预言"这企业马上就得倒闭"，于是很快辞了职。该银行果真在泡沫经济崩溃时破产。林修老师开始做生意，但全都失败了，就变身成补习班的老师。东大毕业生多有不务正业的倾向，因为他们过于优秀，难以适应大众化的职业，有的只能去教考东大的学生了，林修亦是如此，主教考东大、京大学生的现代文。

日本的高考国语分为古文和现代文两科，古文靠背诵，而现代文就很难琢磨了，想分数稳定几乎不可能。假如数理化全得满分，可能现代文都得不到 100 分中的 60 分。林修老师有一套让现代文得分的好办法，儿子后来攻克高考的现代文，也是买的林修老师的书，听的林修老师的课。林修老师的课一般只能看视频，只有模拟高考成绩进入考东大的水平才能申请到真人上课的特进校听课。儿子后来努力到可以进特进校听课了。

檀聪日记

2012 年 3 月 2 日（星期五）

今天买了这本日记册。从今天开始，我准备写"每日一句"的日记，留下这段日子的回忆。

今天是我的生日，没感觉有什么变化，但得到庆祝还

Satoru
Happy Birthday

以后的一年是你一生中
第一次作为一个独立的人
比较重要的一年
希望你记下每一天

2012年3月2日
老爸 老妈

日记册

是感觉高兴了起来。

　　而且，今天是初二期末考试的第一天。考了国语、数学、家庭技术和美术，数学可能是来日本以后的第一次百分。按自己的估算，大概数学 100 分，美术 90 分以上，国语和家庭技术 80 分以上。

2012 年 3 月 3 日（星期六）

　　今天看了《哆啦 A 梦》：大雄与奇迹之岛——动物历险记。野比助的配音是野泽雅子。好久没听《龙珠》中悟空的配音了，好高兴！可是，《哆啦 A 梦》已经多少失去了从前的魅力。

　　学习，没干劲儿。

2012 年 3 月 4 日（星期日）

　　今天一直在学习，实在是太无聊了！地理加油了，可时事问题太难了。今天还第一次学了音乐。说实话，英语和理科的学习时间加起来也不到 20 分钟。就这样吧，怎么都过得去。

　　好想看电影《诈骗游戏——再生》！

2012 年 3 月 5 日（星期一）

　　今天是期末考试第二天，理科、社会和英语感觉不错，音乐也还行。保健体育有点悬。

　　从今天开始，我准备学英语鉴定准 2 级了，同时再到处玩儿去！已经订3月23日晚6点10分的航班回中国，太棒了！

对考试分数的估计，应该理科和英语90分以上，社会和音乐80分以上，保健体育就是问号了。

2012年3月6日（星期二）

今天有理科2和英语、历史的考卷发回来了。理科2是46分（满分50分），英语满分30分，历史59分（满分65分）。可能还算不错吧！

放学后马上去看了《诈骗游戏——再生》。到底是在剧场，听到那音乐起了鸡皮疙瘩。今天过得太高兴了！

期待明天发回数学和美术的考卷。

2012年3月7日（星期三）

今天，数学和体育、美术的考卷都发回来了。数学和美术打造了自己的最高分，保健体育的分数可是坏到了心肌梗死的程度。数学100分，美术94分，体育……68分。

数学是全年级只有我和福井两人得了百分。保健体育实在是学习得不够。考高中需提交称作"内申"的成绩单，实技4教科按1.3倍计算，保健体育真的很要命呢！

2012年3月8日（星期四）

今天发回了今田老师70%部分的英语考卷，我是70分之中68分，地理是35分之中21分。感觉还行吧！英语合计 98 分，社会合计 80 分，可谓理想了！像这样学习下去，筑波大学附高和户山都立高中没准儿就能考上。

接下来就是等音乐、家庭技术和国语的分数啦！能得多少分呢？很期待！

明天有球技大会！

2012 年 3 月 9 日（星期五）

今天果真下雨了，球技大会变成只打篮球了。对我来说最合适！不过，整个上午一直打篮球还是腻了。

只进了一个球，2 分。

下午，家庭技术发回试卷了。比大多数同学好，80 分。

今天做了好多意见文的练习，累坏了！

2012 年 3 月 10 日（星期六）

今天的俱乐部活动是三年级告别会。三年，一直有意思！

开始和一年级组合，实在太无趣了。最后是和学兄组合，很快乐！

意见文还没有都背下来，危险了！

我觉得，腻烦就是人生本身。

2012 年 3 月 12 日（星期一）

今天一大早就是意见文演讲。我完全没有紧张，脱稿演讲成功！这下，我在学校的知名度提高了。山田老师对我说，你要不要考虑澳大利亚派遣的事？

"我的时代来到啦！"的感觉。不过，去澳大利亚是放假期间，就不能回中国了。而且，派遣澳大利亚不是要求来日本 6 年以上吗？

德育篇

校外学习：
素养的实践

    日本的校外学习以实地参观和体验为目的，到校外去学习，是生活、社会、理科、体育等教科内容的一部分，也是纳入特别活动和综合学习时间的内容。与临海学校、滑雪教室、职场体验、修学旅行等长时间的校外学习不同，"校外学习"指的是短则 1 节课，长则 1 天的外出学习活动，是通过参观和体验加深对书面知识的理解。

    校外学习从小学就有了，小学一、二年级的校外学习是生活课的内容，观察学校周边地区的各种特征，采集动植物标本。夏天的河流探险能抓到青鳉和蝌蚪，可供日后饲养，秋天的红叶采集多用于手工制作。社会课的学习有去商店街做调查和体验公交乘车。小学三、四年级开始就有社会、理科和综合学习了，调查对象随之增加，可以去公民馆，就是为市民举办关于实际生活的教育、学术和文化等各种活动的教育机关，还有图书馆、消防署、警察署等公共场所。对商业机构不是仅仅看门面，而是要深入后厨和仓库去学习。综合学习时间则有更多环境和自然领域的学习活动。小学五、六年级学生从插秧到割稻子，完成大米的全过程生产活动；历史课探访乡土古迹，地理课参观工厂，还在当地实施清扫活动，培养高年级学生的社会性。综合学习时间也将福祉领域纳入其中，有调查街道里的障碍者自由设施、障碍者和高龄者的模仿体验等。

小学的校外学习以体验性活动为主，到了中学，就拓展到参与社会贡献的植树种花和职场调查等方面的活动了。

校外学习的效果在于是否能与日常的校内学习发生联系。老师要事先让学生明确思考的角度：看什么、做什么，比如引导大家准备问题、列举调查方法和准备相关物品等。校外学习之后的总结、给参观地写感谢信等，都是事后老师的指导内容。

中学的校外学习每年都有，鉴于学习目的的现实性要求，各校每年的内容都不同。东京的中学在初一有农林业体验、营地搭建、山间行走、街区散步、都心巡查、天体观测、海外讲座；初二有日本文化探访、地学巡研、环境学习旅行、艺术欣赏、民宿住宿、烧炭、陶艺、土笛制作；初三有美术馆参观、种地学习、野外体验、餐桌礼仪、四季文学、职场主题公园、英语夏令营、手语讲座、辩论教室、国际职业调查、和平学习旅行、狂言鉴赏、不列颠山庄研修、条约签署地现场考察、参观日航维修厂、歌舞伎教室等。

大泉中学是初一和初二有两次校外学习，内容各异，时间都在 6 月底。

儿子初一时的校外学习是去埼玉县饭能市的河滩野炊，在掌握炊事技能的同时，感受协作的重要性。

6个班各分成6个小组，每组有组长、副组长、生火、炊具、烹调、保健美化的分工，儿子是生火工。在老师的引领之下，学生按各自的分工带上劳动手套、扇子、厨房纸巾、垃圾袋、计时表、汤勺、饭勺、饭盒、米、锅、空饮料瓶、报纸，以及个人用的水壶、饭勺、毛巾、咖喱盘、报纸、铺地布、塑料袋、雨具、电话费、手册，乘坐公交车前往野炊场地。

各分工的工作内容都在手册中详细写明了。儿子做的生火工要在规定地点确保炉子用地，然后找来附近的石头把炉子搭建起来。用木头点火可不简单，火点着了，还要在炊事过程中一直管理着炉子，撤了木头火就灭了，必须一直守着。最后，火工还要收拾炉子，恢复用地原状。

手册内容是学生自己经过讨论拟稿、排版，最后付印、装订而成。通过制作手册，学生对自己的分工和活动的进展程序，已经在脑子里演示好多遍了。活动从早7:40集合到下午3:30解散，相当于一天的上课时间。

儿子初二时的校外学习是利用公共设施，了解自己居住的东京，包括历史、地域、设施等。体验实习日是6月28日，而准备时间长达1个月，从5月31日至6月27日。实习日之后的第二天，第1—3节课是总结时间。也就是说，校外学习不只是体验实习日，从准备到总结的全过程都是校外学习的内容。

如同其他学校活动，校外学习首先要组建执行委员会，每班出2名同学，主要工作任务是制定校外学习的主题、制作手册、策划和执行各种准备工作、列出访问地。

各个班都按姓氏排列的学号顺序分在不同的生活组，校外学习就

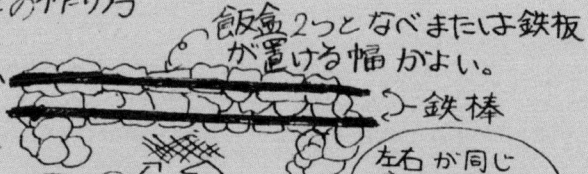

炉子搭建和生火示意图

以生活组为活动单位，由组长引领，没有老师陪同。生活组组长构成了校外学习的组长工作组，每班有 1 名组长做班级主管，工作组有 1 名组长，2 名副组长，2 名书记员。

老师发来一张 A4 大小正反面打印的校外学习说明，题为"2011 年校外学习组长工作组的任务"，要制订学习计划并做好相应的准备，包括时间表的掌握、自主研修路线的确认、交通费的确认、各小组准备情况的把握。所谓自主研修，就是学生自主确定的学习内容，并非校方或老师的规定。

儿子是校外学习小组的组长之一，主要工作任务有制订自主研修计划，确认自主研修路线及交通费，定时联络老师所在的临时总部，检查服装、带的东西，问候访问地，管理学习中的小组。

校外学习准备期间的重要工作是制作手册，此事由执行委员会牵头，分工协作。活动中除组长工作组，还有生活工作组、学习工作组、记录工作组、保健工作组，各工作组都要制作手册中的相关页。手册包括前言和各工作组页、行动计划表、记录页，共 30 页，A5 大小，内页全部由学生手写，标题和正文分别使用大小字，有的字写得比通用正文印刷字还小，字数也不少，还图文并茂。真是花工夫、见功底！

老师发来的说明规定：手册中的组长工作组页，5 月 31 日前完成草稿，6 月 6 日前誊写付印原稿。

学生自己制定的校外学习纪律有 8 条：不带不需要的东西、不给其他人添麻烦、不擅自行动、公交车里保持安静、守规范、服装整洁、行动严守时间、向设施工作人员致以问候。

日本公立中学禁止把手机带到学校，校外学习时也不允许带手机，其他不能带的还有随身听、零食、游戏、化妆品、止汗剂、相机、大金额的钱、书、杂志。

在基础教育期间，不是老师说教，而是学生自己自觉意识到这些公共常识，这可谓日本社会呈现文明和高素质面貌的基础。

6月是穿夏季校服期间，可以解开衬衣的第1个扣子。夏季校服的上衣，学校规定可以着短袖或长袖，所以，手册中特别注明了：穿长袖衬衫时不得把袖子卷起来。男生的裤子要系好皮带，不得松垮地挂在胯上，衬衣必须塞进裤子里。女生可以不穿马甲，裙子长度不得在膝盖以上。

组长工作组页包括电话联络的规定、移动与队形、车内如何度过、到达访问设施应如何问候、紧急情况对策、注意事项，每一项内容都是由各个班的组长参与编写，最后组合而成。

学校给每个小组发1部PHS手机，组长拿着，要定时与老师所在的临时总部联络。打电话时说的话是老师在书面说明中已经规定了的格式："我是××班××组的组长×××，现在我为定时联络打电话。我们已经到达××访问设施，现在准备进入设施。我们已经从××访问设施出来，现在去往下一个访问地点×××。"

比计划时间晚的时候，需要与总部联络。

把老师的要求反映在手册中，不是照抄文字，而是加深理解和促进应用。"打电话的组长用PHS联络"，这一条手写成粗大的标题，PHS这几个字母还画成了美术体，以下的"入馆时""退馆时"大字带花边，区别于标题与正文。紧急情况联络方法，是被音符包围的指向总部的PHS手机图片，文字还特别强调了：哪怕比预计的时间晚1分钟也要联络。

组长还有个联络工作，就是要传达给组员，如果谁不能来参加校外学习，要在实习日当天一早，给组长家里打电话。如果这时组长已出门，那就给同组的同学家里打电话。所有组员都出门了才给总部打电话。

为编写手册，各工作组要多次开会进行讨论，每次开会都留下工作纸和会议记录。

关于移动与队形，组长们强调了移动中的规矩，绝对不允许走着吃喝，应排成一队靠右走，不出队多占地方，不打闹乱了队形。不给别人添麻烦，注意看周边，不阻碍其他行人。通过人行横道时确认左右情况后再前行。不大声说话。参观设施时原则上不使用电梯，如需使用，沿电梯左侧排列。在设施内不跑。严守设施内的注意事项。

乘坐公交车时的行为规范包括先下后上，不坐车内的优先席，根据情况让座，不赶车，车门要关上了就等下一趟车。严守车厢内告示的注意事项，不给别人添麻烦，用不大的音量说话，有座的时候挨紧坐，PHS 手机设置为振动模式。不在车内跑动，不用车内吊环吊起自己的身体，不坐地上，车内绝对不准饮食。不绕路，按小组决定的路线乘车。

社会行为规范在中学生自制的校外学习手册中已经基本体现了。

儿子参加设施问候项的编写，因为是组长，也负责访问设施的预约和协调联络。预约访问设施的用语在老师发的说明里也有规定："我是练马区大泉中学初二学生×××，有关校外学习的自主研修，我们想在 6 月 28 日星期二 × 点共 × 人拜访，请问可以吗？""谢谢，那我们就在 6 月 28 日星期二 × 点共 × 人访问，请多关照。"要等对方挂掉电话后，自己再挂电话。

手册里写的是，到达访问设施后，注意不给其他人造成麻烦，随时注意周边。与工作人员说话的时候要使用敬语。守规范，愉快参观。

问候要真诚大声。进入设施时，组长要说："我是大泉中学初二×班×组的，今天一天请多关照。"然后所有组员齐声说"请多关照"。自己在馆内参观时要向工作人员主动问候。离开参观场所时，组长要说"今天一天非常感谢"，然后组员齐声说"谢谢！"。

日本人礼貌用语的规整，就是这样在基础教育阶段的点滴中形成的。

紧急情况通常有以下几种：地震了，走丢了，有人受伤了。

发生地震时，在设施内就遵从设施指令避难；如果在室外，就要自我防护了，尽量远离建筑，小组整体坐下，静等摇动过去；如果谁走丢了，可以请设施工作人员广播，如果在室外发现自己离队了，就马上到下一个参观地点等待小组成员；发生受伤的情况，要立即向保健工作组报告，伤势严重时联络总部，并就近请人救助。

学校那么多集体活动，学生两百多个，老师却没几位，我一直纳闷：学校是怎么组织的，几十年来都没出过意外。就近上公立中学的孩子们在上初一的时候还不太会乘坐公车，外出学习的时候不免担心，不带手机，身上又没钱，走丢了可怎么办？结果是，学生从来都是平安无事地回来的。其秘诀应该就在于规则的细致和对自主性的大量培养上。

到女儿校外学习的时候，手机和 GPS 更为普及了。负责生活的老师曾在家长会上告诉我们，其实老师在总部是启用 GPS 追踪每个小组的行程的。现代通信工具不过是起到了双保险的作用，事实上，孩子们的素养和能力已经让他们的校外行动得到了保障。

学习工作组由每班 1 名代表构成，工作目标是保证各组按计划行动。

学习组的工作任务是检讨各小组想要访问的场所，决定访问顺序。首先记下访问场所的位置和访问时间，然后根据地图等资料，按高效标准决定访问顺序。访问场所的具体信息由各小组自己调查，设计出在每个访问场所的学习时间，还要考虑移动的时间，最后决定实际的访问路线。

校外学习的最终环节是总结学习成果。学习组就在手册中提醒大家：校外学习毕竟是学习，所以，要按活动目的行动，到参观场所注意收集需要的资料，认真做笔记。

学习工作组也根据具体的访问设施做了到位的注意事项说明，比如针对动植物园的参观，要求不吓唬动物、不敲打围栏等。

记录组制定的目标很有工作特点，是"留下回忆"。记录组的工作除了收集实习日当天的资料，还有拍照。并非所有的资料都要先拿上，而是要有选择性地拿。随时细致地记录下学到的、感受到的、思考所及的，之后要制成报告书，还要发行文集。

拍照的注意事项是比较多的，比如公交车内不拍照，要在适合拍照的场所拍照。日本公交车上不能打电话，不能拍照。到达访问场所首先要确认禁止拍照的地方，禁止闪光的地方要关闭闪光灯拍摄。拍摄人物时，必须先询问："可以让我们拍照吗？"拍摄后要说"谢谢"。拍摄的照片要能让人看懂在哪里、是谁、做了什么。

此外，小组成员都要出现在照片里。因为不是数码相机，所以每张照片都要认真拍摄。

保健组的工作主要负责管理饮食和健康观察，还有校外学习的预算，要制作出财务报表。如果小组成员中有谁身体不适，要中断行程，优先考虑身体不适的同学。需要时联络总部，听从老师的指示。发生紧急情况时要联络总部，并向附近的成人请求帮助，也可以联络警察站。

饮食不是校外学习的首要目的，须优先参观学习的安排，不得为吃饭花过多时间而削减参观内容。参观路线确定之后，就在中午经过的地方吃中饭。饮食费、交通费和纪念品均控制在1000日元（70元）以内，按计划支出，公交费明细写入预算。用餐处事先了解好。纪念品不能是饮食，要购买明信片或书签等有纪念意义的物品。列出参观场所时一并调查好这些事项。严禁请客、要求别人请客、借钱等。支出的钱计入结算报表。

日本的交通费比较贵，要尽量控制在1000日元之内，就需要比较后选择顺路的参观地点。比较和选择也是学习。

儿子做组长的小组选择了参观都厅和目黑寄生虫馆，小组主题是"找麻烦ZERO"。从保健组记录同学签名和儿子作为组长签名，以及班主任盖了名章的"小组行动预算·会计报表"中可以看到，他们从附近车站乘坐电车到练马站是每人单程170日元，在练马站换乘地铁可以到达都厅。这一段地铁他们是经调查，购买了全线1日游的700日元特价票，可以参观都厅后再乘坐地铁去往下一个参观地点。

离目黑寄生虫馆最近的车站是JR电车，1日游地铁票不适用。所以，他们就选择了多走些路，还是利用1日游地铁票。寄生虫馆位于地铁两站之间，去程和回程从不同的车站乘坐，又增加了顺路的观察学习。回程还是在练马站换乘电车，170日元到达学校附近车站。合计1040日元。

日本的公交都有时刻表，所以，还有一张时间精确到分钟的"行动预定表"，组长填写各项行动的预定时刻和实际时刻。在集合地点由组长确认组员到齐后，集体去往车站。在车站附近的商城前有一比较开阔的站前广场，在这里老师点名。

　　原定 8:15 集合，实际 8:16 集合完毕；原定 8:25 点名，实际 8:26 点名完毕；发车原定 8:42，实际 8:41。中途换乘快速车，发车时间 8:47；到达练马站原定 8:51，实际 8:49。在练马乘坐地铁原定 9:09，实际 8:57；到达都厅前站原定 9:26，实际 9:14。因为中途机智地换乘了快速车，到达都厅后，多争取出 10 多分钟的参观时间。都厅参观 10:20 结束，前往车站，乘坐 10:29 的车，11:09 达到目黑站。走路 20 分钟到寄生虫馆，11:30—12:00 参观，给老师打电话汇报：已按原定时间出馆。

　　儿子的小组原本计划走去一个叫"六文钱"的饭馆吃中饭，理由是便宜，可不料关门。虽说学习第一，午餐其次，但调查了半天，并权衡了顺路等因素才确定的午餐地点出现了意外，还是让大家颇为扫兴。3:32 按计划时间回到了学校附近的车站。

　　从这次校外学习的全过程可以看出，参观活动并没有占很大分量，主要还是公共规范的学习。学习不是被灌输，而是主动思考和实际体验。

心的教育

　　春假时我们一家回了北京，儿子给几个要好的同学买了小礼物，是动漫图案的钥匙链。初二学年的第一天放学，有寺田君路过我家，儿子就把礼物拿出去给他看。有寺田君是儿子升入中学后的第一个朋友，当时我担心儿子的日语还没学利落，得不到理解，有寺田君主动和儿子交朋友，我是感激不尽。听说有寺田君来了，我赶紧说，那正好让他把钥匙链带走，可儿子却说，有寺田君没拿，只是想先看看。我非常不解地问儿子，为什么不拿？儿子说，他也让有寺田君拿走，可有寺田君说，自己先拿感觉太不够意思了，还是等大家凑齐了再挑。

　　这是一件13岁日本中学生的为人小事。我非常感动，不禁联想到，中、小学教育真的有比追求一百分更重要的内容，那就是心的教育，也即指导如何正确做人。

　　道德学习是中学的必修课，有一本230多页的教科书《我们的道德》，内容是讲要发现和发展自己，与人互助，让生命发光和作为活在社会中的一员应该怎么做。不仅道德课的时间，各教科和休息时间、放学后，同学之间、与家人和地区的人之间都要通过交流学习道德，9门教科的《指导和评价计划》中也纳入了道德教育的考虑。《我们的道德》由课文、资料、读物等部分构成，学生阅读后先书面归纳，记录从读物中感受到的和引发的思考，然后与朋友分享。

道德教育的目标是通过学校的整体教育活动培养道德之心，在各教科、综合学习时间和特别活动中加深学生对道德观念的自觉，育成道德实践能力。

道德的教育关系到自己、他人、自然和社会。

作为自己，要养成良好的习惯，促进身心健康，生活平衡有节度；要树立更高目标，胸怀希望和勇气，脚踏实地，保持超越自己的意志；要用自律精神、自主思考和诚实行动保证责任的承担；要热爱真理，追求真实，实现理想，开拓自己的人生；要审视自己，提高自己，追求个性发展，度过充实的人生。

在与他人的关系方面，要理解礼仪的意义，根据时间和场所的需要，言行适当；要博爱温暖，怀有为他人着想之心；要理解友情的高尚，有真心信赖的朋友，互相勉励和提高；要男女之间正确理解彼此为异性，尊重对方的人格；要尊重个人立场，理解各种各样看法和思考的存在，以宽容之心谦虚地向他人学习；要懂得自己有现在，是得到了很多人善意支持的结果，要感谢并报答。

对自然，要理解生命的崇高，尊重生命；要爱护自然，敬畏人力不可征服的万物；要相信自己能克服人的懦弱和丑陋，为发现快乐人生而努力。

与社会的关系方面，要理解法律和规定的意义，在遵守的同时，尊重权利，并确实尽到义务，为改善社会秩序而努力；要提升公德心和社会自觉，为实现更好的社会而尽力；要坚持正义、公正、公平，为实现没有差别和偏见的社会而努力；要理解自己所属各种集团的意义，自觉承担责任，为提升集团生活而努力；要理解勤劳的意义，具有奉献精神，为公共福祉和社会发展而努力；要敬爱父母和祖父母，以家族成员的自觉构筑充实的家庭生活；作为班级和学校的成员之一，要尊敬老师和其他工作人员，共建更好校风；作为社会成员之一，要自觉热爱乡土，为社会尽责，尊敬和感谢先人和老人，为乡土发展作出努力；作为国家成员之一，要为国家发展努力，为继承传统和创造新文化做贡献；作为世界成员之一，要以国际视野的立场为世界和平和人类幸福做贡献。

道德教育在有了理性观念之后，更重要的是落实到学生的自觉行为上。班主任负责道德教育的实施，校长和教务主任也加入，其他教师配合，形成以教师为核心的指导体系。利用职场体验和志愿者活动、自然体验等，考虑学生的发育阶段和特性，有创意地实施指导，采用先人传记、自然、传统和文化、体育等学生感兴趣的题材，让学生记住感动，增加学生的表现机会，鼓励学生以自己的思考为基础写作和参加讨论，在了解异己的思考中深化自己的思考。

配合《我们的道德》，有东京都教育委员会编制的《审视你的心》，170多页，学习先人名言、先人的活法，以及如何审视自己。前言摘录了夏目漱石《日记》中的一句话："认真思考，诚实说话，挚实行动。你现在播下的种子，不久，将变成收获的未来出现。"

先人名言定义为在烦恼、彷徨时指引自己前进方向的灯塔。对先人名言的学习按道德教育关系到的自己、他人、自然和社会进行分类。

在关系到自己的先人名言中，有猿乐演员与剧作家世阿弥在论著

《花镜》中写到的"不忘初心",明治维新精神领袖和理论奠基人的思想家和教育家吉田松阴所著《士规七则》中的"立志为万事之源",井上靖的《我的一期一会》,福泽谕吉的《劝学篇》等,还有《论语》中的"吾日三省吾身:为人谋而不忠乎?与朋友交而不信乎?传不习乎?"和"君子和而不同,小人同而不和",《孟子》的"虽千万人吾往矣"。

在关系他人的先人名言中,有新渡户稻造的《武士道》,江户时代本草学家、儒学家贝原益轩的《大和俗训》,也有《论语》的"三人行,必有我师焉;择其善者而从之,其不善者而改之"和"不患人之不己知,患不知人也"。

在关系自然与崇高的先人名言中,有诗人宫泽贤治的《寄语学生诸君》,加拿大环境活动家珊文铃木12岁时在里约热内卢环境峰会上的演说词。

在关系集团和社会的先人名言中,有松下幸之助的《一日一话》,以及《万叶集》《古事记》中的诗篇等。

学习先人名言的方法是收集自己认为重要的词句,记下收集日期、先人名句,以及联系自己的人生时所想到的。

有关先人的人生,是学习他们为目标持续努力,为人与社会尽力,并怀抱使命感。这些先人有设计东京站的建筑家辰野金吾、把日本的文化感受写进歌曲并流传世界的作曲家泷廉太郎、捐款创建东京都美术馆的企业家佐藤庆太郎、因首倡日本奥运而被称为近代日本体育之父的嘉纳治五郎、获得诺贝尔奖的日本第一人汤川秀树、伽利略等。学习完每一篇介绍先人的文章,都要记录留下印象的内容,并了解先人的其他信息和业绩,写出学到了什么。

学习先人的重点还在于审视自己。在考学等面试时都会被问到三

日本公立中学一千天

个问题：过去你是怎么过的，如何认识现在的自己，将来有什么计划。这些都是审视自己的表现。

思考学校和家里的生活，与老师和朋友、家人的关系，通过交流讨论审视自己，比如生活习惯方面，早饭好好吃了吗？每天早睡早起了吗？注意整理了吗？有效利用时间了吗？是不是瞎花钱了？注意度过健康的生活了吗？反省后写下改善目标。审视自己的道德教育也是从自己、他人、自然和社会这四个方面着手。

道德教育必须渗透在学生的日常生活之中。学校定期举办公开讲座，家长和附近的居民都可以参加，从而取得对道德认识的相互促进。

道德课有文集《中学生的道德》作为学习资料，每年 1 册，由几十篇散文构成，有作家文章、编辑委员会文章，还有学生文章，内容与自己、他人、自然和社会的几方面主题相关，老师从中选择适合的文章实施具体的道德指导。初三的《中学生的道德》中还收录了鲁迅的《一件小事》。

教育咨询室

公立中学设有"教育咨询室",有具备临床心理师资质的"学校咨询员"和做助手的"交心咨询员"接受咨询。做交心咨询员不需要特别的职业资格,属于有偿志愿者,但要求理解学校教育宗旨,有相关知识和经验。学生和家长都可以咨询,咨询什么都可以,校园生活、朋友、学习、性格、烦恼,包括对谁都不能说的秘密,家长自己的事也可以咨询。大泉中学是每周一、二、四咨询室有人,周一学校咨询员在,周二、四交心咨询员在。咨询时间是午休和放学后,也可以电话预约。

教育咨询室还发行通讯让大家了解其功能,告诉学生,遇上什么麻烦和难过的时候,不必自己烦恼,先去教育咨询室一趟。也可以打电话和写信。一个人不好意思去咨询室,可以和朋友一起。

教育咨询室的地点在中学里,也向小学和高中派遣,其设置源于现代社会发生的变化:物质过于丰富、高度信息化、城市化、少子化、小家庭化、夫妻都工作。伴随家庭教育力度和地区教育功能的减弱,中、小学生出现的问题更加多样化，且表现出越来越严重的趋势。手机让人们缺乏面对面的交流，孩子也因此受到很大影响。对此，学校必须应对。然而，对学校的过度要求和期待又增加了教师的负担，不仅上班时间延长，面对学生个人的时间和机会也在减少。日本是 1995 年开始导入学校心理咨询制度，以后校内外心理咨询数量都呈现上升趋势。

2004 年日本学校保健协会实施心灵健康调查，2007 年日本文部省也实施了调查。两个调查均表明：家长和老师难以解决的问题有很多，需要临床心理专家的学校咨询员发挥作用，也需要儿童精神医生和儿科医生、福祉专家、法律专家等从各方面给予支持。而且，学生咨询的时机不能错过，有必要设置多种咨询机关和办法，综合构建咨询体系。比如，针对霸凌的苦恼，开设了全国统一的 24 小时咨询热线。我家就有很多张告知这一电话的卡片，来自儿子和女儿的学校。

女儿在完全不会日语的情况下进了公立小学，区里有支援政策，派来了日语辅导员。起初是在上课时间出来单独学习，女儿不喜欢，她一再跟我说，和同学一起上课，不懂日语也快乐，但单独出来学日语太痛苦。所以，我就到学校找班主任老师，申请让女儿跟班上课。班主任说，辅导员生气地反映过好几回了，说从没遇到过女儿这种学生。我也是做老师工作的，如果学生听不明白或不喜欢自己的课，我会反省是自己没说清楚，教得不好。所以，听到班主任这么说，我第一反应是，辅导员失职，就更加坚定了让女儿放弃单独上日语课的念头。可是，学校已经和辅导员签了约，女儿只能继续上日语课。于是，我和班主任商量后决定，女儿跟班上课，辅导员到班里坐在女儿身边随时辅导。

那之后女儿腹膜炎住院，看到同病房的其他孩子有老师来探视，很是羡慕，就念叨说，老师应该不会来吧。这时候如果能得到老师的关爱，女儿有可能不会后来一直没自信，可老师没有来。

女儿复学后又过了一些时日，来自班主任老师的汇报让我火冒三丈。他说女儿故意绕路把辅导员带到理科教室，导致迟到。女儿怎么可能有那种"智力"？！当我问及事情经过，女儿完全不明白班主任的意思。她解释说，迟到的原因是辅导员开始错以为下一节课是在其他教室。当时她自己也不明白为什么辅导员要带她去那个教室，到了那个教室才发现不对，又由女儿领路去了理科教室。班主任和辅导员应该理解女儿日语跟不上的问题，合起伙来责怪学生就太没有大人立场了。为此，我给区里写了告状信，但日本朋友劝阻，就没有发出。

区里的日语辅导员的派遣时间是 80 个小时，小学四年级以后辅导员不再来。

女儿在小学五年级幸运地遇到了班主任壶坂老师，又是中年男士，不过已婚有孩子。班级重编是两年一次，女儿升入五年级后，人际环境焕然一新。通常公立小学的班主任每年都换，因为壶坂老师太好了，很多家长一再请求他留到六年级。

小学六年级的班主任还是壶坂老师。我在最后一次家长面谈时向他讲述了三年级班主任及辅导员合起伙来欺负女儿的经历。壶坂老师没有针对那件事多说什么，但表示，女儿在学校不说话已经不是日语的问题，而是心理障碍所致。

那次面谈之后，又发生了校园网上有人辱骂女儿的事件。壶坂老师发现后召集了特别家长会，严厉处理了这一事件，也向我转达了当事人家长要向我们道歉的意愿。加害者和被害者都没有公开姓名，我和女儿也没有看到过对方写了什么。我想，了解写了什么，进而知道对方是谁，恐怕只能加深对女儿的心理伤害，就没有接受道歉。况且之后又都一起升学到同一所公立中学，难免节外生枝。我只是让老师转达，道歉不能抹消罪恶，想不道歉就不能做坏事，以后不再做需要道歉的事。

中、小学生在日常生活中接触机会最多的成人就是家长和老师，对孩子的细微变化和烦恼都必须尽早发现，做好心理辅导，防止事态严重化。但是，家长和老师对某一学生的态度，有时正是引起校园霸凌的原因。

女儿在小学一句话都没有说过，壶坂老师认为是心理受伤所致，所以，从五年级到六年级，他和班里的几名活跃的男生组成支援小组，分别主动和女儿说话。七夕时大家写愿望挂在校园，壶坂老师特意去看了女儿写的，然后告诉我说，檀芳同学写的是"希望自己能在学校说话"，证明老师和同学们的帮助已经发生了效力，女儿起码有积极的心态了。

壶坂老师经常给学生拍一些校园生活照，女儿在小学的唯一一张笑脸照片就是壶坂老师拍的。升入中学后，女儿和同学们还约着回小学看望壶坂老师，直到他调任。每年写新年贺卡，女儿都要给壶坂老师发一张，壶坂老师也会发来回复的贺卡。

为保持健康心理，要留意小学低年级学生是否在幼儿期因为受到训斥而过于自律，中学生要观察其学习能力是否为达到更高要求而超负荷，高中生要帮助他们为自立而树立正确的理念。所以，从幼儿园到小学、中学、高中的各个阶段都必须有连贯的咨询机制，起到让学生顺利度过转折期的作用。

　　教育咨询已成为学校教育中不可缺少的部分。中学的《学习指导要领》特别活动篇也指出，教育咨询不是只有咨询室做，也不是只有特定的某一位教师做，而是通过学校的所有教育活动实施教育咨询，所有老师在所有教育环节也都要实施教育咨询。教育咨询是理念改革，教师研修也采纳了相关内容。

　　学校咨询员的专家可以起到充实各校教育咨询的作用，但协调校内教育咨询需要相关老师负责。一般是养护教谕或特别支援教谕负责教育咨询，即使这位教师没有相关经验，学校咨询员也会给予指导。在学校的组织机构中，教育咨询处于生活指导部和保健部之间的位置，各部门负责人经常是组成委员会针对实际情况实施教育咨询。到学校如果问教育咨询室在哪儿，回答一定是"保健室旁边"。这种安排也是为了方便学生咨询。

　　生活指导部发行通讯《心之泉》，每月 1—2 期，介绍一些社会变化和对策，对校内发布假期、合唱节、运动会的注意事项。教育咨询也利用通讯刊登校长讲话、实施校园霸凌调查等。

　　再就是，教育咨询不是出了问题之后的对症疗法，反而没问题时才是充实教育咨询的时机，心理问题重在预防。

环保生活日

　　儿子和女儿在公立中、小学期间，每年都要和他们过几天记录节能量的日子。这个活动是区里主办的，题为"阻止地球暖化"，针对的是12项生活方式的改变，看看自己在善待地球方面做得好不好。宗旨是：自己的一个行动，汇聚成大家共同的行动，从而形成拯救区里乃至地球的力量。

　　区里把节能记录表发到中、小学，孩子们带回家和家长各自确定环保生活日，并填写当天的节能量，之后交回学校。

　　儿子决定10月30日为环保生活日。12项生活方式包括：

　　　1. 减少了看电视和玩游戏的时间。（40克）

　　　2. 谁都不在的屋子关灯了。（19克）

　　　3. 长时间不用的电器拔了电源。（68克）

　　　4. 缩短了开冰箱门的时间。（16克）

　　　5. 刷牙的时候，没有一直开着水。（42克）

6. 没有一直开着淋浴的喷头。（77 克）

7. 按照学校的规定分类和循环利用垃圾了。（29 克）

8. 学校午餐没有剩，全吃完了。（22 克）

9. 买东西的时候在结账处说了不要口袋。（13 克）

10. 有意识地没有在自动售货机买饮料。（11 克）

11. 去近处没有用汽车，而是走路或骑自行车了。（330 克）

12. 在家有和大家一起度过的时间。（81 克）

对平时没做，而在自己确定的环保生活日做了的，可以计算自己在这一天减少了多少二氧化碳。

其他还有三个问题，分别是：

1. 知道塑料包装垃圾的标志吗？

2. 最近和大家聊到环保话题了吗？

3. 喜欢养动物、昆虫、植物吗？

我们居住的地区是周三和周六扔可燃垃圾，隔周的周四扔不可燃垃圾，周五扔塑料包装、纸类和玻璃瓶、铝罐、塑料瓶等可利用垃圾，其他地区时间错开，但分类标准相同。可燃与不可燃都有具体的要求，被褥、椅子等属于粗大垃圾，需预约并购买垃圾券贴上才能扔。粗大垃圾一览表中分别有扔垃圾的价格，扔一条被子 400 日元（30 元），扔两个褥子 800 日元。

当年参加活动的有 61 所小学三年级至六年级学生的 15161 人，37 所中学初一、初二学生的 6738 人，中、小学家长 11510 人，效果是环保生活日的实施项目已经逐渐落实到日常生活中，那一天比平时减少排放二氧化碳约 3.34 吨。

如何判断环保生活已经逐渐落实到日常生活中了呢？就是与之前一年比较，平时做到的环保项目和环保生活日做到的项目都增加了，而且，环保生活日做到的项目与前一年相比，从 85 克增加到了 94 克，平时每天每人的二氧化碳减排量为 715 克，而这个数字也在逐年增加。

环保生活日每人平均减少 94 克二氧化碳的排放量，参加活动者共减少 3.34 吨二氧化碳，相当于 7200 次 250 升的泡澡水。如果参加活动的人全年实施环保生活，即可减排 1200 吨二氧化碳。如果全区 70 万居民每天实施环保生活，可以减排 24000 吨二氧化碳。

树木等植物吸收二氧化碳，释放氧气发生光合作用。1 棵直径 20 厘米的落叶阔叶树 1 年可吸收 630 千克的二氧化碳，24000 吨二氧化碳需要 38100 棵大树花 1 年时间去吸收。

环保问卷还有节能宣言栏，宣言内容包括节电、减少垃圾和节约资源、节水、意识改革和普及启发、少开车多用公交和自行车或走路、空调温度设定和使用时间、早睡早起和增加室外游戏及散步活动等节能生活方式、购买考虑环境的产品、控制使用天然气、应用自然能源、利用太阳光或风力发电和生物能等可再生能源、利用怠速熄火功能、使用环保车和低公害车、绿化、技术开发、经济诱导、节能竞赛等，21400 人对 27786 项环保行动发出了宣言，最多项是节电、减少垃圾和节约资源。

独特的小学生宣言有"不用一次性保鲜膜，用可以反复使用的硅树脂保鲜膜""已经制作和使用发酵肥在院里种菜，接下来准备增加种类实现自给自足"。中学生宣言有"把蚯蚓和土放进纸箱，再放进纸屑，然后可以扔进湿垃圾以减少垃圾""购买瓶子可反复使用的饮料""成立保护臭氧协会，研讨环保"。成年人的宣言有"想清理东京湾用于动物饲料和农作物肥料的绿藻""想设置雨水储水罐，就在家的周边，或用于洗鞋""想设定无电视日""把家用水电费列个表，注意做到比前一年减少用量"。

此外，区政府举办"环保自夸"活动，写下自己在家和学校、职场参加环保活动中值得骄傲之处。小学生写的有：半年整理一次不需要的东西，在家门口放一个纸箱，写上"可免费拿走"，实施了循环利用；冬天使用热水袋；用压力锅做饭，缩短炉子的使用时间；为了不让饭菜凉了，放进保温锅里；来往兴趣班的路上捡垃圾。中学生有写：泡澡水如果没怎么用过，第二天加热再用；做好一周的菜单再去购物，避免食物剩余和腐烂；使用节能电源插板；葱根不扔，种在院里培育，吃了再种，反复采摘。成年人有写：公寓每年都给国外寄旧衣服，工作单位 5 月和 10 月都有无空调日。我们家的环保宣言是利用餐厨垃圾和咖啡渣等自制有机肥，儿子和女儿一起行动，培育阳台蔬菜和花卉；再就是通过骑自行车了解周边环境和休闲。

我们居住的练马区在东京 23 区中保有的农业使用面积最大，农业是区里的重要产业。2019 年在练马区召开了世界农业峰会。练马区的温室效应气体排放量约为东京的 3%，日本的 0.16%。就是这样环境良好的城区，仍然高度重视环保教育。也可以说，因为高度重视环保教育，才能保持良好的环境。

2011 年 3 月发生东日本大地震，预计之后的夏天一定会出现电力不足，所以全国实施了"加油日本"节电行动月活动，在日本居住的

日本公立中学一千天

所有人都要尽可能节电，以维持生活。

大泉中学也发来 7—9 月的节电行动记录表，自查以下项目：

1. 空调温度高设定。

2. 减少使用空调一天。

3. 缩短冰箱门打开的时间。

4. 冰箱温度弱设定。

5. 不把冰箱塞得过满。

6. 房间的灯不一直开着，勤关灯。

7. 减少一天看电视的时间。

8. 调节电视屏幕的亮度，不要太亮。

9. 长时间不使用电视时，断开主电源。

10. 停止热水壶和电饭锅的保温功能。

要求每天记录，在计划采取的行动栏里画星号，实际做到了画双圆，基本做到了画单圆，没做到画三角。

儿子在节电理由栏填写的是"摆脱对核电的依赖"。

通过自查，虽然不是每天的节电行动都完美，但提高了具体认识，并起到督促作用，节电习惯逐渐养成。

在日本生活，家家都有自行车，而且几乎是每人一辆。练马区有指定为国家风景区的石神井公园，从我家坐轻轨电车只有一站地的距离。电车一站一般是 2—3 公里，到石神井公园是比较长的一站，也就 3 公里多。周末我经常是带上便当，和儿女一起骑车去石神井公园。便当很简单，儿子只要几个白米饭团，女儿要金枪鱼馅儿的。公园午餐就是两盒饭团和一壶茶、一壶白开水。日本人的中饭通常也就这么简单。

樱花刚刚开过的初夏，满眼新绿，我们找到有阳光照射的樱花树下铺上塑料布，周围仍和赏花季一样，有很多人在野餐赏绿。吃完饭团，孩子们各自找他们喜欢的去玩一阵再回来，然后一起继续骑车闲逛。因为有了 GPS，就放心地胡走，有时也因为找不到回家的路而骑车走了很长的弯路。

女儿小学时，想骑车去远一些的地方，儿子就建议挑战吉祥寺。之所以说挑战，是因为一般都是乘坐巴士去吉祥寺，去神代植物园也在吉祥寺换乘巴士。当然，也可以乘坐电车去，但很绕路。吉祥寺离我们住的地方只有 6 公里多，一直向南即可，但电车要先向东再向南再向西。骑车去吉祥寺算是响当当的环保行动！

去吉祥寺的距离不是问题，但路太窄，车道和步道并用，总担心还是小学生的女儿难以顾及前后左右。过铁道尤其危险，我们中途要经过两个铁道口。不过，在日本生活必须从小习惯不同的骑车环境。

刚过第一个铁道口就遇上环境不错的街心公园，就在那里先吃便当了。一路上除了谨慎小心，还是有很多乐趣的，可以经过好几个公园。城市规划要求隔一定距离必须要有公园。街心公园做得很讲究，遵循生物多样性的原则，保存了原有的杂树林，给人森林般的感受。

街心公园都有名称，附近谷户溪流公园虽然只有 7810 平方米，地处闹市区，却让人感觉是一块净土。公园入口没有过多的装潢，简单自然。

檀聪日记

2010 年 5 月 3 日（星期一） 晴

　　去光之丘公园好多次了，今天像冲浪那样从高坡骑车而下，很爽，过去怎么没发现这种玩法，太好玩儿了！

　　妹妹吃了两串烤年糕，本来忍着不吃，想省钱攒着买太鼓游戏，后来老妈说，25 串年糕钱才能买太鼓游戏。既然一串年糕也省不下多少钱，还是吃吧……

学校教育的地区合作

　　教育活动在日本从幼儿园开始就一直遵循学校、家庭和地区三方合作的宗旨，地区互动在公立中、小学的教育活动中反映得尤为充实，职场体验是学生走出去，在校开办各种专家讲座就是请进来。除了学校举办公开道德讲座，每年还定期举办其他各方面的讲座，例如安全教室、信息规范讲习会、税务、药物等。学校除了教学楼，还有一座会议楼，可以召开各种规模的集会，还有用于茶道课的和室。

　　安全教室属于安全体验学习，东京都教育委员会从 2004 年开始在 2200 所公立中、小学和都立高中举办，目的是充实学生的健全成长，增加市民的参与，防止犯罪危害，为实现家庭、学校和地区社会的合作发挥作用。

　　每年都在 7 月初的平日举办安全教室，家长也能参加。6 月下旬发来参加申请表，家长通过学生把申请表提交给学校。每年主题不同，也有警官来校在操场上课，路过学校的人能看到操场上的活动，警官和学生的精彩格斗场面尽收眼底。男生尤其喜欢这样的安全教室，儿子回家也给我兴致勃勃地叙述了一番。自行车是中、小学生必备，自行车的交通规则、检修和安全注意事项也通过安全教室普及。检修有TS标识，自行车安全检修士检修后贴在自行车上，有附带保险。

安全教室由两部分构成，一部分是外请警视厅工作人员到校上课，主要内容有如何防止卷入犯罪、药物依赖和滥用、抽烟和偷东西等，对恶意诱惑的拒绝方法，警惕异性介绍网站等。儿子初二那年，附近警察署生活安全科少年第一组的组长来校演讲的题目是"防小偷"。

另一部分是学校、家庭、地区社会的合作防范所采取的措施，确认容易发生危害的场所、组织地区巡回、参与志愿者活动和自然体验等，地区班活动、图书馆志愿者等都是具体实践。

近年来，相对于现实社会的防范，网上虚拟社会的安全问题越来越严重，大泉中学定期举办信息规范讲习会，儿子初二那年的9月，就请青少年媒体研究协会理事长到校演讲了手机的安全使用方法。讲习会分为学生和家长两部分，家长部分讲的是手机对孩子的影响、网游的现实和家长在给孩子买手机前应该想到的。可以看出，家庭教育不孤立，家长也在学校、家庭、地区社会的合作中受教育。

药物问题的讲座我没有参加，女儿回来主动给我讲述了，证明她自己是受到震动而理解了远离药物的重要性。家长是孩子教育的第一责任人，有责任参与学校和地区的教育活动，自己受教育才能与孩子正确互动。

社会性教育活动还有免费的展览、演出、自然体验教室、竞赛等，大泉中学所在地是日本动漫发祥地，附近有东映电影的摄影厂，所以，区里常组织小学生做动漫（画漫画和制作动漫），由中学生策划和制作电视节目。

学校老师也发挥其专业特长，策划与社会合作的教育活动。我读研的日本大学艺术学部也在练马区，广播电视系教授的讲座，中学生也可以去听。儿子初三的班主任是美术老师，她曾经设计了东京 23 区美术馆的参观路线。

大泉中学的学生美化委员会有一项重要活动，就是收集树叶的干净运动，这也是响应社会号召的教育活动。干净运动各地都有普及，比如旅游景点垃圾散乱，就由当地政府组织志愿者对道路、公园、海岸、河川等进行清扫。外国人到日本旅游，最突出的印象是干净，那就是干净运动发挥的作用。

此外，地震、流感、教育改革动向、养老事业和地区的消费税等，都有相关资料通过学生发到家庭，不仅学生受教育，对家长来说也是把握时事的重要渠道。

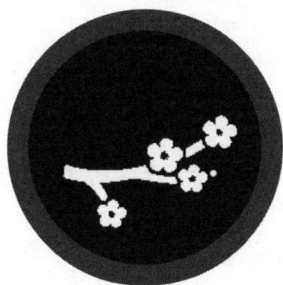

才育篇

中学评价体系

　　学校评价和学习评价构成了日本学校的评价体系，学校评价的对象是学校，学习评价的对象是学生。学习评价不单纯以考试成绩呈现，还包括标准到达程度的评价，以及个人可能性的评价。依据文部省在《学习指导要领》中制定的标准，对学习成绩既有不同角度的评价体系，又有分级评定。

　　实施学习评价的目的不是拔尖，而是让每一名学生都能够按《学习指导要领》取得确实的进步，也要为改善学习指导起到作用。

　　日本的学习评价体系至今已有一个多世纪的沿革，经历了从强调客观到突出主观的变迁。最早出现的是记载学生姓名、年龄、住址、家长情况、学业成绩、身体状况等的学籍簿，于1881年由文部省制定，1900年纳入法定格式，从幼儿园到高中，全国格式统一，永久保存。战后考虑到学籍簿的内容大多只有户籍意义，就在1949年更名为现在的"指导要录"，除学籍簿的内容外，还记录教育指导的过程及其结果，以校长的名义做成，保存20年。

学籍簿时代采用相对评价法，就是对某同学的个人能力的评价，评价他处于所属班级、年级等集团中的位置，强调客观性。按5级评价来说，比如1948年，最高的5级学生占集团总数的7%、4级24%、3级38%、2级24%、1级7%。以后，指导要录的格式于1961年修订，改为按教科分别评定，并加入了绝对评价，评价与所属集团无关的学生个人能力。

如此评价排除了教师的主观因素，但又有人批评说，它会助长考学竞争，学生的努力得不到回报。

直到20多年后的1983年，日本的学校开始采用不同角度的评价法，包含了"关心""态度"等项目，要对学生的主观方面进行评价。

1989年进入平成年代，《学习指导要领》提倡注重个性的新学习观。1991年提出了四个方面的评价法：关心·愿望·态度、思考·判断、技能·表现、知识·理解。"关心·愿望·态度"居于首位，突出了主观能动的重要性。然而，如何对主观进行评价难度太大，评价的客观性和公正性成为学校教育的重大课题。

21世纪前后，日本实施教育改革。2000年文部科学省发布"指导要录改善通知"，规定以《学习指导要领》为标准，评价个人对标准的到达程度，取代了以往个人在集团中所处位置的相对评价，更侧重绝对评价了；还一并提出了教育培养"生存能力"的理念，创设综合学习时间，对每一名学生的长处、可能性、进步情况等给予积极的评价，充实了个人评价体系。

日本的学校如今同时采用从几个方面考察学习状况的"观点分别评价"和"标准到达程度"，评价标准由各校制订，国立教育政策研究所提供参考资料。

各校制订的评价标准以新的学力观为指导思想，要评定学生自己获得能力的程度，对施教情况也进行了量化。

观点分别评价和标准到达程度都按教科分别评价和评定，标准到达程度用表示级别的数字 1—5 来表示。小学中高年级采用 3 级制，3 是十分满意，2 是基本满意，1 是需要努力。中学采用 5 级制，5 是满意程度特别高，4 是十分满意，3 是基本满意，2 是需要努力，1 是需要很大努力。观点分别评价的各教科评价项目有所不同，首项都是对该教科的"关心·愿望·态度"。国语的其他评价项是听说能力，写作能力，阅读能力，语言的知识、理解、技能；数学的其他评价项是数学性观察和思考方法，数学表现和处理，对数量和图形等的认识和理解；音乐的其他评价项是在音乐的感受和表现方面下的功夫，表现技能，鉴赏能力。各评价项用 A、B、C 表示程度，A 是十分满意，B 是基本满意，C 是需要努力。对评价 C 的方面，老师要为学生能提升到 B 而实施具体的指导。

用以上评价和评定难以表示的，由班主任以文字记述形式对每一名学生的优点和潜力、进步情况等给予评价，记入指导要录中的"综合所见和指导参考事项"。

儿子升入公立中学的 2010 年，《学校教育法》和《学习指导要领》明确了评价学力的三个重要方面：基础和基本的知识技能，思考力、判断力、表现力等，自主学习的愿望和姿态。

有了评价标准，教师即可随时用于对学生的指导，促进评价与指导的一体化。评价结果使教师的指导得到改善，新的指导成果又反映到学生的学习状况上而获得再度评价。

对老师来说，学习状况的评价重点并不在于给出成绩，而是要对改善指导发生作用。学力三方面的指导是通过传授基础和基本的知识与技能，培养学生解决问题必备的思考力、判断力和表现力等，提高学生的主动学习能力。渗透到学生成长过程中的细致指导非常重要。

"二战"后，美国的爱德华兹·戴明博士向日本的商业领域传授循环式品质管理的基本理念 PDCA，用规划（Plan）、执行（Do）、评价（Check）、改善（Act）四阶段确保目标的达成。文部科学省在实施各种教育改革的 2000 年前后，引进了 PDCA 循环的概念，使 PDCA 循环成为教育领域的标语。2010 年的学习指导仍用到 PDCA 循环，要通过学习评价改善授课方法等学校的整体教育活动，核心思想是充实细致的指导，在学习评价中反映《学习指导要领》等的修改内容，促进注重发挥创意的学习评价。

细致的学习指导和每一名学生对学习内容的掌握必须在日课中得到落实，也就是说，对教师和学校来说，学习评价的意义在于改善教育活动，具体到课程的编排和制订各教科学习指导目标与内容、评价标准、评价方法等，有包括评价规划在内的指导规划和方案，进而实施指导规划的教育活动。根据学习状况评价授课方法和指导规划，按照其评价结果改善授课和充实符合个体的指导，确立 PDCA 循环。

《学习指导要领》中提到的培养"生存能力"就是应用习得的知识和技能，结合思考力、判断力、表现力等，使学习愿望得到提高。学校不只教授知识，还安排丰富的活动，都基于如此的教育理念。在《学校教育法》中，该教育理念规定为生涯学习的基础。

为培养思考力、判断力、表现力等，基础和基本知识与技能的应用在学习活动中受到特别重视，同时，基于逻辑与思考等发挥语言作用的语言活动得到进一步充实。正确评价和进一步培养其能力，必须让思考和判断活动也得以表现。数学用算式和图表，理科通过正确记录观察和实验的过程与结果去表现，而从评价整体考虑，结合思考和判断的表现是语言活动。所以，观点分别评价不只是对单一方面的表面现象给予评价，如果学生有自发课题，要看他是否从多方面考察了，通过观察与实验的分析说明，看他是否提炼了某些规律。技能方面要评价基础和基本知识的应用，以及对各教科内容所作的思考和判断，最后是如何用语言等形式呈现。

评价思考力、判断力、表现力时，比如国语课的意见文发表，社会课的做小报，都涉及教科知识和技能的应用，对照《学习指导要领》中规定的目标，要通过论述、发表、讨论、实验和制作报告的过程评价实现状况。这样的评价方式显然不同于限时解决问题的考试，表示评价方法不能是单一的，须采取多种方法。而且，在记录指导后的状况时，过程的评价非常重要。

学力三方面之一的主动学习是重点，针对日本学生的学习愿望缺失，授课构成和持续的改善方法都是对教师指导水平的考验。学习主动性的评价不能仅限于举手发言的次数等表面情况，而是要观察上课和面谈时的发言内容和具体行动、作业和报告的提交，以及在发表活动中的表现等。学生对各教科学习内容都产生兴趣并能主动深入，关系到具备其他评价方面的素质和能力，如果某方面未实现目标，教师须给予进一步的指导，积极利用个人评语给予鼓励，还要通过促进学生与家长之间的信息共享提升教育成果。

学生的评价册叫"通知书"，个人评语栏由班主任填写，盖有校长印章。学期结束时"通知书"经由学生发到家长手中，开学时家长填写感想并盖章后，通过学生交回学校。通知书中有各学期填写栏，1

	3 年 4 組 13 番 氏名	榎 聡

[各教科]

教科	観点別学習状況		評定
	観 点 項 目	評価	
国語	国語への関心・意欲・態度	A	3
	話す・聞く能力	A	
	書く能力	B	
	読む能力	B	
	言語についての知識・理解・技能	B	
社会	社会的事象への関心・意欲・態度	A	4
	社会的な思考・判断・表現	B	
	資料活用の技能	A	
	社会的事象についての知識・理解	A	
数学	数学への関心・意欲・態度	A	5
	数学的な見方や考え方	A	
	数学的な技能	A	
	数量や図形などについての知識・理解	A	
理科	自然事象への関心・意欲・態度	A	5
	科学的な思考・表現	A	
	観察・実験の技能	A	
	自然現象についての知識・理解	A	
音楽	音楽への関心・意欲・態度	A	4
	音楽表現の創意工夫	B	
	音楽表現の技能	A	
	鑑賞の能力	A	
美術	美術への関心・意欲・態度	A	4
	発想や構想の能力	B	
	創造的な技能	A	
	鑑賞の能力	A	
保健体育	運動や健康・安全への関心・意欲・態度	A	3
	運動や健康・安全についての思考・判断	A	
	運動の技能	B	
	運動や健康・安全についての知識・理解	A	
技術・家庭	生活や技術への関心・意欲・態度	A	4
	生活を工夫し創造する能力	A	
	生活の技能	B	
	生活や技術についての知識・理解	A	
英語	コミュニケーションへの関心・意欲・態度	A	5
	外国語表現の能力	B	
	外国語理解の能力	A	
	言語や文化についての知識・理解	A	

[総合的な学習の時間]

学習内容	評価
修学旅行	自主研修の京都見学では班員と協力しながら建物や地域文化について調べました。調べた内容をわかりやすい見出しを利用した掲示物としてまとめ、学習の理解を深めました。
○学習への主体的な態度 ○課題を見つけ解決する能力 ○プレゼンテーションする力	

[特別活動]

生徒会活動・学級活動

代表

数学　掲示

[部活動]

バドミントン

[所見]

代表委員として積極的に取り組み、級友達からの信頼に応えています。海外派遣生としても、研修中から立派な態度であったと伝え聞いています。強い向上心をもち、まだ伸び盛りであることを感じます。今後も高い目標をもちますます自分を磨き続けてほしいです。

[保護者欄]

有限な時間財産を有効に使い、世の中に貢献できる人間になるよう自覚に日々を過ごしてほしいと思います。

[出欠状況]

	授業日数	出席停止・忌引等の日数	出席しなければならない日数	欠席日数	出席日数	遅刻日数	早退日数	備考
1学期	109	0	109	0	109	2	0	

	校長	担任	保護者
認印			

通知書中的学习评价

年 1 册，学年结束时，学期栏填写完毕后发回。学校保存原始记录，学生考学时需提交的文件中有学校发行的"调查书"，自己不能打开，也叫"内申书"，其中写有学生评价的内容。

此外，学生的自我评价和学生之间的评价属于学习活动，不在教师实施的评价活动之中，但学生通过发现自己的优点和可能性可提高学习愿望，也可对主动学习起到改善作用。

学校评价包括自我评价、学校相关者评价和第三者评价。"自我评价"由各校教师做出，"学校相关者评价"由家长、地区居民等组成评价委员会根据"自我评价"的结果做出。"第三者评价"是以学校运营相关的外部专家为核心，在"自我评价"和"学校相关者评价"实施情况的基础之上，从专家的角度，对教育活动和学校运营状况做出评价。

自我评价于 2002 年导入，结果公开，并向家长提供相关信息。文部科学省于 2006 年为义务教育的中、小学制定了《学校评价手册》，而且，为推进学校评价系统的实施，在修订《学校教育法》时，加入了实施和公开自我评价与学校相关者评价结果的规定。儿子升入中学的 2010 年，《学校评价手册》更新，充实了第三者评价的部分。《学校评价手册》是示范性的，仅供各校参考，并没有强制执行的含义，是期待各校根据自己的情况制订出实用的评价体系，为优化《学校评价手册》发挥作用。

学校评价是在设定教育活动和学校运营的目标后评价到达程度，目的不为竞争，而在于让学校教育得到持续性的改善。实施学校相关者评价也是为办学的发展取得家庭和地区的配合。办学者根据学校评价的结果，采取各种改善措施，可保证一定标准的教育品质，并有所提高。

如何成为日本
中学教师

　　中学入学典礼时关注的，除了自己孩子的一举一动，再就是要看看班主任是谁了。学生来自几所固定的公立小学，各小学的家长都有6年的交情了，所以，学生上中学又在同一个班的话，自然会凑在一起议论班主任。有的家庭可能哥哥、姐姐也在校或毕业了，妈妈对学校老师都了解，甚至第二回碰上了同一班主任等，话题就多了起来。儿子入学时，我对这所学校的老师一无所知，在集中初一教室的4层走廊里听到有妈妈说："总之，我们6班的班主任是最好的。"当时还内心动摇了一下，儿子可是3班的。女儿入学时，我对老师仍然没有了解，因为公立中学的年级老师是三年一换，只有个别老师是新来或退出的。儿子和女儿相差4个学年，不可能是儿子上学时的老师团队接管女儿的年级。如果家有孩子相差3个学年，就有机会遇到认识的老师。公立中学的老师最长6年就要调动，毕业3年后再来学校一般就没有认识的老师了。

其实，经历了才明白，老师的区别更多在于其个性，而作为教师，他们都有着很高程度的一致性，处世理念的不约而同让我屡屡深有感触。日本的大学按学部各有偏差值标准，能取得中学教谕资格的学部偏差值属于中等水平。也就是说，志愿当教师的学生在考大学时并不是分数很高的。不禁好奇，日本的中学老师是怎样形成那么一致的教育意识和方法呢？

日本的各行各业都有很多种职业资格，包括国家资格、地方政府资格、民间资格等，国家资格有1200多种，加上民间资格等，有3000多种。根据法律、政令、省令等由国家颁发的是国家资格，是可从事特定职业的证明。根据条例等由都道府县颁发的属地方政府资格，只适用于所在地方，比如河豚厨师就是只在都道府县内有效的资格。民间资格是民间团体或个人等自由设置的，按独自的标准审查并颁发证书。资格制度本身也有法律依据，其中明确记载了颁发资格证书的办法和标准。

要成为中学老师，首先必须取得"中学教谕"的国家资格，有大学毕业可取得的1类执照、大专毕业可取得的2类执照，还有取得硕士学位的专修执照，但没有1类教谕资格，就不能取得专修执照。各执照可教授的范围不同，而且，中学教谕资格按教科有所分别。此外，小学教师需取得小学教谕资格，高中教师需取得高等学校教谕资格。

日本全国有不少大专和大学设有可取得中学教谕资格的学部，比如某大学人文学部包括三个学科：人间文化学科、国际社会交流学科和社会经济学科。选择人间文化学科，可取得教授国语、社会、英语的1类中学教谕资格和教授国语、地理历史、公民、英语的1类高中教谕资格；选择国际社会交流学科，能取得教授社会和英语的1类中学教谕资格和教授公民和英语的1类高中教谕资格；选择社会经济学科就只能取得教授社会的1类中学教谕资格与教授公民和商业的1类高中教谕资格。如果选择教育学部，分为学校教育教员养成课程和生涯教育课程，选择学校教育教员课程可取得1类小学教谕资格和2类中学教谕资格、1类特别支援学校教谕资格。选择理学部理学科，可取得教授数学和理科的1类中学和高中教谕资格。报考大学时，必须根据自己的就业志向选择相应的学部和学科。

大专两年，大学四年，学习法令制定的课程，中学教谕1类执照需要67科以上的学分，2类需要43科学分。但取得学分并不意味着可以毕业，毕业才能取得学位，学位是取得教师执照的基础资格。而且，在取得执照之前，要在社会福祉设施体验7天以上的介护。

取得学分和学位是在大专院校等机构，但授予教师执照的是都道府县的教育委员会。有了必要的学分之后，需要填写都道府县教育委员会制定的申请文件，通过申请才能取得教师资格。有些大专院校在学生毕业时会集中为毕业生申请教师执照。

教师执照分为普通、特别和临时三种，通过上述方式取得的都是普通执照。特别执照针对有社会经验者，有专门的知识经验或技能、社会威望者，经过教师鉴定授予，须雇用单位推荐。普通和特别执照都是10年有效期，但普通执照适用于日本全国，特别执照只适用于都道府县内的学校。临时执照限于助理教谕和养护教谕助理，保健室的老师持有养护教谕执照，是在大学或大专取得养护教谕学分而取得的资格。营养教谕也是不同于中学教谕和养护教谕的单独专业教谕，须通过上大学或大专取得营养教谕学分才能取得执照。难以录用持有普通执照的教师时，才可以经教师鉴定授予临时执照。临时执照有效期为 3 年，可根据相关规定延长到 6 年，也只适用于都道府县内。

2009 年以后日本导入了教师执照的更新制度，目的并不为排除不合格的教师，而在于保持教师的必要资质能力，定时更新知识技能，使教师站在讲坛上更自信，得到社会的尊敬和信赖。教师执照有效期10 年，到期 2 年前开始更新，到大学等听 30 分钟以上的讲座之后可向都道府县教育委员会申请执照更新。讲座的内容就是：在教育环境的变化之下，校内外应如何协作才能更好地培养学生。

此外，在以障碍学生为对象的特别支援学校任教，须持有特别支援学校教谕资格，取得普通执照之后，要获得特别支援教育的学分。有到特别支援学校任教志向的就要在报考大学时选择能取得相关学分的大学。

如果在国外取得了教师资格而想成为日本的教师，还是需要取得日本的教师执照。对此，都道府县教育委员会实施教师鉴定，以海外大学取得的执照为基础，也可以授予相当于日本教师资格的执照。

取得教师执照还有"教师资格认定考试"的办法，但不适用于中学老师。如果因经济问题不能上大学，通过函授大学也能取得中学教师执照。

有了中学教谕的资格，就可以教育和指导国立、公立和私立的12—14 岁初中生。要引领正处于青春期的学生，并直面中考或就业，工作辛苦，任务艰巨。如想要任教于公立中学，在取得中学教谕资格后，还必须通过各都道府县和政令指定城市实施的教员录用候补者选考。选考合格之后，即可在教员录用候补者名簿中登记，最后经过面试等分配到学校工作。私立学校由各中学实施自己的教员录用考试，在中高一贯制的学校当老师需要同时持有中学教谕和高中教谕的资格。有些地方政府实施的教员录用考试报考条件就是同时持有中学和高中的教谕资格，或者是，只持有 2 类中学教谕资格者不得报考，所以，持有 1 类中学和高中教谕资格就拓展了就业选择面。

总之，在日本有大学或大专、研究生的文凭并不是就能取得教师资格，也不是取得任何学位都能申请教师资格。即使取得资格，要想成为公立中学的老师，还必须通过都道府县实施的教师录用考试。每年 3—4 月，都道府县发布考试办法，5—6 月报考，7 月一试，8 月二试，10 月发榜、录用内定，转年 4 月 1 日上任。一试和二试都有笔试和口试，一试笔试考人文、社会、自然科学等一般教养内容和教育法规、原理、心理等教师必备的教养和知识，教科专业方面考与指导内容和方法相关的知识和能力。一试口试包括个人面试、集团面试、集团讨论等形式。二试笔试考小论文写作，口试还是个人面试、集团面试和集团讨论等，还有模拟授课。二试的技能考试包括体育、音乐、美术、英语会话等。

日剧里有为考试奋斗的场景，其中就包括考医学院的、考律师证的，再就是教师录用考试。

地方政府教师录用考试的年龄限制一般到 60 岁，也就是说，60 岁之前都可能成为教师。企业设置的教师年龄限制一般与退休年龄一致，那就是到退休年龄之前都有机会成为教师。

无论持有 1 类还是 2 类执照，任教时都没有区别，不会出现让 1 类执照持有教师承担的工作不让 2 类执照持有教师做的情况。做教师必须有执照，大专或大学毕业后都有报考教师执照的学历资格，如果想早些进入职场，可以上大专后取得执照；大学 4 年能学到更加丰富的知识，也可以大学毕业或积累经验之后再取得教师执照从事教师职业。

小学的班主任要教所有的课程，中学老师的各科专业水平提升了，但班主任的工作仍然是全面的。表现为水平整齐可以说是中学老师的专业性吧。了解了成为公立中学老师的过程即可发现，其志向不可能在进大学以后才确立，最晚在高中毕业时就要确定了。日本的教育从幼儿园开始就不断地启发孩子寻找梦想，确立志向。公立中学的学生在初一、初二有职场体验，此时已经开始对自己的职业志向有所设计了。

中学老师在他们的学生时代就反复思考过：什么样的人适合做中学老师？自己适合吗？他们会了解到做中学老师的共识，那就是：中学老师并不只是教授担当科目的知识，而是要让学生对课程产生兴趣，并感到容易理解。自己要喜欢教，才能把课程教得好，也为此持续下功夫。老师上课除了讲课本知识还有其他可教的内容。作为教师，在育的方面做到充实，才构成教育。

中学生处在情绪状态不稳定的时期，作为中学老师必须爱护学生，对敏感学生要有接纳其各种情感的包容力和丰富人格。更重要的是，要比任何人都信任学生的可能性，愿意为支持学生的健全成长付出努力。同时，老师也必须是能批评学生的人，毕竟缺乏社会经验的学生有时会犯错，此时，老师必须正确批评。批评是提出建议，引导学生向好的方向转变。能做到贴心批评的教师也能取得家长的信赖。

女儿在初二时有一段时间出现了不能上学的状态，早上到起床就腹痛。日本多发因精神病态不能上学的情况，我怕女儿也出现了类似问题，就生拉硬拽地把她送到学校。一早要赶去上班，只能陪她到学校门口后分手。可女儿看我离开了，就不进校门，而是偷偷回家。班主任在早上点名后发现有没联络而缺席的同学会给家长打电话，日本人一般在公交车中不接电话，我是屡次在电车中看到学校来电而无奈接听。后来我就把女儿送到教室附近。班主任说，像这样到校之后因腹痛回家算早退，而整天不来学校就记缺席了。但女儿仍然坚持不进教室，我就怀疑也许是女儿受到了欺负。班主任让我先回家，他和女儿谈谈。

那天女儿还是早退回家了，傍晚班主任打来了电话。女儿初二的班主任是中年体育男老师，我离开以后，他感觉自己和女生交流可能缺乏亲切感，就叫来了女儿初一时的年轻女班主任老师。聊了一些时候，女儿交代了，是有个男生欺负她了。后来，班主任做男生的工作，让他向女儿道歉。女儿说，那个男生道歉时态度并不太好，但保证不再发生类似情况。

从那以后，女儿可以上学了。

到了初三，初二时的班主任仍经常关心女儿的身体和精神健康，以防再次出现不能上学的状况。

日本各行各业到今天都仍然遵守着前辈带新人的传统，刚进学校的老师也是一边接受前辈老师的指导和建议，一边具体地学习如何做一名合格的教师。

女儿的班主任，初一是23岁的国语女老师，初二是中年体育男老师，初三是年轻的英语男老师。在初一和初二的班主任的帮助下，女儿不安的精神状态有了好转，没有因不上学而对日后的升学造成决定性障碍。初三班主任的所作所为，又让女儿决定了自己也要走上教师之路。

初三时的班主任Jack是日本人，用英文名，担任全年级各班的部分英语课。女儿中学时代最后一次英文考试是特别的。

考高中时需要提交中学的校方发行成绩单，最后一次期末考试安排在高中考学之后，对考高中的成绩单已经不产生影响了，所以，同学们一般都不会为这次考试认真准备了。然而，放松状态下的考试中，英文试卷却让大家动了真心。

试卷封面上用日文写着："在宣布考试开始之前，请不要打开试卷。"打开试卷发现，那是一封英文信，Jack 给每一名同学的手写信。尽管信的内容是所有同学都一样，但开头都换写了每一名同学的名字。

亲爱的 Kaoru：

怎么样，你读到这封信时一定感到很惊讶吧！我想，这一定不是你想象中的考试形式。这是你初中生活的最后一次英文考试，请你在读信之后，用英文给我写一封回信。尽可能多写，你可以使用今天带来的所有教材、词典等。

时间过得真快，从我们在这所学校相遇，已经过去了三年。三年前，你们都还是身体弱小的男孩儿、女孩儿，现在已经长成了结实、漂亮的好学生。

还记得我们的第一节英文课吗？那时，大多数同学还不会使用英文，但因为英文是一门新课，大家都表现出好奇心。我非常高兴能遇到喜欢英文的学生，而且我更希望，所有学生都能对英文产生热情。同时我也在想，一定要为这些学生好好工作。

现在，你们可以阅读考高中程度的英文了，还有这封信。

经过努力，你们的英文已经长进了很多，这太棒了！

我想问几个问题：

日本公立中学一千天

你觉得我们的英文课怎么样?

它对提高你的英语有帮助吗?

你对英文感兴趣吗?或者说,我们的英文课对你学英文有推动吗?

我总在想,怎么才能把课上得让你们觉得有意思。如果有谁会说,"我非常喜欢英文,因为我们的英语老师教了英文的快乐",那我就太高兴了。

那么,也请你回忆一下,哪节课最有用?哪节课最让你感到快乐?

当然,你也要告诉我,哪节课对你没用,或者不是你真正想学的。我想知道!

你的意见可以让我为日后的学生把课上得更好。

再就是,你在大泉中学的最美好记忆是什么?

大家知道,我也是音乐老师。我爱唱,也爱合唱节。对每年的合唱节我都很疯狂,但没有一次获奖。虽然结果不好,但通过音乐,我们在一起度过的时光成为我最美好的记忆。你呢?

好的,让我再问你们一个问题。

你在等待考高中的好消息,或者是在担心考试结果。不过,我建议你去想一些喜欢的事情。结束了大泉中学的生活,你想做什么?在高中,在大学,或更远的将来,把你毕业后的想法写在给我的回信里。

我还有很多话想要对你们说,但现在必须结束这封信了。最后,我想说一句,英文不是你的敌人。如果你尝试去努力学习英文，它会让你的生活变得更加丰富多彩。

　　谢谢你们，让我拥有了美好的三年学校生活。我永远不会忘记你们，希望你们能够喜欢 4 月以后的新生活。

　　真心期待你的回信。

你的英文老师 Jack

女儿的回信只写了半张纸，发回的考卷上 Jack 写了留言：

I think this letter is not fishished yet. Please finish this letter and send it to me someday! Jack

　　（我想，这封信没有写完。请你写完这封信后，有一天可以寄给我。Jack）

关于这次期末考试，Jack 做了文字总结：

　　判分结束了，坦白说，我的感想是，这次出了写信的考题，真的挺好的。做这次考题，无疑远远超过了以往做卷子的用脑度。该做往常的阶段性考题，还是类似考高中的综合考题呢？还有，到底要不要考试？

　　写信的考试形式早就想过，但实际迈出这一步却需要很大的勇气。不过，鼓足勇气迈出了这一步，获得了许许多多充满肺腑之言的回信。

　　这么难的考题，还是得到了大家的支持！

　　毕竟是考试，还是判分了。我把判分标准和评语一并发给大家。这次没有做文法修改，明显出错的地方总结如下：

1. 开头用 Dear ＋姓，不写全名。邮件常用 Hi，Hello。

2. 从自己这边开始给别人写信时，不写日本式的天气等文言开头，而要简洁陈述宗旨。这次是写回信，最开始要表示感谢。

3. 亲近的人之间大多省略结束语，给尊敬的人写信，或商务信件，必须要如下书写。此外，即使是电脑打字的信，落款也要手写。

Jack 老师很年轻，当时 20 多岁，长相属于帅哥型的。自己一直有无伴奏合唱的兴趣，脸书上可见分享，也是学校合唱俱乐部顾问。从他写给学生的信中能感受到他对学生的热情。他是典型的日本中学老师，追求的是：让学生感受到学习的快乐。

老师的评语决定
学生的人生

心理学家卡罗尔·德韦克说，如果用错误的方法夸奖孩子，那将把他们养成没报酬就不行动的人。

孩子失败的时候，至关重要的是让他们认识到他们还在学习中。夸奖孩子的时候，不能只针对结果和他的聪明才智，而要肯定他投入的努力、集中程度、忍耐性、进步，这样，孩子就会受到激励。如果让孩子感觉到，做了父母对他们期待的就表扬，不喜欢的就批评，那孩子很可能会失去自信，不再尝试和挑战自身的追求。

谁都知道与他人做比较不好，但比如这种情况，就已经把比较的意识传达给孩子了，"你看人家谁谁多棒"！进而又说，"你也没什么不行的，学学人家"，这是最使不得的语言。

儿子的亲身经历让我了解到，日本的中、小学老师是如何通过对学生的评价影响学生的心灵成长的。

国立小学时期的流感季节，学校规定，如果一定比例的学生因传染病请假，全班都要停课，甚至全年级停课，全校停课。儿子是国际班，和普通班不在同一教室区，五、六年级曾停课一周，儿子所在的国际班还照常上课。

扫除和大田种菜种花等生活团活动通常由普通班六年级同学负责分配工作，没有老师管理。普通班停课了，儿子就成了生活团中唯一的六年级学生。国际班的六年级学生从来不组织活动，所以，儿子就对四年级学生说，五、六年级学生不在，只有你们来分配工作了。可是，四年级孩子却对儿子说，檀君，你是六年级学生，该你来主持工作！儿子不得已只好组织了这一天的生活团活动。

生活团活动结束之后，按照惯例，大家坐在一起开反省会。四年级学生不发言，也不听指挥。儿子气坏了，就大喊，你们这才四年级，牛什么呀！

国际班的班主任突然想起五、六年级停课，没人组织生活团了。儿子是唯一不会日语就进了这所学校的学生，日语学了不到半年，老师最了解他的日语水平。想到檀君肯定应付不了生活团的组织工作，老师就赶紧跑去儿子所在的生活团。结果发现，儿子所在的生活团已经在大田种花了。

开反省会的时候，老师在虚掩的门外偷看了檀君的愤怒表现。按照我的定式思维，认为老师肯定会批评儿子说话粗鲁没耐心，或者是建议儿子做领导要讲究方法。然而，出乎意料的是，老师向儿子道了歉。

他向儿子坦诚地承认了自己的先入为主，以为不会日语的学生就不能承担组织工作，对一直以来没有让国际生平等地锻炼领导能力，也有所反省。班主任最后还说："看到了檀君的吼教风采，帅得太让老师感动了！"

儿子升入公立中学以后，班主任在班级家长恳谈会上曾肯定过儿子的班长工作表现，敢说敢管，不同一般。我想，这和他从国立小学班主任那里学来的"帅"不无关系。

儿子初一时的班主任是一位年轻的英语老师，他在成绩单的班主任评语一栏中写道："檀君有影响别人的能力，希望发挥领导才能。"几年之后的顺天堂大学医学部英语作文考试出了"灾难时你要带上哪三样东西"的题目，儿子写的其中一样东西，就是初一班主任评语中的这句话。

初一时儿子只想着自己的日语还不行，学习成绩连平均水平都达不到，虽然想努力，但总处在被动状态。老师的一句评语让他感觉到有人认可他了，从而有了自信。班主任的这句评语，成为儿子成功考入日本顶尖医学院的动力源。

儿子初二的目标是学习成绩进入全年级前10%，因为出身公立中学的学生每年只有至多1%—3%可以考入高偏差值的精英高中。可是没想到，初一的英语班主任来找儿子谈话，动员他参选班委。

班委就是中国的班长，在学期开始时通过班内学生选举产生，一年选举两次，但前提是候选人要首先自己报名参选。儿子有点动心了。老师的动员是在周五，儿子回答说，周末考虑考虑，新周答复。估计是经过反复思想斗争还是拿不定主意，儿子就来问我要不要参选。

听到儿子这么问，我暗自高兴得心花怒放，但还是表现得不动声色，没有表示赞同或不同意。参选班委需要他自己的责任承担意识，我不能替他包办，所以只对他说，趁年轻，什么都尝试一下也不错。

让我高兴的是，他在思考是否能胜任的事，也就是说，开始有责任感了。

一班近 40 人，男女各半，班委是选出男生一人和女生一人，一个班有两名班委。儿子决定报名参选了。

新周的早上我注意看了电视新闻之后的星座运势，儿子是双鱼座，排行第一，心里希望他当选，并通过新的体验，获得更多的新知。

儿子放学回家已经是晚饭时间了，他自己不主动汇报，照理说，我也不该表示得过于关心，但还是忍不住问了一句，今天的选举怎么样？

他回答说，当选了。吃完饭儿子说，选举累坏了，要早睡觉。这时我才意识到，他其实对参选班委一事很重视。

儿子一向性格开朗，大大咧咧，从来没那么心重过。可见，承担责任的意识让他成长了很多，班主任的评价绝对不可小觑。

选举的过程是，候选人背朝同学站着，大家举手表决。儿子告诉我，他感觉唱其他候选人名字的时候举手的声响不大，而喊到他的名字的时候，举手的声响很大。所以，没转身就知道自己当选了。

班委选举不公布各候选人的具体票数，但儿子当选班委了。

班委选举后，按惯例学生自主召开代表委员会，各班委出席，确定委员长和副委员长，并讨论新一年的委员会工作计划。

数学菅老师经过召开班委会的教室，就问，大家在干什么？其中有班委学生回答说，是班委会。儿子数学比较好，和菅老师早已经成了好朋友。看到儿子，菅老师就问，开班委会你来干吗？菅老师对儿子当选班委感到很意外，这也证明，儿子在那时能当选班长，是一件成长的大事。6 个班，每班两名班委，三个年级，班委会共 36 人参加。儿子是在初二第二学期被选为副委员长的，初三全年则担任了委员长的职务。

委员长的工作之一是在周一全校早会上代替校长做全校朝令讲话。两年多前还完全不会日语的学生，在老师的评价启发之下，已经可以代替校长讲话了，我认为，这是特别值得肯定的教育成果。

小学老师用"帅"字肯定了儿子的领导风采，初一的成绩单上，班主任特别写道："檀君有影响别人的能力，希望发挥领导才能。"后来，在高一的成绩单上，班主任又写了："檀君在班里有威信，希望发挥统帅作用。"

可以看出，领导力是日本学校很重视的品质，老师的评价思路和方法也是基本一致的。

一年一度的合唱比赛

　　合唱比赛可谓日本代表性文化之一，不仅学校有合唱比赛，企业、音乐协会等都举办合唱活动，而且，参与者都是业余的，并非专业乐手。

　　日本最初举办合唱比赛是 20 世纪 20 年代的昭和时代，作曲家、音乐教育家小松耕辅接触到欧美合唱运动和比赛后，极力将其引入日本。1927 年，国民音乐协会成立，主办了第一届合唱比赛。其形式从一开始就是在比赛现场讲评合唱的好坏，以普及合唱为目的，取得了增加参与团体和听众的效果。现在的中学合唱比赛仍然沿袭传统，邀请专业音乐人作为评委主席在比赛现场讲评各班的合唱。

　　合唱比赛是大泉中学的两大活动之一，结束 5 月的运动会之后，接着就该为合唱比赛做准备了。每年 10 月举办合唱比赛，地点是很有音乐会气氛的区属文化中心礼堂。也只有公立中学才能享受如此待遇。各校在这里举办合唱比赛的时间错开。

　　合唱比赛的操办以学生为主体，每年都组成新的合唱比赛执行委员会，从 6 月开始发行合唱比赛通讯，两周一期。

合唱比赛执行委员会从 6 月开始每月开一次大会，其他时间再根据需要随时开小会，决定阶段性工作目标和执行步骤等。1 期通讯刊登了标语征集告示，班级讨论后，每班给出一个方案。时隔 2 周发行的 2 期通讯就公布了确定的标语。这个标语就成为当年合唱比赛通讯的名称，有 "Belle Voix：心中回响的奏鸣" "大泉中学协奏曲：教室回响的奏鸣" "燃烧吧，合唱魂——心中的奏鸣，青春的交响" "世界的回响：七色光辉之诗" 等。2 期通讯还公布了执行委员名单，每班两名代表。执行委员会的领导班子由初三的委员长和副委员长各 1 名、初二和初一各 1 名副委员长组成。

进入 7 月以后，儿子和女儿都兴奋地向我汇报他们班确定了哪首自由曲目，然后快乐地练唱，还主动了解音乐背景知识。女儿和有过同样经历的哥哥饶有兴致地交谈，可两人在初中的 3 年里都没有唱过同一首自由曲目。3 期通讯就公布了各班选定的自由曲目名称，开始征集节目单封面设计方案和班级形象画，并交由美术老师指导。4 期通讯介绍了班级形象画的作者和评审员的组成。

每年都有外请的专业评审员金泽智惠子老师，其他评审员有校长、担任年级副班主任的两位数学老师和国语老师，或其他教科的老师，以及各班选出的 1 名学生评审员，要求对音乐特别感兴趣，能听出演奏和歌唱的好坏，有歌唱和演奏乐器的能力。

评审员考察的有四项内容：和声各声部的平衡与效果；发声是否不用真声，且发声有回响；是否按歌词内容注意强弱，歌唱表现是否下了功夫；演奏方面是否以指挥为中心，整体性如何，所有成员是否都认真演唱。此外，还要看态度、服装等。

大家各自忙活去了，儿子和女儿都在家练习他们自己的声部，然后到学校去练和声。

5 期通讯的发行就是在暑假之后的 9 月了，也就是合唱比赛 1 个月前，公布了合唱比赛的顺序和各班学生审查员的姓名，以及各班指挥和伴奏同学的姓名。各班都能出钢琴伴奏，这让我非常佩服日本孩子的音乐素养。共 20 名钢琴伴奏，但实际上每班不止 1 名同学能弹钢琴，平均每班有 5—6 名学生从小练习钢琴。

从 9 月底开始的两周，就像运动会之前那样，集中练习开始了。两个音乐教室和体育馆、会议楼、午餐室的特殊教室已排好各班的使用时间，3 个班轮换，间隔 25 分钟。不仅音乐课上练，第 6 课时、班级活动和清扫时间也都变成合唱练习时间，还有班内自发的早练。放学后的练习，16：00 前合唱优先，16：30 以后俱乐部优先。

集中练习期间，各班放置一台电子琴，并借给初一学生 2 台录音机和 3 盘磁带，借给初二学生 2 台 CD 机和 3 张 CD 光盘，借给初三学生 2 台 CD 机和 4 张光盘。磁带和光盘内是各声部的音乐资料。

7 期通讯预告彩排的程序和具体做法，包括入场、队形、上下台，以及主持人、评审员的移动等。

合唱练习是音乐实践，有一张合唱自评卡，每周填写学习内容、自我反省和下一次的课题，还要自检乐谱、歌唱姿势、腹式呼吸、音量、强弱、合作的项目，用 3 等级标注。

合唱比赛是全班同学齐心协力的成果，通过合唱体验共同的感动，提高歌唱愿望和自主性，养成合作之心。通过训练，学习如何从歌唱中感受快乐，并拓展歌唱表现的能力。观看的礼仪和丰富的情操也从中得到培育。

8 期通讯介绍的是到达文化中心现场之后的规矩，包括观看中的注意事项等。但好比乐章之间不鼓掌的常识，每班演唱课题曲和自由曲目之间不鼓掌，无须写上，学生早已在音乐课上有所了解。

每个年级的课题曲不一样，但各年级的课题曲是不变的。初二时听初一唱自己曾经唱过的，能有所比较，初三时听初二唱过的，也有更多感触。儿子上中学时，初一的课题曲是儿童文学作家高木作词、童谣歌手加贺清孝作曲的混声二部合唱曲《夏日的礼物》，初二的课题曲是创作了许多中学生合唱曲的富冈博志作词、作曲的《朝向明天》，初三的课题曲是毕业典礼等经常选唱的《大地赞颂》，是日本诗人大木惇夫作词和佐藤真作曲的混声四部合唱曲。女儿在学的时候，初一的课题曲是富冈博志作词、作曲的混声二部合唱《我们的世界》，初二和初三的课题曲，和儿子那时候一样。

自由曲目从广为选唱的合唱曲中抽签选定，各班不同。儿子上中学的时候，初一初三共 18 个班，加上特别支援班，每年合唱比赛能听到 19 首自由曲的合唱；女儿上中学的时候，有 21 个班，22 首自由曲。通过合唱比赛，同学们应用了音乐课学到的知识。

合唱比赛前一日，学校给学生发来了去往文化中心的车票、节目单、礼堂座位号、比赛两天后需提交的作文用纸。我要为次日带便当做好准备，还有水壶、雨具、在文化中心前草坪广场吃便当午餐时用的铺地布等。演出服是西装校服，要上下仔细清理，白衬衣要熨烫得更加认真些，白袜子要换新的。

对家长，学校在合唱比赛前一周发来了观看通知，佩戴家长名牌即可入场。儿子和女儿的合唱节我都去观看了，一共 6 次。因为合唱节是在平日，有几次我是换班去的。有一次还是和孩子爸一起去的，孩子爸没想到无选拔的中学生合唱能表现得那么专业，甚为感动。

听最高水平的音乐会是享受，听孩子们的合唱是幸福，尽管不完美，却很感人。有的班男声唱得好，有的班女声漂亮，有的指挥不错，有的钢琴伴奏很棒。不过是一所普通公立中学的合唱节，没有选拔，练习时间实际上不足 1 个月，而且是利用课余时间，但所有女生都掌握了假声发音方法，声部清晰，且有强弱表现。指挥不是摆样子，真正起到了引领作用。

第二次去观看公立中学的合唱比赛时，儿子已经当上了班长。从练习到比赛，班长都要发挥组织作用。唱得不错，金牌没敢想，感觉应该是银牌或铜牌。颁奖从第 3 名开始，不是铜牌，那肯定是银牌吧。还不是。那好，准备欢呼得金奖！结果，没获奖。儿子沮丧得回家就去看美国大片，尽管次日早上还有英检考试。

有关合唱比赛的感想，同学们要回答几个问题：

1. 初三的合唱好在哪里？写出你认为值得学习的地方。

儿子：初三的合唱是从腹部发声，声音很漂亮。而且，注意强弱的地方很到位，值得学习。当然，初三已经变声了。

2. 初二的合唱好在哪里？写出你认为值得学习的地方。

儿子：初二的歌声回响强烈，声音也大，嘴张开得到位，值得学习。

3. 初一的合唱好在哪里？写出你认为值得学习的地方。

儿子：10 组唱得非常努力，而且，都倾注了感情，我觉得很好。

4. 今年在准备合唱比赛时，你最重视的是什么？

儿子：我最重视的是合作。大家如果不能合作好，各声部就不能融合，发声也出不来。所以，合唱就是合作的作品。

合唱节之后的音乐课要求每人唱自由曲目，从 5 方面进行评价，声音足够大 5 分、发声好 3 分、正确演唱自己的声部 5 分、对曲目有表现力 4 分、张口到位 2 分。儿子得了 19 分。

评价单上还要写上自我评价：

1. 这次考试你在演唱时特别注意的是什么？
儿子：不要被其他声部带跑了。
2. 唱好了的地方，和没唱好的地方，写出反省的内容。
儿子：该拉长的地方中断了。

合唱比赛是从上午 10 点到下午 4 点，初一和初二是上午演唱，由于家长席位有限，我在午间就离开了。儿子初三时的合唱比赛是下午演唱，我也有机会看到了闭幕式。各班演唱结束后，是学校合唱俱乐部的精彩演唱，最后吹奏乐俱乐部演奏了《彼得卢序曲》（*Peterloo Overture*）。来自日本合唱协会的评委说，能在那样的专业音乐堂每年举办合唱比赛的学校很少，同学们真是幸福。特别是学校的吹奏乐俱乐部在夏季中学生吹奏竞赛中获得了金奖，能听到他们演奏也是快事！

儿子中学最后一次合唱比赛是在考高中前半年，当时他已经是中央委员会委员长，合唱比赛结束后，要代表校长在早会上讲话。可惜他所在的班级没有获奖。

日本公立中学一千天

檀聪日记

2012 年 10 月 15 日（星期一）晴

　　今天是合唱比赛前一日。好久没打篮球了，打完球回家，学习了。看了筑驹的考题，猛一看感觉挺难，翻出答案，似乎并不难。这就是突然看到盲点感觉难，需要脑子的灵活力。

2012 年 10 月 16 日（星期二）晴

　　今天是盼望已久的合唱比赛。我属于临场发挥型的，加油唱了。可惜结果很遗憾，没有得奖，第 4 名。我从初一开始，任何活动都没有得过奖，太遗憾了！

交响乐教室

日本从幼儿园开始就非常注重音乐教育，唱歌是日课，每个年龄都有适合曲目一览表。书店卖的幼儿园常用琴谱多种多样，有收录160首歌的，也有收录230首歌的。日本孩子在幼儿园时期要唱很多歌，到了小学，音乐就是一门课程，不仅用来提高音乐技能，更要培育感受音乐快乐的能力。

一、二年级小学生的音乐课首先要让孩子们喜欢歌曲，手拉手围成圈，跟着歌曲的气氛自由地活动身体，边玩边唱。幼儿园也有这样的形式，但小学生要思考，怎么唱才能唱出自己想象的效果。为了让孩子们唱准音和把握节奏，老师会指导多听原曲模仿着唱，或好好听伴奏跟着唱。

小学上音乐课使用口风琴等乐器，和唱歌一样，先从感受快乐开始。有家长担心，自己的孩子没学过弹奏什么乐器，读不了五线谱，能跟上音乐课吗？其实，让孩子从小接触音乐、感受音乐的乐趣就是最好的音乐培养。没学过乐器也无妨，不必上来就演奏什么曲目，可以从弹奏出哆来咪开始。老师把音阶标上大字拼音，让孩子们读简单的乐谱，大家跟着节奏拍手、上下台阶进行学习。逐渐地习惯和亲近音乐了，开始听老师的演奏，老师的演奏特别注意音色、节奏、速度、强弱等表现。

小学的音乐课大多是班主任教，女儿所在公立小学的第一位班主任会弹吉他。女儿回来说，今天老师弹吉他了，特别好听。当时我还纳闷，什么课老师有机会给孩子们弹吉他呢？其实就是班主任上的音乐课。

音乐教育还不只是表现自己的声音，听朋友的歌声和演奏也非常重要。大家齐心协力的合唱和合奏就是通过感受，学习洗耳恭听，并理解自己在其中发挥的作用。

提高音乐技能、从音乐中感受乐趣，是两种并行的音乐教育目的，小学如此，中学也一样。中学音乐课的教育目的是通过更为广泛的歌唱和乐器的表现与鉴赏活动，培养热爱音乐的情感，丰富对音乐的感受力，发展音乐活动的基础能力，深入理解音乐文化，培养丰富的情操。合唱比赛是表现音乐，交响乐教室就是从音乐中感受乐趣的情操培养了。

生活中充满了各种各样的声音和音乐，中学的音乐课教材有 4 本：《中学生器乐》《中学生音乐 1》《中学生音乐 2·3（上）》《中学生音乐 2·3（下）》，其编辑宗旨就是让学生发现身边的音乐，并通过音乐活动，感受音乐的美好，关注与音乐有关的生活、社会、文化等层面。

《中学生音乐》围绕学习的曲目，渗透了几方面的主题：引发主动的思考能力，思考音乐本质，通过音乐学习联系社会、培养终生亲近音乐文化的态度，以及尊重乡土和本国文化。《中学生器乐》也是从器乐引发思考音乐。书中还有各界专业人士向中学生讲述自己的音乐和艺术经历。2012 年改版的初一《中学生音乐》收录了狂言师野村万斋讲述传统与学习，初二有创作歌手松任谷由实讲"相信自己"，初三是诗人谷川俊太郎和作曲家木下牧子讲"语言与音乐"。

学习音乐，就要思考人为什么要唱歌、演奏和作曲？听音乐意味着什么？世界上为什么存在多种多样的音乐？对此，每学年都有不同的音乐主题，初一是"音乐连接世界"，初二是"音乐与时间共存"，初三是"乘上声音飞翔"。

要通过学习音乐联系社会，也就给各年级设置了不同的课题，例如音乐与生活和社会、文化如何相关？初一的课题是"声音和音乐发挥的作用"，初二是"开辟音乐体验的地区服务"，初三是"工作与音乐"。

《中学生音乐》中有为赈灾祈愿的歌曲，学生从歌曲中能感受到音乐连接人的思想，具有赋予勇气的力量。在音乐的知识产权方面，学生在日常生活中会随时接触到音乐的下载，所以，音乐课本中就加入了漫画的解说，促使学生确立尊重作品和作者创造性的态度，理解著作权支撑了音乐文化的继承、发展和创造。

中学音乐教育的最终目的，是培养学生终生亲近音乐文化。音乐课本中介绍的曲目从古典到流行，丰富多彩。流行音乐是人们耳熟的曲目，了解日本的流行音乐、海外的流行音乐，实际是提供了超越时代的话题。

乡土音乐文化部分使学生对自己居住的街区文化感到亲切，例如九州的小仓祇园太鼓、石川县小松的儿童歌舞伎、岛根县的出云神乐歌舞、日本三大伴奏音乐之一的千叶县佐原囃子。通过接触传统音乐和艺能，培养对本国文化的自豪感。

7 月上旬，公立中学为初一学生安排了区教育委员会、中学教育研究会、中学校长会主办的交响乐鉴赏教室，在每年举行校合唱比赛的区属文化中心大礼堂观赏东京都爱乐交响乐团演奏的交响音乐会。

东京都爱乐交响乐团于 1975 年创立，开展的音乐活动有演奏会、歌剧、芭蕾和流行音乐会、电影音乐、电视演出、CD 录制、音乐鉴赏教室等，范围广泛。

交响乐鉴赏教室历时 1 个小时，乐团演奏了电影《E·T》的"飞行主题"（Flying Theme）、《号角手的假期》（*Bugler's Holiday*）、外山雄三作曲的《管弦乐狂想曲》（*Rhapsody for orchestra*）和斯美塔那音诗组曲《我的祖国》中的"伏尔塔瓦河"，指挥是多次在国际上获奖的海老原光。

交响乐教室也学习相关礼仪。去会场的路上要遵守公共常识，进入会场后不得饮食等。演奏中不得进出会场，节目单不要弄出响动，还要注意指挥的动作和演奏变化，用眼和耳去欣赏。演奏开始前，乐手精力特别集中，所以，听众也必须怀抱同样的心情。为响应交响乐团成员的认真演奏，听众必须洗耳恭听。为此，演奏中不能低语，要沉静心情认真倾听。演奏开始前和结束后大声鼓掌。

听音乐会的交通费都是区里支付，出示学生手册即可入场。当天还要带手绢、节目单和水壶。

各曲目的简单说明在去音乐会之前，老师打印好并下发，学生自己预习。听完音乐会要写报告，作为音乐考试的一部分记入成绩。报告要围绕至今经历的和学习的内容，写出意识到的、明白了的事情，以及引发的思考等。报告要求特别提醒：可以写感想，但报告与感想文不同，不能只写感想；节目单可以参考，但不能抄写。

选择曲目之一写报告，一周后的周一提交。儿子选了《管弦乐狂想曲》。"该曲的乐器构成很特别，使用了打击乐 Chunchiki、铃铛和缔太鼓。开始以为只是用提琴和法国号演奏的曲目，实际还加入了日本和风乐器作成了民谣。我发现，这首乐曲突然热烈，又安静下来，之后再气氛昂扬，不知为什么。回家以后在网上查询了，说这叫'急缓急'的形式。回忆了一下听到的演奏，还真是这样！"

《中学生器乐》中介绍了和乐、竖笛、吉他、打击乐，以及这些乐器的合奏器乐。中学生入学后要求准备竖笛，很多世界名曲的主旋律就用竖笛练习演奏。其中，和风乐器中首先介绍的是从中国唐代传入日本的筝，接下来才介绍三味线、比竹笛发声略低沉的筱笛、大太鼓和缔太鼓，还有尺八。

乐器的介绍包括构造组成和弹奏方法，对某种乐器发生兴趣的话，按照中学教科书也可以开始练习。

檀聪日记

2010 年 4 月 28 日（星期三）雨

这几天，我用苹果电脑自己作了曲，有生以来第一次作曲，乱七八糟，但比玩游戏有意思多了。以后，我可以用作曲代替玩游戏了。我的 DS 游戏机送妹妹啦！本来想买而没买的 Wii，不买也行啦！

美术课重在鉴赏

　　美术课作为美术教育的科目，在日本小学阶段叫"图工"，初中和高中阶段叫"美术"，而且，作为高中的普通教科叫"艺术"，专科才叫美术。

　　与音乐教育相同，美术教育也包括表现和鉴赏两方面。小学的图工是学习用图画和造型、手工三种方法去表现，同时，感受其他同学的作品和鉴赏国内外的美术作品，从形状和色彩感受到艺术的美好。也就是说，通过表现和鉴赏活动，活跃感性认识，感受创作的喜悦，培养造型的基础能力和丰富的情操。

　　小学的图工课每周一次，但每次都是连续两课时，孩子们可以利用集中的时间做一些作品。学校开放日我观摩过女儿的图工课。在之前的图工课上，老师发了一张黑纸，孩子们已经用刻针刻画了自己演奏音乐的形象，遵照要求，头发刻画精细，体形等主要线条刻成了粗线等。这节课的课题是在自画像周边画上表现音乐的形状。这个"音乐的形状"就需要孩子们各自发挥想象。

孩子们的表现丰富多彩，创意非凡。用刻针刻画音乐的形状后，再用蜡笔上色，呈现的效果简直是魔幻般的斑斓。

孩子们一年在图工课上要做不少作品，全部作品在秋季的学校展览会上亮相。孩子们可以看到其他班和年级的作品，家长当然要去看，社会上如果有人感兴趣也可以去看。

儿子在国立小学时，我参观过图工作品展，感觉孩子们的创意水平大大超出了自己的预想。本以为公立小学或许有些差距，但参观了女儿的公立小学作品展，却发现，水平更为可观。

儿子在国立小学是毕业年级，六年级的作品难度最高，男生从找木料、锯木头开始，做了一把真的能坐的椅子；女生从买布到裁剪，缝制了一个围裙，还画了一张小学书包的素描。其他年级的作品难度也不低，我还拍了不少照片准备给女儿参考。

第一次观看女儿的图工作品展是她三年级那年。当时，一年级作品是纸制的寿司盒饭，非常逼真；六年级绘画部门的作品从体育馆顶部垂吊到了地面；立体部门的泥塑交响乐队真是花了大功夫，所有成员的动作都不同，还都拿着乐器；手工部门是缝制了实用的布袋，算是拼布艺术品。障碍学生班做了珠帘，可以作为工艺品售卖。

基于小学的图工水平，中学美术课注重培养丰富的造型思维，以及结合生活和社会的美术资质与能力。根据学生的发育特性，课程以三方面作为支撑：知识和技能方面，丰富造型思维；思考力、判断力和表现力等方面，学习创意和构思与鉴赏的观察和感受方法；态度方面，培养主动学习的习惯和对美术的兴趣，提升感性认识与情操。

中学美术的表现领域包括绘画、雕刻、设计、工艺，鉴赏领域是观看各种艺术作品，通过感受和思考来品味艺术。鉴赏课是观看艺术作品后提出自己的感受和想法，获得对美术的感受能力和审美。

美术教科书的标语是"美术室里诞生的"，有《美术1》《美术2·3（上）》《美术2·3（下）》和《美术资料》，特点首先是能看见美术课是怎么上的，排版按课程顺序和学习的过程构成。表现和鉴赏的相互关系在一个题材中可整体学习，而且学习步骤一目了然，使学生能够从主体的立场推进课程。

比如在绘画和雕刻等课程部分，有明确学习目标、鉴赏、创意和构思如何表现、下功夫表现、鉴赏这样5个学习步骤。关于学习目标的说明语言是通俗易懂的。比如"由衷喜爱的风景"一题，学习目标有二：一是发现吸引自己的风景，思考如何去表现当时的心情，然后下功夫画出来；二是观赏作品，感受作者是怎么想的，用了怎样的表现方法。对学习目标的提示写道：在日常生活中，有没有吸引你的风景？校舍里两段楼梯间的拐弯处、从俱乐部教室看到的足球场大门、上学路上的树木等，这些风景伴随时间和季节的变化呈现出不同的情态，要用下了功夫的表现方法把吸引自己的风景画出来。

作为参考，这一课题的鉴赏作品是莫奈的《吉维尼小路》。

对创意和构思的表现只有一个提示，那就是对日常看惯的风景换个角度去捕捉感觉。比如两段楼梯之间的拐弯处，随着时间和天气的变化，地上的光影会发生变化；校庭的风景可以从楼上俯瞰，树木可以仰视，还可以透过植物看建筑。可以用硬纸做个取景框，对风景进行切割和构图。有了新发现就赶紧拍照，或画素描记录下来。

接下来是同学们纷纷下功夫表现属于自己的校园了。有女生构思的主题是把每天经过的路表现成自己今后要走的路，路延伸得很长，有纵深感。有男生构思的主题是，看到校门旁边的灌木就感到安心。

他选择了开着的小白花作为图片的主角，为呈现阳光照射的样子，画了阴影，同时，叶片的颜色各有不同，他就调出了浓淡不一的绿色；近景的白花用细笔蘸一点点水上色。整个画面给人温馨的感受。

美术教科书包括前言、绘画和雕刻、设计和工艺、学习资料四个部分，学习资料中有对画材的介绍，铅笔、水彩、彩铅、画棒，用中学生容易操作的具体实例对画材使用技法和呈现效果进行了细致的解说。

美术教材的第二个特点是学习的深入，鉴赏也不只是观看，比如鉴赏《最后的晚餐》，用复写纸临一遍，对透视的画法就有实际感受了。

在鉴赏学习方面，为加深理解，还包括比较关联性较高的作品，比如将葛饰北斋和梵高的作品进行比较，美术教科书将他们的作品分别印在一页纸的正反面，并配以介绍文字。

美术教科书的用纸和印刷都非常讲究，为的是让作品获得接近真品的效果。

说到学习，一般很容易只想到学知识，学美术，也一般理解为学技能。知识和技能当然重要，但还不是教育的全部。学知识只是日本学校教育的一部分，美术课除了学技能，更重要的是通过鉴赏使技能的学习得到深入，提高审美，并应用于生活和社会活动之中。

美术在中学的教科中不是孤立的，在教科书里，处处都设有与其他教科相关联的专栏，学生能从中确实感受到美术与其他教科之间的联系。

比如在初一的美术教科书中，有鉴赏模纹设计的内容，介绍富山模纹的应用时，在美术与数学的联系专栏中编入了埃舍尔模纹，关联到初一数学学习的平面图形。

与国语课的关联有古典文学与屏风图，关联汉字的构成，通过美术鉴赏拓展语言知识，关联到对文案的思考；与社会课的关联有火焰型土器，装饰中寄托愿望；与理科的关联是从描绘大自然的作品中发现科学；与家庭课的关联有饮食文化。

现在的美术教科书已经印刷二维码了，动画和作品链接更加丰富了鉴赏的内容。

初一的美术课已经和小学不同，除了制作作品，还要写报告，需要更多的自觉意识。学习基本的物体观察角度和描绘方法，并与职业设计的基础关联，课程内容有铅笔设计和水彩画、平面色彩构成、创意画。鉴赏方面，主要学习如何拓展美术兴趣。

初一的暑假美术作业是参观区立美术馆，并提交规定格式的报告。展览是中村广的绘画和模型，儿子在"觉得最好的作品"处填写的是《水滴》。什么地方好，他写的是："看到水滴，就感受到水滴能给人无限的想象力。而且，感觉水滴是有生命的，透明感太好了。"整体感觉如何，儿子写的是："作者的想象力太厉害了。"美术馆的建筑和周边环境如何，儿子写的是："充满绿色，环境好极了。"在报告另一页，儿子画了水滴。

初二在初一学习的内容的基础上，发展更为立体的表现，加深表现多样性的理解，有立体制作、雕塑、绘画。鉴赏方面，要能感受作品蕴涵。

美术课的考试只在期末才有，一年两次，可以带美术资料，不能看教科书。考试前会发来复习提纲，第 2 学期的期末考试范围有线条透视法、风景画、素描、画家与素描。线条透视法中，初二第 1 学期考了作图和消失点，第 2 学期主要考鉴赏问题。透视法有近大远小的线条透视法和近浓远淡的空气透视法，鉴赏问题的范围包括 9 幅画作的透视法和消失点的运用，以及对视线、表情等的描写。这 9 幅画作是达·芬奇的《最后的晚餐》《受胎告知》，凡·艾克的《阿尔诺芬尼夫妇像》，乔治·修拉的《大碗岛的星期天下午》，超现实画派大师契里柯的画作，长谷川等伯的《松林图屏风》，歌川广重的浮世绘版画《名所江户百景》，雪舟的山水图，达利的《记忆的永恒》。风景画考的是鉴赏画作中远景和近景的构图，包括十几幅名作。素描考技能知识，画家与素描的考试包含了 20 幅作品。

初三，要以之前两年获得的经验为基础，客观审视自己，接触艺术家的作品及其抽象表现方法，课程内容有平面色彩构成，抽象画、自画像的制作，深入作者人生及画作背景的艺术作品鉴赏。

檀聪日记

2010 年 1 月 30 日（星期五）　晴

昨天是家长参观日，老妈总说我上课不举手发言，很烦，所以，我就推荐她来看第一节美术课。老妈是 8:50 一上课就来了，就她一个人，没有其他家长来，人家都看二、三节以后的课。

老妈看了美术课之后非常惊讶，原来日本的初一孩子就能把素描画得那么专业了。其实今天我也很惊讶，居然自己能把自己的手画得让自己满意了。老师说，素描有三个阶段，开始要把素描对象看成一个比较简单的图形并把它画下来；然后再去实现立体感，立体感主要是指东西的存在感，比如画球，要注意球和桌面接触部分的光线变化等；最后是实现质感。

老师说我进度快，同学也问我怎么画成那样的。

要是以前就知道这样的素描技巧就好了！

最近在看《交响情人梦》的漫画，画了个小提琴和野田惠的熊。

职场体验：确立进学方向和职业梦想

　　"职场体验"是日本文部省的教育指导内容，在教育课程中，属于特别活动和综合学习。几乎所有公立中学都在初二实施职场体验活动，促使学生将梦想具体化。儿子和女儿都是在结束初二职场体验后确立了自己的进学方向和职业梦想的。

　　职场体验的实施背景是针对义务教育结束后学生步入社会的现实课题，例如，就业方面，用人体制变了，求职者不适应用人方的需求，用人方对毕业生的招聘状况不同了，等等。另一方面，孩子们所处的时代环境在发生变化，模拟和间接体验越来越多，而直接接触社会和自然的机会明显减少，这在很大程度上使得学习兴趣和意愿都出现了降低的趋向。

　　在技术革新不断变化和经济产业发生快速结构性转型的现实之中，学生通过职场体验，接触工作中的人，理解了工作的意义和目的，也了解到，结束学校教育后，要掌握怎样的新知识和技术、技能才能开拓自己的职业生活。

为什么要学习？为什么要持续不断地学习？这其实是教育的根本意义之所在。

现行日本《中学指导要领》非常注重体验和解决问题的学习，从1999年底开始实施的中学到高中的衔接改善方案，以及2004年初开始实施的职业教育促进调查，都把促进职业教育提上了议事日程，中学的职场体验从2005年开始实施。

人的发育要经历几个节点，各成长阶段都必须结合发育的科学，职场体验的实施也是基于促进发育的课题。小学是探索和选择未来的基础形成时期，初中是现实性探索和暂定选择的时期，高中是尝试性探索和转移到社会性准备的时期。

小学时期，孩子们开始关心周边的环境，通过街道探险，调查、了解家人的工作，参观职场，树立理想的自我形象。孩子们经过体验活动，既感到很快乐，也会生发出以下诸如此类的想法：长大以后我也要当护士；在店里工作的人比看起来更辛苦；爸爸妈妈的工作也很难呀；等等。

中学是根据兴趣形成勤劳观和职业观的时期，通过了解周边的职业状况、职场体验等，制订进学计划和暂时确定职业选择，获得肯定的自我理解和有用感，探索如何生存和发展自己。通过职场体验，中学生了解了工作的艰难和快乐，深切地感受到了工作的意义；看到父母和周围的人都在努力工作，产生了敬佩感；懂得了交流的重要性，明白了在学校学习的意义。

高中是深化自我认识和接受自我的时期，实施到企业、行政机关、研究所等的就业体验活动，以及大学、专科学校等上级学校的体验课等，结合学校的学习和职场实习，确立勤劳观和职业观，制订自己未来的计划，为步入社会做准备。高中生实习后的感想已经非常现实了，他们说，实际感受到想要从事的工作其实不适合自己；了解了持续学习的重要性，对确定进学方向有了帮助；懂得了在企业的努力程度与现实的艰难；看到了上司给部下发出指示的场面，感觉到部门之间的人际关系非常重要。

职场体验是职业教育的重要组成部分，容易脱离实际的学校教育通过职业体验得到重新评估。现在的教育要求是：让学生在具体的实践场所切身感受到学习与工作、生存的联系和严肃性。

对学校来说，职场体验是重新评估教育活动的机会，促进教育意识的改革；对教员来说，他们通过进一步了解职业和产业，能够更好地为学生提供信息和建议；对地区社会来说，共同培养学生的热情得到提高；对企业来说，看待中学生的角度发生了变化，让承担未来的人才培养和自己的社会作用具象化；对家庭来说，话题的充实成为孩子了解家长职业的契机，家长也能发现孩子的另一面；对学生来说，可以加深自我认识，发现自己的可能性，体会人际关系的重要，增强交流能力，习得社会性规则和礼仪，捕捉职业具体形象，开始懂得学校学习与职业的关系，使学习目的更加明确。

职场体验是启发性的经验，让志向意识得到延伸，培养作为社会一员共生存的奉献精神。

初一就有了解家人职业的课题学习，此时，学生一般都还没有思考过，将来要从事什么职业，要度过怎样的生活。了解家人职业是通过采访的方式，父母、兄弟姐妹、祖父母等都可以，选择从事自己感兴趣职业的家人，直接见面或打电话，最后做出采访报告，在暑假中完成。

学校发来采访问题一览表，包括职业名称、工作地点、这个工作做了几年、具体是怎样的工作、为什么要从事这个职业、从事这个职业需要资格和执照吗、什么样的人适合这个职业、做这个工作有哪些好的地方、有感到困难的时候吗、为什么要工作、对今后有什么想法、请给我一些建议等方面。

儿子当年采访了他的爸爸，爸爸的工作业务是承接环保项目。

采访家人职业的报告会在班级附近的楼道里粘贴出来。儿子说，住我们家附近寺庙的同学，写的是她的住持爸爸。通过这样的学习，同学之间也了解了彼此家人的职业。

采访是国语课的内容，作为职业学习的延伸，初一第 2 学期安排有采访老师的学习。这项活动以班内生活小组为单位实施，儿子担任组长，组员 6 人。

首先要和老师预约采访时间，预约用语有格式化例句："×× 老师，现在占用您一点时间可以吗？我是一年级 × 班的 × × ×，现在国语课正在做采访的学习，请问可以采访 × × 老师吗？"

老师给了意见要表示感谢，接着再进一步确定具体时间。"谢谢，那就 × 月 × 日—× 月 × 日吧，您看什么时间合适呢？"预约成功后要重复预约时间，"是 × 月 × 日 × 点，好的，我们记住了"。

询问采访地点时说："请问可以在哪里采访您？"老师答复后要重复一遍，"明白了，那就 × 月 × 日在 × 处，× 点，我们来采访您。百忙之中能抽出时间接受我们的采访，不好意思，请多多关照"。要领得法的实用规范用语就像这样，在义务教育的国语课中得到反复应用，从而变成了自己的素养。

关于采访老师的内容有 3 个提问已有规定：

1. 为什么想到当老师？
英语老师：认识一个看上去像黑社会的人，他推荐的。
理科老师：中学容易进。
2. 做老师感觉快乐的事。
英语老师：自己教的学生当了老师。
理科老师：大家都毕业了。
3. 给初一学生的寄语。
英语老师：认真地活着！
理科老师：珍惜朋友，中学好好学习，进了高中乐享青春。
磨炼自己，别人自然会注意到你。

其他提问是学生原创，访谈技巧要求学会把握时机，驱动谈话。

儿子的小组准备了两套提问，一套针对未婚班主任英语老师，另一套针对学年主任理科老师。这位理科老师的家乡是小笠原岛，虽然行政上属于东京都，但需乘船 24 小时才能到达，而且每周仅一班船。能从小笠原岛考进东京理科大学实属不易，令人佩服。

Q：房租多少钱？
英语老师：每月 8 万多日元（约 5000 元人民币）的一居室，浴室是带加热功能的浴槽（缸），有灶台，还没有煤气炉，准备买一个。
理科老师：分期付款买的房，去年刚重新装修了。

Q：学生时代印象最深的事。

英语老师：高一和高二的班主任，看着像体育老师，其实是英语老师。

理科老师：高中的老师，是个打破规矩的人。

Q：工资怎么使用？

英语老师：全部用于生活，还有结婚的可能。

Q：过去的女朋友。

英语老师：田径俱乐部的学妹，收到过她送的钥匙链。交往了1年半，毕业后分开了。约会不过是从学校到车站，偶尔请她吃饭。

Q：和夫人是怎么认识的？

理科老师：属于职场结婚，对方是国语老师，不是初次交往的人。

Q：求婚说了什么？

理科老师：没说什么，就稀里糊涂结婚了，现在没孩子。

Q：圣诞节怎么过？

英语老师：想和女生吃饭，但没有女朋友。没有放弃结婚，还是想构筑一个幸福的家庭。

Q：休息日怎么度过？

理科老师：陪狗散步。

访谈结束后，学校又请来外部专家举办了职业讲座，专家是经营体育用品商店的原足球国际裁判和家畜医院的兽医。谁都要伴随工作度过一生，讲座人作为前辈，会讲述自己的经历和思考，让更多的人了解他们的职业，也分享工作的快乐。

各班班长负责迎接讲师、移动麦克风等，儿子也在其中。1 小时的讲座之后，安排有 20 分钟的答疑时间。

讲座之后的国语课是学习信件格式和写感谢信，表述自己从这次讲座中学习到了什么。

日本的现代文化中仍保留着许多严谨的格式化习惯，与中文写信最为不同的是必须有前言。信件包括寒暄时令和问安等的前言、正文、结束语、日期和署名，根据需要还可以有日语称作"追伸"的追加事项部分。

国语课的教科书附带一本资料集，其中有信件例文，段落开头空 1 格、标点占 1 字位、一个单词不跨两行的换行规矩等都有说明。写作职业讲座上感谢信的国语作业当然也要用到敬语和注意措辞严谨。

日本的各种作文考试对格式要求非常严格，学生从初一就开始学习和注意了。即使在当下的电子邮件时代，日本人的家里仍必备信笺。学生的社会活动联络事项经常用到往返明信片。贺年明信片在 12 月 25 日前发出，邮局还保持着元旦送到的传统。学校俱乐部每年都给即将毕业的学长写告别信。一到毕业季，女儿就要去文具柜台挑选信封和信纸的精美套装，小楷毛笔是必备文具之一。

讲座次日，学生要先提交学习收获的正文部分，国语老师盖了检查完毕章发回来，就可以按信件格式写信了。儿子的学习收获写的是：

听了高田老师的讲话，对店铺和工作的方方面面有所了解了。本以为商品是从制造商那里直接运过来的，原来还存在批发商。而且据说，价格也是批发商决定的。高田老师从足球裁判到经营体育用品，还遇到罗马法王等，待客的态度也很专业，50年的职场经历，太了不起了！

听了町田老师的讲话，大概了解了兽医是什么感觉的工作了。本以为兽医的诊疗对象只是狗和猫，原来老师活跃在很多领域呀！

经过初一的职场学习，在初二的秋天，儿子经历了为期5天的职场体验，女儿初一的时候是实施职场体验。

职场一览表发到学生手中，首先是根据自己的兴趣填报志愿，各行各业都有，例如图书馆、美术馆、体育馆、音像租赁、幼儿园、小学、养老院、商店、餐厅、超市、便利店、汽修、洗车房、美容院、健身房、公园、农家、旅行社、车站、消防署、税务局、医院等。

无论哪个职场都不是只有一般能看到的面子工作，后台和清扫也是配套体验的内容。通过职场体验，学生能全面了解梦想中的职场不只是自己曾经看到的部分。

对职场体验我曾经有疑问，实际上只有两天的工作，能学到什么呀？后来，通过了解孩子们的体验感想，发现，学习的收获更多的不是技能，而是发现自己在体验前后对相关职场的理解有所不同，以及实际从业的难度和状态。

填报的体验志愿不一定都能得到满足，儿子当时已经有进医学院的想法了，所以填报了综合医院。医疗系统的体验地点有区属医师会检测中心、护理住院猫狗的宠物医院、家畜医院、按摩院、牙医诊所、综合医院，儿子去的是牙医诊所。医疗行业的体验总共没几名学生，要求比较高，体验前召开特别会议，负责老师讲解了相关注意事项。

女儿因为喜欢和孩子玩儿，填报了去幼儿园的职场体验志愿。

日本的幼儿设施种类较多，幼儿园以3—6岁孩子为对象，保育园接收1—6岁的孩子，两者各属不同的政府管理系统，幼儿园属文部省，是教育机构，保育园属厚生省，是保育机构。幼儿园的幼师需有幼教资格，保育园的幼师需有保育士资格。大学的幼教专业一般两种资格都能取得，毕业后可选择去幼儿园或保育园。幼儿园和保育园在针对3—6岁孩子的幼教内容方面并无明显区别，只是保育园也接收1—2岁的孩子，有照顾婴儿的内容。现在日本已多有幼、保统一的趋势，所以，学习幼师专业如果只取得幼师和保育士中的一种资格，是难以适应就业需要的。

中学的相关职场体验具体有幼儿园和保育园的辅助保育和清扫，还有在企业托儿设施照顾幼儿，在儿童俱乐部给婴儿喂奶和为孩子入场做准备、讲纸偶戏等，女儿是到保育园实习的。

图书馆的工作也接触孩子，除了借书业务，还有给幼儿读绘本。在日本的图书馆工作需要取得司书的职业资格，所以，幼教专业的学生除了取得幼师和保育士资格，一般也会取得司书资格。持有多种职业资格对就业有利。

养老、福祉行业也是职场体验比较多的，有养老院陪老人游戏和聊天，福祉设施帮助障碍者，区属综合活动中心做办公助理，以及恢复中心、敬老馆、接送居家老人白天去养老院活动的日间服务等。

餐厅有前台接待和后厨、送餐的工作，还有做甜点的机会，寿司店、荞麦面餐馆制面，咖啡厅边做边卖咖啡，能学到技能是肯定的。

商店种类很多，工作特点也各有不同。超市不只收银和商品陈列，食品的出货和其他后台工作也很有讲究。服装商场不仅要装袋，商品陈列也需要审美。电器店里都有电脑馆，补充商品需要电脑知识。建材商店要搬运砂石，还要乘坐作业车到进货地拉商品。

职场体验期间根据各职场的要求不同，有的穿正装校服，有的穿体育服，有的就是穿自己的衣服去，到现场换工作服，没工作服的地方需要自己考虑穿什么衣服适合。在同一职场做不同的工作，有时也需要换不同的工作服。穿上工作服，戴上名牌，看到自己适合那套制服，不仅情绪高涨，工作的干劲也提升了。医疗行业穿白衣，儿子那时第一次穿。

5 天的职场体验，实际只工作 2 天，最初的职场访问也是职场体验的一部分，学生必须认真对待，毕竟职场是腾出宝贵的时间来应对的。

职场体验说明中对职场访问用语等做了细致规定，到达访问地点要先自报姓名，"百忙之中失礼了，我是为职场体验前来访问的大泉中学初二学生 ××，今天请多关照。请问可以联络负责人吗？"。

负责人来了之后说话要全部使用敬语，态度客气，必要事先认真确认。确认事项要求学生事先记在记录纸上，并在访问职场前备好。

访问结束时要与职场负责人客气地说："29 日和 30 日的两天体验请多关照。"

职场负责人大概会说："那么，所有事项就确认完了，29 号等你们。"

这时，学生代表要说："今天百忙之中抽出时间，非常感谢。当天我们会尽力做好，但肯定还是会添麻烦，请多多关照。失礼了。"

在学校规定的访问用语之外，代表学生可根据需要添加。职场负责人有何指示，学生要返校汇报。学生通过具体的实践，真正懂得了什么场合要说什么，应该怎样做，为以后步入社会积累了常识。

职场体验期间的午饭是带便当，在体验职场的食堂吃。学校和幼儿园有午饭，但工作人员在外面吃或到便利店买。即使职场工作人员说"去买了吃吧"，也不能去买，必须带便当，包括水壶。儿子在牙医诊所体验时，正好是中饭时间，大家边吃便当，边听负责人讲话，诊所还给了点心礼物。

无论在哪个职场体验，整体的心理教育是一致的，那就是：职场是战场。父母给的零花钱，孩子一般不多加思考就花了，但产出1元的是职场。不认真工作就没有客户，一切都靠每天的一个个细小工作积累而成。

学生们必须懂得，职场接受自己是承担着风险的。不出错最重要，精神不得有丝毫的松懈。职场工作人员做得更快，远比学生做得好，那也得腾出手来教学生怎么做，所以，学生必须感恩，并诚心诚意地加油做到最好。但是，即使尽力做好也难免出错，如果失败了，要立刻诚实地向职场工作人员汇报，不得擅自遮盖自己的闪失。

女儿在保育园体验职场，要接触很小的孩子，包括给婴儿喂奶，事关生命，必须保持更高程度的紧张感。如果发生意外，保育园要负全部责任，所以，绝对不能出现任何闪失。

儿子职场体验的医院，患者基本是身体不适才来，所以绝对不能给患者增加精神负担，要注意做事不张扬。

职场体验之后，同学们感想很多。他们说，在汽修店学到了有关车的知识，在税务局学习了税务的知识，在消防署跟着消防人员学习了如何做消防的工作，在福祉设施学习了帮助身体障碍者、轮椅的操作方法、读书时的位置，这些都是之前不知道的。体验医疗职场，实际感受了医院和护士的工作有多么重要；体验检测中心才知道那里是做体检的，也认识到了体检的重要性。

职场体验规定为 9:00—16:00，平时上学时间的 8:25 到出勤之间的时间不得在外闲逛，要在家自习。职场体验这天，下班早的话也要先回家，不得中途去公园等，15:30 之前在家自习。职场体验结束后可以参加学校俱乐部的活动，但必须穿校服到校。

体验手册的注意事项中还写到，大人的世界里，时间是一切，时间是金钱，迟到一秒都不可原谅。所以，手册提醒道：集合时间不能设定得过于紧凑，有需要乘坐公交的要确认地铁、巴士时刻表，要提前 10 分钟到达职场。

女儿的保育园实习从 9:00 开始，因为就在附近，也没有和其他同学集合的问题，自己直接到体验现场即可，所以 8:45 出门就来得及。但是，幼儿园老师的实际上班时间是 7:00，不住附近的话，可就要天不亮就起床了。

下雨天孩子反而玩兴大增，穿着雨衣到院子里玩耍，老师要和他们一起。女儿感受到了幼师的辛苦。接触孩子体验到他们的旺盛精力，明白了做幼师体力很重要。

给孩子讲纸偶戏，他们都会安静地听。女儿说，自己不擅长笑，但是和孩子对话自然就有笑脸了。孩子的笑脸很灿烂。

女儿在考大学面试时，当问到志愿理由，她说，中学职场体验以后确立了做幼教老师的志愿。和孩子们在一起玩耍，被他们的天真笑容治愈。给孩子们读绘本，感染于他们认真听的样子，自己也认真起来。为了让孩子们高兴，自己会想出各种办法，孩子高兴，自己也高兴。

当问到要做怎样的幼师时，女儿说，职场体验时看到老师的眼神，是以幼儿的视线讲话做事，自己也要成为有孩子立场的幼教老师。

儿子的牙医诊所工作体验是每天 8:50 在学校正门集合，特别注意事项有剪指甲。

9:00 到达牙医诊所，和院长一起换上口腔卫生师的白衣，然后听院长说明牙科医院的工作。牙医诊所的职场体验时刻不忘三件事：精神饱满地向患者和医护人员致以问候，一直保持笑容，不妨碍工作人员和患者。

两天的体验工作要求做记录，儿子的第一天从诊所参观开始，中途换回校服坐着院长的车去参观了区里的"健康长寿生动活泼节"，那里有为保持健康的运动、营养、口腔、认知症预防等的相关讲座，还有展板展示和体验活动。返回诊所后辅助医师和口腔卫生师清洗口腔科用具。第二天的工作更为具体，有挂号处接待患者、病历管理、个人信息输入电脑、清扫综合治疗台、放置患者使用的纸杯并盛水、洗净用具、消毒、灭菌，为下一位患者准备枕套和围嘴。

第二天的最后工作是叫来候诊的患者，引导至治疗台，给患者挂好围嘴。

工作记录中有学校规定项目：

11 月 29 日

★ 最难的场面和事情

不知如何分类用具，询问工作人员的时机很难把握。

★ 最高兴的场面和事情

请自己吃了午饭。

★ 自己主动推进工作了吗？

清洗用具能积极主动地做了，挂号处的接待、清扫综合治疗台和其他辅助工作就像刻在脑子里那样，先观察后做，除了自己不懂的，应该没有不能参与的工作。

★ 一天的感想

今天和工作人员交流了，他们说，因为是集体合作，所以要快乐地做。所以，我快乐地度过了一天，融入了现场的气氛之中。用具的种类和分类基本都懂了。听院长讲了以后，牙的构造和名称也记住了，第 2 小白齿、第 3 大白齿等。牙周炎的细节也明白了。参观健康节的时候自己也做了牙的检查，牙肉稍有出血，以后要注意刷牙时仔细些，有关刷牙的时间和方法也学习了各种新知识。最后还领了一个舌头清理工具。今天重新认识到，牙真的是太重要了。

★ 日后应用之处

职场的时间非常重要，动作要快，做事不能失败，必须精准。现在的自己还缺乏准确性，以后要注意提高做事的精度。

11 月 30 日

★ 最难的场面和事情

患者来了的时候，要说 ×× 来了，一紧张，磕巴了。

★ 最高兴的场面和事情

清扫综合治疗台之后还剩了一点时间，我就各处又检查了一遍，发现针盒里针不全了，就给换上了。工作人员看到并夸奖说："太棒了，你已经可以在这里工作了！"很高兴。

★ 自己主动推进工作了吗？

病历管理等可以积极主动地做了，工作人员忙到脱不开手的时候，我就帮他们把病历管理等做了。但是，用具又多出来一些种类，应该如何分类放置不知道，还是问了工作人员。

★ 一天的感想

今天不像昨天那样了，整天都是在医院里。工作也增加了，感觉好高兴！不知为什么，我对用具的清洗非常专注。牙医诊所职场体验的 3 人中，我做了最多的用具清洗工作。上午患者比较多，用完的用具一批一批送过来，忙坏了。可是，洗完之后的成就感也是难以言表的。把个人信息输入电脑比较简单，引导患者的时候紧张了，但也还算做得可以吧。这次职场体验，做了各种事，很累，但同时也获得了成就感和快乐感。

★ 日后应用之处

集体协作对牙医工作非常重要，休息的时候聊了很多。以后也要不忘快乐工作的感受，积极主动地投入到各种事情之中。

仅两天的职场体验，儿子好像一下子长成大人了。

职场体验之后的作业除了记日志、写一篇作文，还要给体验的职场写感谢信，并在职场体验一周后再次访问时送达，届时取回职场负责人填写的记录表，提交学校。

儿子在"职场体验"作文中写道：

职场体验的第一、二、三志愿全部落选，我的体验职场成了出学校不远的南齿科医院。对牙医诊所我是形象的概念都没有，而且，基本没去过。所以，牙医诊所对我完全是个谜。

去事先访问的时候，感觉诊所充满了和蔼的气氛，院长看

日本公立中学一千天

牙医诊所的职场体验

上去也很可亲。事先访问就算顺利地结束了，之后是体验工作当天。我们3名同学在学校正门集合，然后去往工作地点，走进医院，换上白衣。

换完白衣去院长办公室，立马感觉到了与事先访问时完全不同的紧张气氛。从院长那里学习了一些有关牙齿的事情，包括之前不知道的水泥质、齿髓等，非常有意思。

起初什么也不会做，也就只能大声地向患者致以问候。后来，工作人员教了清洗用具的方法，我就积极地做了。本以为，不就是清洗用具吗，没什么难的，可实际做了以后才发现，清洗之后的分类很难。第一天就只清洗了用具。

第二天还是像第一天那样换上白衣，开始参与了医院的准备工作。第二天来的患者是前一天的好几倍，非常忙。清洗用具已然很忙，还有病历管理、叫患者进来、引导患者等的工作，真是累坏了。

通过这次职场体验，我切身感受到了，工作不是轻松的事情。用具有 50 多种，要快速洗净，还要准确分类，比想象的要累多了。但是，如果快乐地工作，那是非常快乐的感受。

职场体验是一生难忘的事情。我在牙医诊所做了各种工作，每一项工作都要求精度，留下了非常辛苦的记忆。虽然只是短短的两天时间，但体验到了现实世界的严酷，非常感谢职场体验活动。

区教委组织的
海外派遣

　　我们所在的东京都练马区自 1988 年实施海外派遣事业，从 2003 年开始派遣中学生前往澳大利亚，区内 34 所公立中学每年派男女生各 1 名，组成 68 人的派遣团，在昆士兰州伊普斯维奇市寄宿交流。之所以称派遣，而不叫短期留学或夏令营，是因为学生肩负着政府部门的亲善大使责任，要起到文化交流的作用。

　　每年 2 月就发来澳大利亚派遣活动的报名通知，入学前我也已经了解到该项活动的信息，不过，全年级一百多名男生只选 1 人参加，感觉是件可望不可即的事情。后来看到儿子学业进步快，居然还当上了班长，就对报名参选澳大利亚派遣活动产生了跃跃欲试的想法。儿子的顾虑是，初三要考高中，暑假很关键，而为了去澳大利亚要分散很多精力。而且，对他更有吸引力的，还是暑假回北京吃羊肉串。

　　去澳大利亚的派遣活动虽说只为期 9 天，但之前区里组织实施研修活动，出发前两个月的很多周末都要参加研修和一系列相关活动。

我认为澳大利亚派遣的预备学习和考高中并不矛盾，起码对提高英语有利，就鼓动儿子报名。尽管被选上的可能性不大，但参选的准备不繁重，当作英语的学习课题去完成也不错，还能试练一下竞争实力。

儿子初二当上班长以后，在代表委员会认识了三年级的代表委员熊泽君，上一年派遣澳大利亚的就是熊泽君。熊泽君是大泉中学的奇迹，出身公立中、小学，却考入了全日本顶尖高中，也应届考入了东京大学。儿子在附近书店刚巧碰到熊泽君，就顺便询问了澳大利亚派遣的感受，熊泽君说，那是非常好的活动，绝对应该争取参加。

就这样，儿子对报名澳大利亚派遣一事有些积极了。可是，具体报名通知发来后发现，儿子可能不具备参选的资格，因为参选者原则上 6 年内不能有海外教育的经历。

初二的最后几天里，全校意见文发表会召开，儿子从班里选到年级，在滑雪教室做了学年演讲，又被选到全校发表。可能因为脱稿，效果很好。发表会结束后，即将作为区领队之一参加澳大利亚派遣活动的山田老师叫住儿子说，澳大利亚派遣的事，你要不要考虑报名？

虽然我们心里嘀咕，到日本才不到 6 年，真的有可能入选吗？但既然老师建议了，还是决定报名。初二结束前，儿子提交了报名表。春假里我辅导他写了报名澳大利亚派遣的规定作文，主要内容是：为什么报名，如果成为派遣团成员，预备学习该如何努力，到了澳大利亚想怎么做。

报名参加澳大利亚派遣的学生只有十几人，毕竟英语和各方面能力都有要求，而且，由于日本的生活过于舒适，有留学想法的孩子很少，海外经历对大多数日本人并无魅力。女儿上高中以后去澳大利亚短期留学了不到 3 个月，那是他们学校开始留学项目的第一年。日本人普遍认为考上东京大学很厉害，如果要在哈佛和东京大学之间作出选择，日本学生普遍不会选择哈佛，甚至更多的认识是，在日本混不好才去海外。

初三开学后不到一周，澳大利亚派遣的报名学生首先在英语学习室接受英语老师的集体面试，次日到校长办公室接受校长面试。等候校长面试时，儿子被新换的班主任岛田老师叫到了一边。儿子预料到了，可能是澳大利亚派遣的资格有问题。老师确实说了资格问题，但主要还是提醒儿子，面试时无须顾虑资格问题。

接受校长面试时，儿子不仅没紧张，还感叹校长笔记写得快。

面试是周五，傍晚我接到了副校长的来电，她说，儿子的海外派遣资格问题正在讨论和交涉，请我谅解，校方应该在一开始就给予确认。我表示，孩子参加报名活动本身对能力的提高也有促进作用，很庆幸获得了参选的机会。

我把副校长来电一事告诉儿子了，他也觉得，就当练习写作文和校长面试吧。

公布澳大利亚派遣学生的名单是在面试后的周一午餐之后。儿子居然中选了！

那派遣资格的问题呢？儿子回来说，是校长决定的，他认为从中国到日本，并没有英语国家的教育经历，回日本够6年的规定与儿子无关。

自从这件事确定了，我也开始学习澳大利亚文化。很多年前去过澳大利亚的悉尼和墨尔本，儿子前往的昆士兰州在澳大利亚北部，首府是布里斯班。

儿子的学习资料首先是区里发来的一个日文和英文对照的大厚本，分为澳大利亚的历史、国家、环境与人口、文化、动植物、产业、观光几个大主题，每一个大主题中有若干上届派遣生写作的论文，各有小主题，共34篇文章。学习这些论文就用英语了解到澳大利亚的方方面面了，进而可以为在当地上课以及与同学交流做准备。我感觉这种英语学习办法太妙了！一般来说，当你读原文书感到难解时，可以翻翻译著，因为那里包含了译者的理解，理解之后的陈述就相对比较容易懂了。用学生写的英语学习社会学教科书级的内容会轻松不少，英语学习也因为应用目的强而比单纯学语言成效更佳。

区里在5月底举办了首次派遣成员的集会，派遣生借此机会彼此认识，还与领队老师、团长、区教委领导等见了面，研修日程也落实了。去澳大利亚时要穿区里规定的黄色西服，这一天试装，还领了很多资料和作业，内有一张通知，需要家长负担不到十分之一的旅费，仅4万日元。

研修从6月中旬开始。为了和当地学生进行文化交流，研修前两周里，儿子需要补习日本传统游戏、柔道和剑道的武道，茶道和花道的文道、太鼓和歌舞伎的艺道等内容，不是仅了解各道内容就行，还要用英文把它们介绍得让澳大利亚学生明白。

期中考试结束次日就是第一次研修，要提交一份英文调查报告。儿子和大泉中学同行女生的写作题目是"日本的自然纪念物球藻"。经研修老师修改，最终要用派遣生写作的34篇英文报告制成介绍日本的资料册带去澳大利亚。

第一次研修同时召开了派遣生家长会，主要是让妈妈们做好派遣生的健康管理。会上播放了上一年研修活动和在当地向澳大利亚学生传授日本传统游戏的视频，还有日本女生给金发女生穿和服。

会后家长可以参观派遣生的研修，我当然要去看看。孩子们几人一桌，和外籍教师用英文交谈着，据说，是邀请了澳大利亚人辅导英语。

研修生用英文自我介绍，儿子说到自己喜欢看电影，并把电影票都留下收集起来，"留"用了 remain，澳大利亚老师纠正说，要用 keep。

视频还播放了日本学生和澳大利亚学生的联欢晚会场面，日方节目是团员全体的舞蹈和合唱，澳方是能歌的歌，擅舞的舞，演员为选拔方式。澳大利亚人总发生疑问，为什么所有日本人都能歌善舞？那应该是日本教育的独特之处，即避免竞争，让所有人都做到标准才是目的。

研修是全天，早 8 点到晚 5 点，中饭要带便当。儿子提醒我说，便当要做得洋溢日本风。做儿子的便当我从来不太注意外观设计，好吃就行，可澳大利亚派遣有传播日本文化的意义，研修老师也都是澳大利亚人，于是，派遣生都比着，看谁的便当更能表现出日本文化氛围。

每次研修都有好几位外籍老师辅导英语，参加这样的活动真的是提高英语的大好机会，也确实非常有效。结合自己的体验用英文介绍日本文化时，儿子说了和纸的事。还是在国立小学的国际班移动教室，儿子体验了从纸浆开始制作和纸，留有明信片大小的好几张和纸作品。那几张和纸做得比较厚，像是好几层宣纸粘在一起，原创和纸可以插入枫叶、花瓣等。儿子准备把自己的和纸作品带到澳大利亚去，给当地学生介绍时增强形象感。

发表意见文的时候我就训练儿子脱稿演讲，他也真是听话，老老实实地背了，果真效果不一般。因为尝到了甜头吧，后来凡有讲话他都不拿稿，介绍和纸也没有看稿，不仅所用英文变成了自己的，传达效果也好。

澳大利亚派遣的最后一天要举办联欢晚会，可能因为儿子在介绍和纸时表现了脱稿的能力，联欢晚会的英文主持人就定到儿子和同校女生的头上了。

研修和研修之间，儿子的学校活动仍然紧凑。考试前一周按校规停止俱乐部活动，可考试结束后，马上就要外出比赛，而且都在周末。有研修的日子不能参加部活，但没有研修的周末，儿子都是早出晚归去其他学校比赛。而且，应对考高中的校外模拟考试已经开始了，也是在周末。

派遣生的亲善大使任务表现在方方面面。我们住的地区是动漫城，和举办世界最大动漫电影节的法国阿讷西缔结了动漫产业协定，实施创作和拍摄的交流活动，也协办电影节等。阿讷西国际动漫电影节是1960年从戛纳电影节中独立出来的。区里发来了练马动漫城的介绍，日、英文各1本，需对照学习到能用英文介绍自己所在居住区的特点。同时，去澳大利亚时要带上我们地区政府制作的电动车模型礼物，是《银河铁道999》卡通人物。此外，自己也要为寄宿家庭准备礼物，但由于是学生赠送，不能多花钱，我们准备了招手猫的瓷器。

最后一次研修召开了第二次派遣生家长会，还是强调健康管理，并发来了盼望已久的寄宿家庭信息。儿子的寄宿家庭是当护士的单身母亲和她的两个16岁的孩子，Michael和Teigan，兄妹俩。开始我对单亲家庭还多少有些疑虑，后来才得知，澳大利亚离婚率很高，单亲家庭不足为奇。

儿子通过研修，基本能对付澳大利亚当地的生活了。派遣生每人准备了十几个介绍日本文化和日澳各领域关系的报告，英文大有长进。

参加了那么多次研修，但一直都还是候补派遣生，要经过区长任命才能成为正式的澳大利亚派遣成员。由于派遣生还是中学生，家长也必须参加包括区长任命的结团仪式。

结团仪式上，孩子们汇报了研修期间练习的三首合唱曲，《踏上旅程》《故乡》《大地赞颂》，即将在澳大利亚的联欢晚会上演唱。到底是各校选拔的学生组合，唱得太好了，让在座的家长都非常感动。

2012 年 7 月 27 日，在区政府挑空大厅举办了澳大利亚派遣团的出发仪式，我去送行，看到 34 名男生和 34 名女生穿着黄色西服，儿子站在第一排正中央。那时儿子 14 岁，第一次独自参加海外的集体活动，羡慕他用自己的努力获得了机会。

到达澳大利亚后，从机场首先前往练马庭院，那是区里捐赠兴建的海外日本庭院。在那里，派遣生与 68 个寄宿家庭会合。每人 1 个家庭，只能说英语，领队老师等住宿的市内酒店作为总部。

到达寄宿家庭是周六，周日在家度过。刚见面的时候，因为对方说话快，儿子一上来连 Nice to meet you 都没听懂，马上产生了不安。儿子把准备的礼物拿出来，那家人都很高兴，缓解了紧张情绪。寄宿家庭的气氛爽朗而快活，儿子在这里住了 6 天。

周六当晚就和家人一起去了超市，肉卖场的种类丰富，让儿子开了眼。和日本不一样的是，买东西不论个儿，都是套装，而且大包装。寄宿家庭妈妈 Donna 让儿子挑个自己喜欢的泡奶麦片，儿子拿了一个标准号的。Donna 马上说，No，No，从儿子手里拿走麦片放回了货架。儿子以为自己做错了什么，很是担心。这时，看到 Donna 换了个超大号的，说"Here you are"。儿子明白了，买大号是当地的规矩。

澳大利亚的晚餐主要是肉，所有菜品都有肉，太适合儿子的胃口了。第一顿晚饭就是从来都让儿子眼睛发亮的大盘牛排配各色蔬菜。主妇不愧是护士，很细心，除刀叉外，她还给儿子特意准备了一双筷子。据说，看着儿子用筷子，一家人都表现出佩服的神情。

周日按当地习惯，要去野餐，是在附近湖边的大草坪公园。公园设有野餐台，湖是通往大海的。那天，Michael 和 Teigan 的爸爸也来了。

派遣生在寄宿家庭都有搭档，儿子的搭档是 Michael，大个儿，身高 186 厘米。Michael 主要负责照顾儿子的学校生活，周一开始两人就一起上学。

68 名派遣生分散在当地的 5 所高中，儿子在伊普斯维奇州立高中。儿子对学校的第一感受就是特别大，是日本中学的好几倍，校园整体就坐落在一片大草坪之上，还有橄榄球场。儿子也上了橄榄球课，而且在宽阔的校庭投了回力镖。

学校有日语课和日本文化课，以及其他学习亚洲文化的课，还有亚洲学习中心。很多学生对日本文化、动漫、电视剧等感兴趣，让日本学生感到自豪。彼此也介绍自己学校的事，丰富了交流的话题。当地学生努力学日语，也激励了日本学生积极地说英语。Michael 很喜欢日本，表示秋天要参加回访日本的活动。

儿子说，当地学生脸上总是洋溢着灿烂的笑容，第一天上学自己多少有些不安，但到了学校紧张就消失了。遇到当地学生时，他们总是高高兴兴地主动跟自己打招呼，用日语说，早上好，你好。

儿子一共上了 4 天课，有体育、日语、英语、理科和美术。上课时很自由，同学们基本都在和朋友说话，但解答问题时，大家都非常认真。

日本的教科学习进度快，儿子初三，是到对方的高二班级上课，可高二的数学才学 40 的 20% 是多少，相当于日本的小学水平。计算全用计算器，儿子说，他心算都比当地学生快，让大家甚为惊叹，威信立马大增，结交了不少朋友。早听说美国高中学的就是日本初中低年级内容，日本高中生考 MIT 时，只要英文过关，其他都不成问题。

儿子还学了排舞，开始感觉很难，完全跟不上大家，经过练习能跳了。

澳大利亚的高中在学校吃两顿饭，上午 4 节课后午餐，可以从家里带三明治，也可以在学校里买。下午上完两节课后还吃一顿饭，然后再上最后一节课。每节课只有 35 分钟。

从家到学校只有 3 公里，早上儿子和 Michael 不坐校车，而是跑着上学，两人成了好朋友。当时正值伦敦奥运会，儿子发来的第一张照片就是和 Michael 戴着奥运大眼镜的合影。两人还远足到昆士兰公园，在那里能碰到学校的同学，大家玩爬绳和捉迷藏，就和更多的同学成了朋友。

8 月 2 日在昆士兰城市中心举办了联欢晚会，当地家长也参加，实际是欢送会。

儿子在寄宿家庭聊过自己的经历和家庭情况，告别时妈妈 Donna 送了一兜小礼物，其中有一顶尺码较小的帽子，说是送给女儿的。

联欢晚会之后，派遣生在寄宿家庭住了最后一晚。次日告别时，派遣生都依依不舍，不忍离去，几乎没有不哭的。以后儿子和 Michael 也一直保持着联系。

告别寄宿家庭以后，派遣团终于有了一天的游学时间，参观了布里斯班市区、昆士兰博物馆、天堂农庄的澳大利亚传统乡村文化、黄金海岸。

中学生派遣团一行从澳大利亚回到东京，已是夜间，我带女儿一起去区政府参加了欢迎仪式。解散后回家的路上，儿子一直在激动不已地叙述澳大利亚的生活，主题还是吃，说完大汉堡，再说大薯条、野餐大吃，点心都是一块大烤鱼。

学校还在暑假中，从澳大利亚之冬回到日本之夏的第二天，儿子就参加了羽毛球训练。之后回家扔下两件能拧出汗水的球衣，30秒冲了个澡，10秒喝了杯冰茶，划拉了几口辣白菜纳豆炒米饭，换上澳大利亚派遣团的黄西服，就去拜见校长了。报告凯旋，并敬呈自己给校长准备的礼物，是澳大利亚原住民的飞镖。

区里规定每人带不超过3万日元的澳币零花钱，我给儿子换了210刀澳币，并告诉他，不必考虑爸妈，自己买几件衣服，有心思就给妹妹买个小袋鼠布偶。结果，他还是给爸爸买了礼物，我和女儿的礼物是Donna送的。箱子里占了一大块地方的是给很多同学、朋友的礼物，儿子买了多盒套装的考拉饼干。羽毛球部70多人，每人都有份儿。算数好很有用，精打细算之后，就留下了作为纪念品的三枚硬币。

拜见校长时，儿子带上了U盘，说是接着去其他学校和小组同学一起制作澳大利亚的PPT报告，弄好了还能回来两三分钟。我为这不确定的两三分钟备好了西葫芦泡菜鸡蛋饼。

儿子还承担了派遣生组长的职务，几天后要在区里演讲。

演讲当天又出现插曲，小组负责PPT的同学没来，估计是时间搞错了。幸亏儿子自己也带上了资料。

这家伙胆子越来越大，区里的演讲都不事先练习，上来就讲，即

Walking to Australia

School life in Australia

大泉中学校3年　楫　聡

I had a wonderful time in Australia. Before visiting Australia, I was very nervous. Because I couldn't speak English well. My host family were Donna, Teigan and Michael. They were very kind to me. Teigan and Michael like playing sports. So I played badminton with them everyday. When I said good bye in the Nerima Garden, Michael said 'I'm thinking of signing up for a badminton club soon.' It made me very happy. They took me to many places. I enjoyed very much. So I miss them.

I went to Ipswich State High School. The students were very friendly. A lot of students talked to me. But I felt very sorry I couldn't use more English to talk with them. Although I couldn't speak English well, I made many friends.

I got so meaningful memories in Australia. I love Australia! I want to go Australia again!

オーストラリアの学校と日本の学校の違い

・授業は1時間が35分で、8時間ある

・決まった教室が無く、教科ごとに移動する

・ランチタイムが二回ある

・学校はとにかく広い(なのにトイレは学校で2つしかない)

・ピアスをしたり、髪を染めても良い(日本のように、校則は厳しくない)

　学校に4日間通いましたが、生徒は皆フレンドリーで、よく話しかけてくれました。普段から男女仲良く話していて、学校の授業も難しくないので、生徒はストレスのない学校生活を送っていると感じました。将来は留学を考えているので、わずかの時間でしたが、早い時期に外国の学校の雰囲気や生活環境について学ぶことができ、とても貴重な経験となりました

感想

　今回の海外派遣を通して、たくさんのことを学ばさせていただきました。その中で一番重要だと思ったのが、"コミュニケーションのとり方"です。英語でうまく伝えられなくても、ジェスチャーや物を利用し伝えたいことを伝えられました。コミュニケーションは言葉だけではなく、意志も大切だと分かりました。

2012 年澳大利亚派遣报告书内页

兴发挥。之后老师指定各小组两名代表在下午有家长参加的解团仪式上演讲。小组按当地上课的 5 所学校划分,演讲共 5 对学生,儿子和同中学的女生一起演讲。

解团仪式的举办地点是区属会议中心的阶梯礼堂,看到儿子在舞台上边操作电脑上的 PPT 边讲,深感区教委主办的中学生海外派遣活动在多方面让派遣生获得了大幅度成长。让中学生做海外交流的亲善大使,实现了文化互动,而带着任务的学习又调动了学生的潜能。

为了下届中学生澳大利亚派遣,每年都制作一本日文和英文对照的澳大利亚资料集。大泉中学负责的主题是澳大利亚的产业,具体主题是“与日本农业的联系”,由儿子和同校女生写成。

此外,区教委在结束每年的澳大利亚派遣后要编制一本报告书,其中有 68 名学生的每人 1 篇记录。儿子考大学面试时还把这本报告书带上了,用自己的记录页证明了这段精彩的经历。

澳大利亚派遣活动至此尚未结束,接下来还有任务,儿子和同校女生要到女儿所在的公立小学去演讲。遗憾的是只给六年级讲,女儿当时是五年级。不过,当时的六年级班主任是女儿四年级时的班主任,听完儿子的演讲之后,见到女儿就一个劲儿地夸奖。

演讲也是用 PPT 展示照片等,儿子最后总结说:“我通过这次海外派遣了解了澳大利亚的日常生活、文化等很多事情,其中最重要的是感受到了交流的方法。在澳大利亚,不知有多少次,词语说不上,想表达的说不清。但遇到这种情况,就利用周边的东西,或手势,最后还是传达了自己想要说的。所以,交流不只靠语言,心交才最重要。”

澳大利亚派遣的报告在中学也演讲了,儿子说:“最开始我对英语对话没自信,也不太想报名,但即使选不上,就当是面试练习,我还是报了。没想到被选去参加了澳大利亚派遣。开始我是 Nice to meet you 都没听懂，接触异国文化后发现不知道的事太多了，有些沮丧。但是，过了一周以后，和寄宿家庭熟悉了，也能聊天了，最后告别时难过得眼泪都要流出来了。如此精彩的体验，也许今生不会有第二次。这段经历将是我一生的珍贵记忆。不擅长英语没关系，总以笑脸应对，交流总保持积极的态度，有这两点，你一定也会拥有今生难忘的精彩记忆。"

最后给大家的英文寄语是："If you try, you can do it. If you want, you can get it."

檀聪日记

2012 年 6 月 16 日（星期六）

开始总担心，做自我介绍时忘了说什么怎么办，说不出来怎么办。澳大利亚老师特别有意思，紧张的感觉就消失了。英语会话的时候，还不能马上说出自己要表达的，今后要更加积极地说。

老师评语：是的，不要害怕失败，积极进取。

2012 年 6 月 23 日（星期六）

今天用英语介绍了日本文化，中途没忘词儿，背着说成了。感觉比上次好像积极些了。不知道的单词还是太多了，在家要多多学习。

老师评语：多记一个单词也是好的，不放弃，加油到最后！

2012 年 7 月 7 日（星期六）

今天讲了自己要带到澳大利亚的礼物，澳大利亚老师纠正了好几处，感觉英语的用法又懂了一些，太好了！而且，澳大利亚老师说的话也全都听懂了。

老师评语：真高兴能每天感觉到自己的进步。到出发还有一星期，加油到最后！

2012 年 7 月 21 日（星期六）

今天是最后一次研修了，应该发挥了至今为止的研修成果。合唱时声音没有太出来，回家要练习。英语会话的研修到最后还是记住了各种词汇，感觉有了自信。

老师评语：时间过得真快，马上就要出发了。希望体验有收获。

2012 年 8 月 10 日（星期五）

今天负责 PPT 的同学缺席，幸亏我带了 U 盘以备万一。基本没练习，都是即兴发挥。但因为是自己的体验和学习收获，我觉得应该还是全面传达了，并且又重新感受到，在澳大利亚度过了精彩的时光。

老师评语：演讲得非常好！以后一定再去澳大利亚吧。联欢晚会你主持得太好了。真是 Good Job！！

家长参与

教育活动

周密的 PTA 组织

　　日本的学校教育一直坚持学校、家庭和地区社会的合作，PTA 为由家长和老师组成的社会教育团体，主要是家长的志愿者活动，在组织和实施活动的过程中，有些环节需要征求负责老师的意见，以取得与学校活动的协调。

　　1868 年明治维新后，日本导入了近代学校制度，起初各学校的设立和维护经费原则上由地方居民负担，特别是小学。后来逐渐过渡到由街村负担了，但还是难以满足学校的预算要求。于是，为减轻学校运营在经济和劳务方面的负担，在校生的家长和学区的居民就结成了支援团体，名称有"后援会""保护者会""母亲会"等，但基本就是经济援助，没有参与到教育活动之中。战乱时期，家长的团体活动停滞。战后为支持荒废的学校和教育，活动重启，各地开展了践行 PTA 精神的先期运动。1948 年，在美国教育使节的指令下，以教育民主化为目的，70% 以上的中、小学都设立了家长和教师组成的 PTA，由此，家长开始参与到学校的教育活动之中。PTA 的宗旨就是通过家长和教师的相互学习，提高教养水平，其成果返还到家庭、学校和地区社会，使学生得到健全的成长。

PTA 不是官方的，也不是学校的，是民间团体，它以教育为本，不得有营利目的。虽然 PTA 的原则是所有家长都加入，但从学校来说，学生的家长是否加入 PTA 与学生无关。公立学校的教育依据地方分权和教育分权，由于地方财政、地方教育委员会的见地、校长的思想、风土、居民特点等各有不同，PTA 活动存在较大的地区性差异。

PTA 没有法律义务，不是法人，家长自愿参加，但《社会教育法》定义了以青少年和成人为对象的组织性教育活动，其中规定，如果教育委员会认可其与学校教育不冲突，学校应该把自己管理的设施提供给社会教育实施者使用，PTA 属于实施社会教育的团体，所以学校设有 PTA 工作室。当然，如果 PTA 不再开展社会教育活动而失去公共性，就不能免费使用学校设施了。

至此也有把 PTA 发展成 PTAC 的，就是家长和老师之外增加了地区会员。

参加 PTA 不是义务，而是权利，通过 PTA 的活动，可以更多地了解学校和孩子，有助于各方面的交流。

大泉中学的 PTA 由各年级 3 名家长代表和教师代表 3 人组成 12 人的事务局进行运营。PTA 的最高领导机构叫运营委员会，教师方面有校长、副校长、组成教职员事务局的 3 名委员参加，家长事务局由各年级 3 名家长代表组成。教职员事务局的 3 人担任副委员长、负责笔录的书记和会计，家长事务局成员担任委员长、副委员长、书记、会计、办事员。12 人的 PTA 事务局就由教职员事务局和家长事务局组成。

家长事务局的各年级代表由"选出管理委员会"通过问卷、互选会等形式确定，选出管理委员会由初一和初二各班的 1 名家长组成。

每年开学时要确定初一的新生家长代表，入学典礼前新生家长领到问卷并填写，自荐或推荐他人都可以，填好的问卷由选出管理委员来收集。入学典礼召开过程中，选出管理委员整理问卷，得到推荐的家长在入学典礼结束时会领到参加"互选会"的通知。互选会上确定 3 名初一的代表候选家长，5 月召开 PTA 全体大会时正式任命。互选会确定初一代表候选家长，意味着选出管理委员的一年工作结束。

初二和初三的代表家长是他们的孩子还在初一和初二时由选出管理委员会通过问卷和互选会的形式确定的。每年秋天，PTA 运营委员会发来问卷通知，可以自荐，也可以推荐他人，初三家长不在被选范围之内，但也要提交问卷，当年的选出管理委员也不在候补范围。此外，选出管理委员会要选出教职员 1 人和家长 2 人的会计监查员。

PTA 运营委员会还有其下属委员会的代表加入。大泉中学有宣传、教养、生活厚生、班级代表这几个 PTA 委员会，均由各班的 2 名代表家长组成，委员长和 1 名委员加入运营委员会。特别支援班的 10 组各年级出 2 名代表家长组成 6 人的 10 组委员会，其中 1 人加入运营委员会。

运营委员会和选出管理委员会都发行通讯，所有家长都从中了解 PTA 的活动情况。

开学季的 4 月下旬召开当年第一次家长会，重要事项之一是确定这一年的 PTA 各委员会的委员。

现在的日本妈妈也大多从事社会工作了，所以，确定 PTA 委员的人选成了大难题。上一届 PTA 委员组织这一届的选举，如果没人主动举手表示要承担 PTA 的哪个职务，组织者就会挨个儿劝诱，你来吧，你行吗？她们会把相应职务的工作尽量介绍得轻松和快乐。

PTA 职务的确定过程在中、小学状况相似，有家长甚至为回避 PTA 选举而不参加每年的第一次家长会。但是，如果没人举手承担 PTA 职务，就会采取抽签方式，缺席家长会则自动拿到剩下的签，签上写的职务必须承担。如果怕摊到工作最多的职务，不如出席家长会，主动承担一个较为轻松的职务。

如果有妈妈愿意，可以小学 6 年和中学 3 年持续做 PTA，真有这样的妈妈，女儿同班同学的妈妈就是这样。但其实，做过一次 PTA 的工作就无须再做了。小学是做地区组织工作的可以不再承担 PTA 职务，说自己有社会工作已经不再是推辞 PTA 的理由，但在中学说已经承担过小学的 PTA，一般还是可以得到理解而可以不再承担中学的 PTA 职务的。

那一年，我承担了小学的地区组织工作，就没有再承担中学 PTA 的职务，但转年我主动举手做了宣传委员，主要编辑和制作 1 年 3 次的校刊。之所以在儿子初二时主动举手做 PTA，是恐怕到了毕业季，PTA 会增加毕业活动，届时工作更多了。

家长策划实施的
学校活动

　　儿子进入大泉中学那年，PTA 会员共 694 人，家长 655 人，教职员 39 人。如果一家有两个或更多孩子都在学，会员只计算 1 人，也只交 1 份 PTA 会费。

　　每年召开一次 PTA 全体大会，但出席会员不到百人，其他会员填写委托书，表示同意大会议题，相关事项即可按超半数同意通过。

　　大会议题包括过去一年的活动报告、新一年的活动计划和预算、会费结算报告、任命初一家长代表和教职员事务局委员、选出和承认会计监查委员等。

　　全体大会结束后各委员会分别集中，讨论当年如何实施活动计划。

　　一年中，各委员会定期召开会议，部署阶段性工作。运营委员会负责 PTA 全体大会的召开、举办进出教职员的送迎会、参加和协助学校活动与 PTA 的外部相关团体的活动、发行运营委员会通讯和 PTA 全体大会通讯，还有支持上级学校联合咨询会。代表委员会负责收集各年级的 PTA 会费，以学年为单位开展活动。初一代表委员会每年组织两次班级茶话会，初二代表委员会除每年组织两次茶话会外，还举办以家长为对象的讲座，比如为考高中开办的"考学在我家"讲座，请毕业生家长给初一和初二家长讲孩子考学的亲身经历。初三代表委员会组织 1 次班级茶话会，负责毕业证书封套和纪念品的订货和验收、组织毕业庆祝会、策划和主办上级学校联合咨询会。10 组委员会负责暑假娱乐活动，策划企业参观，举办进学讲座和协助初三欢送会的召开，紧密家长和教师之间的联系。教养委员会提供了解教育状况的资料和开办讲座，策划教师和家长的上课体验教室，负责校服再利用等。生活厚生委员会以学生能更好生活为目的，举办各种校内外活动、学校午餐试食会，运动会时做自行车整理，地区巡回，配合安全教室，参加和协助区组织的地区分支委员会。宣传委员会编辑和发行每年 3 次的学校杂志，反映学校活动、PTA 活动和会员意见。

就像这样，家长都是 PTA 成员，但其中部分家长作为代表和委员付出个人时间，承担了很多具体工作。忙不过来的时候发出通知，召集更多家长会员协助工作。

我没有担任运营委员会高级领导的经历，但做了儿子初二那年的宣传委员，任务很具体。各班 2 名家长，全校 18 个班，共 36 名委员。因照顾初三家长有孩子考学的重任，委员长就由初二家长担任，我参与那年的委员长是儿子的好朋友土井同学的妈妈。土井妈妈是每天都有社会工作的，很佩服她愿意承担起委员长的职务，她也确实很有能力组织起 36 人的编辑发行工作。她的样子看上去和一般日本人不太一样，稍有不修边幅，说起话来也比较随性大方。

委员长说，过去都是把打印的照片和文字交给印刷厂进行电子排版，现在为节省经费，想尝试自己排版。我有 DTP 排版经验，就举手说可以承接这件事。委员长半信半疑，说可以试试，如果不行还采用以往的方式。委员妈妈们积极性很高，表示要尽量配合。于是我就提出了具体要求，电子照片无须打印，但要把按规定存成 CMYK 格式的文件交给我。初三的一位妈妈负责照片加工和整理。可是，她真是没有多少电脑知识和经验，说什么都听不懂，家里的电脑更没有 PS 之类的图像软件。我想，那只好我自己受累了，就让大家把电子照片给我。可是，这位初三妈妈很执着，会后又给我打电话，要来我家学习加工照片，如果不方便就在家门口学。看她如此真诚，我就更为详细地教了她如何做。经过几个回合的交流，她按要求完成了任务。

第 1 期杂志印刷出来，家长们都很惊讶画质比以前好很多，还省了钱。其实之前就是印刷公司没有指定原图的格式，这次提供的照片合格了，画质自然就漂亮了。

经过第一次编辑发行全过程，土井妈妈发现，我的负担太重了。虽然让我做更好，但她还是决定减轻我的负担。之后两期我只负责其中几面的版式，结果也只有这几面显好。不过，土井妈妈是对的，PTA 的宗旨是大家共同决议，一起参与。我的负担减轻了，自然大家的工作也就分配均匀了。

年级家长会、班级恳谈会和三者面谈

公立中学每年召开 3 次家长会，分别在学年开始的 4 月、一年结束前的 12 月和学年结束前的 3 月。家长会的时间都是平日，赶上有工作的日子就遗憾了。

家长会分年级召开，日期不同。召开年级家长会时，先到体育馆开全体会，然后是班级恳谈会。进体育馆要换鞋，体育馆入口旁有木鞋架，用于放置外穿鞋。学生放学后到体育馆参加俱乐部训练时，是先在教室楼 1 层把校内鞋的上履脱在那里的鞋格里，换上外穿鞋的外履，再到体育馆把外履放到入口旁的木鞋架上，换上羽毛球鞋、篮球鞋等去训练。开家长会时家长要自带拖鞋等上履，体育馆和教室楼之间有连廊，从体育馆出来可以穿着上履走过连廊进教室楼去往班级恳谈会。开始我还纳闷儿，那么多家长开会，怎么体育馆入口旁的木鞋架上没几双鞋，原来大家为了无须回体育馆取外履，都把外履脱在了孩子的鞋格里，然后再去体育馆开全体会。

进入体育馆后有几位老师在负责接待，长条桌上摆着家长会资料和各班签到簿。签到簿使用一年，每有家长会或举办什么其他活动时就拿出来使用。签到时可确认自己属于出席多的还是少的。

　　年级家长会资料中首先写有年级经营方针和大泉中学的教育目标，经营方针每年都一样，即"持续经营彼此信赖和懂得尊敬的年级，培养被信赖和有自豪感的人格，争取在学力、智力、体力几方面都得到提高，成为从自身出发去主动学习的人，增强生存能力"。教育目标仍然是："诚实：于己于人都珍重；健康：成为内心丰富的健康人；努力：能自己推进学习的人。"

　　具体而言，在集团当中，不能仅特定的个人获利，所有个人都必须得到尊重，才能成为所有人都受益的团体。彼此磨合，肯定自己的价值，尊重他人的存在，构筑心灵富裕的人际关系。为了将来能自立，必须积累基本的能力，习得能行使个人生存权利的手段，也就是自身的生存能力。实现如此目标的方法，就是通过各种活动，体验发挥作用和担当责任，实际感受自己的存在意义，获得自我肯定的自信意识，从而引发主动参与活动的意识，最终养成作为主体开展活动的能力。

　　学校教育的宗旨就是培养学生成为能肯定自己的人，也是能珍重自己和他人的人。

　　初一主要是学习中学的生活和上课的参与方法，再就是感受考试。初二在中学是中坚年级，要在感受自觉和责任的同时投入每天的学习和俱乐部活动。中坚年级意味着要迎来收获。初三就是紧锣密鼓的升学指导了。

　　年级家长会一方面是让家长了解孩子的在校情况，另一方面主要还是给家长提出协助请求。生活方面如有校服裤或裙子不符合校规的，眉毛太细、指甲太长、体育服不合身、袖口脱线，等等，都需要家长随时注意并给予帮助。学习方面除上课纪律、遵守作业提交要求，还强调考试前 2 周每天在家学习 3 小时以上、假期增加学习时间，家长要提供好的学习环境。

生活指导老师曾讲到，如果孩子咨询什么问题，作为家长，你要放下一切去答复，即使你正在乘车离家越来越远，也要马上下车，立即返回。

家长对孩子的支援是深度的关心、信任和耐心，发现孩子微小的努力和上进心也要马上给予表扬。

家长会也是家庭教育讲座，老师从教育专家的角度指导我们要如何成为正确的家庭教育责任人。特别是男生，升入中学以后和家长的沟通就少了，对此学校老师说，要营造能讨论梦想的环境，同时也要少说教。不能逼迫，要保持倾听的姿态，把孩子当大人去对待，多认可孩子。

班级恳谈会，孩子们已经把桌椅围成了方阵，班级代表家长准备了茶水和小点心，教室门口摆着名牌。家长找到自己的名牌，选择一个座位，摆上自己的名牌。这样，家长彼此就认识了，班主任坐在最前排的正中央。

一般是每位家长要说几句自己孩子的在家表现，我尽量记录，回家就能和孩子交流了。通过这样的恳谈，班主任往往能了解学生的另一面，中途有交谈，最后有总结，也对家长的苦恼给出适当的指导。

家长会不是校方单方面的汇报，对家长也提出要求。通过老师的指导，家长能更加明确自己作为教育责任人的意识，并不断提升教育方法。

大泉中学每年换一次班，班主任留在原班，但对学生来说，只有几人留在原班，班级换了，班主任也就换了。儿子初二的班主任是音乐老师，她总结说，一年来，无论学习课堂还是课外活动，这个班都在年级里表现得特别活跃。儿子是班长，我猜，这折腾劲儿搞不好和他有关，就赶紧道歉，是不是儿子太闹影响了其他同学的学习。班主任回答说，儿子是闹，但他就是自己闹，同时也能大胆地勒令大家安静。

班级恳谈会结束后，班主任看我要离开了，马上跟过来鞠躬。她说，这一年班级做得成功是和儿子的功劳分不开的，如果没有儿子，班级不可能那么活跃，只靠老师不可能让大家在方方面面都留下美好的记忆。儿子的存在意义还是非常大的。

让班主任说到了这个地步，看来儿子还真有两下子。

日语的"面谈"一词指的是两人谈话，小学有学生和老师的面谈，家长和老师的面谈；升入中学以后，学生和老师的面谈还有，但家长和老师的面谈就变成了学生、家长和老师的三者面谈，目的在于让老师了解学生的想法和状况，是学生、家长和老师三位一体应对考高中的重要环节。有的学生可能以三者面谈为契机，突然增加了学习愿望，但也有学生因为三者面谈会对老师和家长产生不信任的情绪。三者面谈需要认真对待，这之前先有老师和学生的面谈。

实施三者面谈前20天发来通知，由家长填报适合自己的面谈时间，通过学生交给老师统一调整和安排，之后会再发来表格形式的通知，标明了确定的面谈时间，每人20分钟。

三者面谈在初一和初二每年两次，在期末考试之后实施，初三是三次，以考高中为主题。每年的目的和内容都有所不同。初一时升学志愿还不是重点，主要聊聊孩子的日常生活，为的是家长和老师都了解孩子在学校和家里的情况。有的班主任主要和学生谈，让家长旁听。我也尽量让孩子自己说，不喧宾夺主。但孩子没说到的，我会给予补充。对我来说，三者面谈主要是了解孩子的在校表现和师生关系，其他家长应该也和我想的一样。初二时已经习惯了学校生活，也是俱乐部活动最投入的时期。我家儿子和女儿确定升学方向都是在初二，但第 1 学期志愿还不具体，而第一次三者面谈又安排在开学不到半年的 7 月，所以，初二的三者面谈只是老师确认是否考高中。每次三者面谈的最后节目是班主任拿出考试成绩单，比较学生自身的进步，指出努力的方向。初三的三者面谈就主要是确定考高中的志愿了。

初三的三者面谈之前，一般是学生和家人已经大致确定了志愿学校，老师以学生的学力和评价为依据，分析志愿的可行性，并给出具体到学校名称的考学建议。学校能取得很多高中的内部信息，主要是前一年的录取情况，多少人报考、录取了多少人、偏差值如何等，当学生说出自己的志愿时，老师就拿出相关学校的内部资料。儿子和女儿分别属于不同的偏差档，但老师给出的建议都很保守，有当头一棒或被泼了冷水的不快之感。

现在网络信息发达，考高中的方式也变得多种多样，一个班近 40 名学生，加之班主任也难以细致掌握各校的具体信息，所以，在初三实施三者面谈之前，有多次反映家长意向的调查。老师也事先和学生面谈，了解学生志愿后，准备好每一名学生的成绩单和其他相关资料，面谈时老师拿出贴着学生名条的文件夹推进谈话内容。

各校所需评价分的标准属于内部信息，往往和我们在网上查到的

家长参与教育活动

情况有出入，历经几次三者面谈，志愿校就基本确定了。

初三秋天的期中考试结束后，评价分就确定了，最后一次期末考试的成绩不影响考高中时提交的成绩单文件。秋天考试后有三者面谈，老师主要推荐安全范围的高中，也会提出更换志愿的建议。儿子那时候因为志愿太高，偏差值 65 以上的内部资料都省略了，老师劝我们考虑推荐优待，并给出了儿子的成绩可以选择的学校一览表。女儿的时候甚至推荐了几所通信高中。这时也考验学生对志愿的坚定与否，如果学生表现坚定，即使老师判断考取有难度，也会支持学生努力争取。

考高中对孩子的未来很重要。所以，作为家长，三者面谈的结果还是支持孩子的想法。

毕业季

考高中的几种形式

　　高中并非义务教育，也就是说，初中毕业后不一定上高中，就业也是选择之一。而且，在全日本现有不到 5000 所高中的 322.6 万多名高中生里，普通科的学生只有 235.7 万多人，其他则学习农业、工业、商业、水产、家庭、看护、信息、福祉等专科。选择升学到高中专科的学生，在初中毕业时已经决定不考大学了，高中毕业后马上就业，而选考高中普通科的，也是在初中毕业时大致确定了职业方向，需要进大学去学习更多专业知识。普通科里也设有课程侧重不同的班级，比如升学班、特攻班、外语班、食品专业班等。

　　儿子的中学好朋友伊藤君因为家族代代都没有人上大学，他自己也选择了上商业专科的高中。儿子上大学那年，伊藤君就业，在东京一所知名酒店工作。公立中学的朋友住得近，儿子和伊藤君一直有来往。也许受到好朋友圈里都是高学历的影响，伊藤君曾经还动过考大学的念头。女儿所在篮球部的同级女生准备进专科高中，她的姐姐是儿子的同级生，和伊藤君上了同一所学校。可能也是受到家族学历的影响，姐妹俩都没有为考大学而选择进学普通高中。可以看出，这些中学生非常实际，不是盲目地为考学而考学。伊藤君在中学时的学习成绩并不差，进专科高中以后一直保持第一名的好成绩。如果为考学而考学，他也能进到偏差值不低的大学。

设有专科的高中与高专不同，虽然都是初中毕业就可以报考，但高中是实施高度的普通教育和专门教育，而高专为培养职业能力而注重职业教育。高中是中等教育机构，学制 3 年，高专则属于高等教育机构，学制 5 年。日本有 57 所高专，其中 51 所是国立的，职业教育能力很强，学生就业去向多为上市级企业。

高中分为全日制和定时制，夜校属于定时制，也有白天上课的定时制。全日本有 169 所定时制高中和 475 所全定兼置的高中。定时制的特点是上课时间灵活，比如 1 天 4 节课，白天和夜里可选，4 年完成 3 年的高中课程。女儿曾经考虑过报考东京的都立农艺高中，这所高中设有园艺、食品科学和绿地环境三门课程，全日制和定时制兼有，其定时制就是 4 年完成高中课程。

除上述不到 5000 所高中外，日本还有通信制高中，可以定制一周去一次或几次学校，甚至基本不去学校，主要靠收看视频课学习。有些艺人为兼顾演艺活动和上学，就上通信制高中，取得高中学历后，还可以继续考大学。现在日本有 253 所通信制高中，公立的占 30%，大多数是私立。

报考高中对中学期间的出席率有要求，出席率不够的学生就可以选择通信制高中。女儿因为初二的出席率不好，也去参观过几所通信制高中，还考了以美国教育家威廉·史密斯·克拉克命名的克拉克纪念国际高中。这所高中设有每天上学的班级，是广域通信制，分校遍布从北海道到九州的日本全国。

　　高中分国立、公立和私立，国立的就是大学附属高中，只有 15 所，儿子考高中那年有公立高中 3646 所，私立的 1320 所。20 世纪 80 年代，高中数量最多，之后因少子化逐渐有所减少，女儿考高中的时候公立高中有 3571 所，私立的 1321 所。公立中学是区立，公立高中就没有区立，而是都道府县立了。从全日本看，私立高中所占比例不到 3 成，但各地情况不同，东京是私立高中比公立的多，各为 200 多所和不到 200 所。

　　近年来，由于经济不景气，公立高中人气较高。公立高中也不是免费上学，2010 年开始的"高中免费化"对国立、公立和私立都适用，相当于补助部分学费。需要支付的学费部分，公立比私立少，公立的每年约人民币 3 万元，私立各校不同，平均每年约人民币 7 万元。公立高中一般只保证配备满足最低限度教学需求的设施，私立高中学费高，在设施方面也更上档次。女儿上的高中是私立女校，有漂亮的网球场、可供外部租用的游泳馆，图书馆很现代，食堂都是法文名字，厕所便座带清洗功能。儿子上的高中是男校，一座座教学楼外观现代，人工草坪操场开阔，教学楼之间的夹道还设置有一排露天淋浴喷头，供运动后冲洗，内部也亮堂、清洁、温馨。高中没有学校午餐的给食了，但咖啡厅就是食堂，阶梯礼堂很气派，厕所里都有鲜花装饰。

　　但是，私立和公立高中的不同，不止于学费，最大区别还在于校方在实施教育上有多大的自由度，课程编制是不一样的。公立高中必须严守规定的教学范围，虽然也各具特色，但程度有限。私立高中就比较自由了，可以充实留学项目，与国外高中交流，在英语教育方面加大力度，还有强化大学升学和利于未来人生的教育、投入校外活动等，能够根据独自制定的教育方针实施教育。

在考高中的方式方面，公立和私立也各有不同。首先，公立的只能报考一所住址所在都道府县的高中，所有公立高中的考试时间在各都道府县内都是一样的。私立高中则报考几所都可以，只要考试时间、手续办理等的程序环节不撞车。

日本的学校按偏差值排名，以表示各校的学生成绩水平，考生也根据自己的偏差值决定公立和私立的志愿。偏差值表示自己的成绩在所有考生中处于什么位置。偏差值不是考试分数，比如满分100的考试，平均分70，得了70分的人就是偏差值50。满分100的考试，大家都得98，那98分的偏差值也是50。考题难易程度和考生水平的不同等都会影响到平均分，但偏差值相差不多，因此它能比较准确地衡量考生的学力。

平均分的偏差值是50，如果偏差值低于50，表示自己的学习成绩在平均水平之下，偏差值越高，表示成绩越好。顶尖高中的偏差值是78，是尖子生的竞争目标。

偏差值相差很远的学校不必彼此顾及考试时间，因为考生群体各有不同，而同级别高中的考试时间就有很多耐人寻味的地方了。从考试、发榜、交费期限的几个时间设定，能看出招生战术。多设计几个考试时间，为的是让考生考完其他学校还能来考自己的学校，把入学手续的办理期限设定在同一天，则意味着让你就此做出决断。

学费缴纳最后期限往往设计在其他学校发榜之前，为此，给几个学校都交学费的情况并不在少数。一般新入学要交一笔每年学费之外的入学金，约合两三万元人民币，各校金额不同，交了之后任何理由都不退还。公立学校的考试时间在所有私立学校之后，如果第一志愿是公立，为了保住考取的私立名额，就必须有决心扔掉已交的入学费，有人一所学校，有人多所学校。考大学可以高中毕业后转年再考，日本称作"浪人"，为了考取志愿校，有三四年的浪人，甚至七八年的浪人，但考高中不能是浪人，当年没考上的，或许这辈子就是初中学历了。日本有高中毕业认证考试制度，取得资格可以报考大学，但即使是通信制或定时制高中，也有应届与否的招生区别，最主要的是，高中考不上就脱离了同龄人的一般人生路线。所以，面对考生人数是录取名额3倍多的一所公立高中，三人里有两人可能会止步于初中学历。日本的考学不是一锤定音，但获得机会之前考验的是意志和对前程的清晰设计。

为避免公立高中落榜而无学可上，日本有滑坡系统，叫推荐优待，就是在学校按成绩给出的滑坡校中选择一个志愿校参加其推荐方式的考试，当公立或私立的第一志愿校落榜时，必须入学滑坡校。儿子没有在滑坡校一览表中找到自己想去的学校，认为宁可高中没得上，也不要去滑坡校，这样就真的是破釜沉舟了。女儿是凭成绩只能拿到通信制高中的推荐优待，也没有接受。儿子和女儿的情况都不具代表性，大多数中学生还是接受推荐优待的。

公立和私立的考试内容也不一样，公立考5科：国语、数学、英语、理科、社会，私立的只考语数英3科，更重要的是成绩计算方法不一样。

公立高中的成绩计算方法是三七开，中学评定成绩占三，中考成绩占七。中学评定的9科中，国语、数学、英语、理科（物理、化学）、社会（地理、历史、公民）按乘1计算，实技因为不考，美术、音乐、体育、技家按 1.3 倍计算。中学评定满分 51 分,换算成 1000 分中的 300 分。从 2016 年开始,实技按 2 倍计算,评定变成 65 分满分。1000 分中的 700 分是中考 5 科的 500 分换算而成。也就是说,即使中考成绩很好,中学 3 年的期中期末考试成绩及笔记和作业的提交情况、技能测试结果等都将影响考学整体成绩。

私立高中需要提交中学评定作为报考手续,但不计入中考成绩。所以,中学 3 年一直保持好成绩,是报考公立高中的有利条件。儿子初一时日语才学了一年,成绩能努力到平均水平已经是奇迹,虽然不断快速进步,但成绩单的最后评定是综合初一至初三的成绩,仅擅长数学也不可能弥补成绩单的缺失,所以,报考公立属于背水一战。即使考私立也要提交中学成绩单作为参考。可见,中学的日常积累对考高中太重要了。

义务教育是家长有义务让孩子受教育,高中可就是孩子选择去往哪里了,从参观高中到决定志愿,都必须是学生自己决定。学校有升学指导,也提供内部信息。女儿考高中的时候,有一所高中报名时间紧,我就替她去取来了报名资料。报名提交文件中有需要中学办理的,等女儿把资料交给老师只能是第二天了。为了节省时间,我就把资料直接送去了学校,虽然心里明白,家长代办不合适。而且,还没有送去女儿的教室,让她找老师办理。我心里盘算,没准儿老师能当场给办了,所以就直接去了教职员室。

在教职员室门口,我说想找女儿的班主任 Jack 老师,出来的是女儿初一的班主任小林老师。她说 Jack 上课去了。我觉得不用找班主任,做着同年级班主任的小林老师也一定能办,最不济,她交给女儿的班主任,那也办完当天能让女儿带回,于是我马上详细说明了事由。小林老师 25 岁，一米五几的个头，大眼睛圆溜溜，长得挺漂亮，有精明的气质。老师对家长一向不仅礼貌，而且笑脸充盈，更何况她是不到我一半年龄的年轻女老师，当然对我的来访表现出了非常的客气。可是，听完我的讲述之后，小林老师严肃了起来，说，考高中是学生自己决定志愿，她会把资料交给 Jack 老师，并询问女儿的想法。

我真是捏了把汗，因为女儿之前说过不喜欢这所学校，可别跟老师说她不想报名，那文件就办不成了。不过，由此我是真正体会到了，考高中是学生自己的选择。对公立中学的绝大多数孩子来说，考高中是他们人生中的第一次考学，也是向自立迈出一大步的机会。

考高中在日本主要有推荐和一般两种方式，推荐不是保送，也要经过考试。一般方式招考是公立考 5 科，私立考 3 科，而推荐方式是凭面试和写作小论文、成绩单、出席率、中学校长推荐信等决定录取与否。推荐方式招考的考试在一般考试之前，可以选择单独志愿或并列志愿，如果是单独志愿，考取后必须入学，不能再参加其他学校的考试。参加以推荐方式招考的考试需要中学校长的推荐信，如果受推荐学生选择单独志愿考取了报考的学校而不去，中学就失去了信誉，以后也难以再推荐学生了。所以，虽然参加推荐方式考试选择单独志愿考取概率比较大，但必须慎重考虑好。如果投考高中允许考生选择并列志愿，也会给定考取后选择放弃的期限。要是特别想考取某一个学校，参加推荐方式招考没考上，还可以参加一般方式的考试。但是，各校推荐方式的考试时间都在一般考试之前结束，如果拖到一般考试的时段报考，那就任何学校的推荐方式考试都没机会参加了。

推荐方式是公立和私立都有，报考标准各校规定不同，包括成绩单的评定和出席情况等，考试时间大多在 1—2 月上旬。儿子属于各科成绩都不错的，所以考高中没有考虑推荐方式，女儿则一直成绩不振，但想去学校的推荐报考标准达不到。

推荐和一般方式的录取名额各有限定，即使选择推荐方式，落榜的可能性也是很大的。日本的考学参考"倍率"信息，报名结束后统计报考人数和招生名额的比例，是志愿倍率，实际倍率是参加考试的人数与录取名额计算比例。倍率越高，考取的可能性越小。倍率是 1 的学校意味着考生和录取人数一样，倍率低于 1 的学校就可以认为，如果没有特别不符合学校要求的方面，考取的可能性就接近百分之百了。通过参加全国性考高中模拟，可了解到自己的偏差值，填写志愿校后也显示自己在学科考试成绩上的差距。学校按其自定的偏差值分数线排名，报考同一学校的考生偏差值基本与学校要求的偏差值水平相当，所以，各校的录取倍率不是以毕业生人数为基础计算得出，而是作为中等里竞争中上等、中下等里竞争中等的参考。

私立高中的一般方式考试在 1 月下旬到 2 月下旬，公立的在 2 月上旬到 3 月上旬。除了学科考试，成绩单的评定也很重要，而且，中学期间考了什么鉴定、做了什么委员和参加了什么俱乐部活动等，都是参考，甚至有可能在成绩单的评定上加分。有的学校对俱乐部部长、代表委员会委员长、持有资格鉴定证书等有加 1 分的评定成绩。这 1 分可不少，主科全 5，才 25 分，实技按 1.3 倍计算，全 5 是 26 分。5 分的评定可是要中学 3 年一直各科评定都保持 5，两百多名学生里也没有几名能做到，儿子考高中时的评定，满分 51，他只拿到 40 分。

公立 5 科和私立 3 科的考题分为自校出题和统考题，顶尖公立高中一般是语数英 3 科自校出题，考题较难，理科和社会采用统考题。

公立高中的统考题不是全国性的，各都道府县出题不同。

都道府县内的公立高中只能报考一所，没有第一、二、三志愿校的概念，私立是各校分别报考，所谓第一志愿只是个人的目标。不过，有的设有不同学科或班级的学校可以填写该校中的若干志愿学科或班级，第一志愿不录取，可能第二志愿录取。

考试对策是研习各校过去多年的考题。自校出题部分，在书店里有按学校名称排列的历年考题书，统考级别的基础题有每年出版的《全国中考全问正解》，一个大厚本。

参加高中说明会
选择志愿校

考高中是中学非常重要的部分，因而安排有"进学指导"的特别课程。而且，PTA还在校内举办"上级学校联合咨询会"，每年7月都有80多所高中各派两三人来校参加。

咨询会的形式是在体育馆内摆放80多组课桌课椅，每校一桌，学生选择有志愿兴趣的学校去咨询。咨询会优先照顾初三学生，其他年级也可以来访。儿子是初二那年参加咨询会的，女儿是初三第一次咨询。

参加咨询会的高中一览表从初一开始就作为当年的举办通知发来了，有哥哥姐姐的家庭早有了解，我是从参加校一览表开始了解有哪些高中的，而且特别关注毕业生都考取了哪些学校，还有哪个学校录取了多少学生等，然后一一查询了80多所学校的偏差值。

每年6月开始，各地都举办若干次多校集中参加的"考高中联合说明会"，主办方有各都道府县私学协会、私塾团体、公立和私立学校等，种类各式各样。这时期有学生已经决定志愿校了，但还有很多学生处在要缩小志愿候补校范围的时期，可能还有没了解到的学校。参加联合说明会可以和学校的老师见面交谈，如果是志愿校，给校方留下印象是有利的，也有可能发现和自己想象的不一样，当然更是接触自己不了解的学校的好机会。

我们因为有学校举办的咨询集会，就没有去过其他联合说明会。

参加咨询会之前一般要先做调查了解，只是转着看看，是抓不到具体信息的。现在各校都有网页，了解后，记下不明白的再到咨询会现场去问，才能有所收获。很多家长都陪着孩子去咨询，我也一样，但考学是孩子自己的事，家长不喧宾夺主也是为促进孩子的自立意识。

儿子是和几个同学一起转的，其中有父亲是日本人、母亲是韩国人的好朋友西川君。西川君从初一开始就上早稻田学院，这是一个遍布日本关东地区的连锁考学私塾。它的名字与早稻田大学和早稻田的地名都没有直接关系，唯一有点关联的是，创始人毕业于早稻田大学研究生院。公立中学的考学对策是照顾所有学生。学校规定的偏差值是 65，而优秀学生的志愿校都在偏差值 70 以上。儿子没上私塾，关于考学的很多信息基本是从西川君那里获得的。

咨询的时候如果说对贵校不甚了解，请整体介绍一下，那学校的老师就会介绍概要。如果关心课程编排、高考咨询、生活指导等具体主题，就直接告知更好。毕竟要访问好几个学校，也可以请对方老师只介绍学校特色。不过，儿子的志愿校只有资料参会，收获不大。

女儿考高中的时候没有朋友可以一起转咨询会，是我陪她去的。因为已经有过儿子考高中的经验，就提前让女儿做了充分的调查准备。女儿已经确定了几所候补志愿校，一一去咨询了，谈得比较实质。后来还有老师在新年之际发来了亲笔贺卡。

虽然咨询会可以一次性了解很多学校，但那也只是考高中择校的第一步，深入了解志愿校还要去参加各校的说明会。

根据家里的经济条件，儿子的第一志愿没有把私立高中纳入考虑范围，都是从东京都立高中一览表中选择的。初二时确定了偏差值70以上的二档校，听同学说，附近有户山高中，偏差值72，于是就把户山高中作为第一志愿了，我跟儿子一起去参加了招生说明会。

那时间参加女儿小学家长会遇到邻居，说起儿子要考户山高中，人家唏嘘了半天。后来才知道，想考户山高中都是厉害的表现。

各校说明会一年举办多次，6月陆续开始，暑假期间有，秋天有，年底就是最后一次了。参加各校说明会，有的需要网上预约，凭回复邮件参会。人气高的学校还要尽早预约。

全体说明会一般有学校概况的介绍、考学指导和校园参观等内容，其他还有个别面谈。都立高中的报名资料是到时间从中学发来，私立高中的报名资料在参加说明会时可以取得。一般6月的说明会只能拿到上一年的旧资料，当年的介绍图册和私立高中的报名文件要到暑假以后的招生说明会才能取得。有些学生是多次参加同一志愿校的说明会，还每次参加个别面谈，为的是让学校对自己留下印象。儿子说，他觉得参加过说明会的学校都挺好的。的确，学校说明会就是让参加者感觉那所学校好。中学负责进学指导的老师说，有比较才能正确选择，并要求学生参加10所学校的说明会。女儿的时候真的去了10所，儿子的时候只去了6所，户山、新宿、国际、日比谷的四所都立和一所私立、一所国立，其中之一的都立新宿高中还只是去听了考试对策习题讲座。

高中都有文化节，同时也设置说明会活动。儿子和我一起参加户山高中的招生说明会之后又去感受了文化节，结论是没意思。由此，考户山高中的志愿就发生了变化。都立新宿高中感觉设施和环境都不错，有一定的吸引力。都立国际的校风适合自己，就是女生比例大，偏差值比自己的志愿程度要低。

西川君的志愿校是私立，对中学的期中、期末考试完全不重视，因为中学评定不影响私立高中的考试成绩，而且，中考只考语数英3科。志愿私立而非公立高中的学生都和西川君的考学意识一样，所以，志愿私立还是公立，从最开始就产生了分水岭。志愿公立，就要重视中学的考试和测评，也要复习理科和社会，负担更重。女儿考高中时因中学评定分数不利，就准备考私立。虽然也报考了都立，但私立是第一志愿，只准备了语数英。但是对儿子来说，他有能力承担应试负担，应试就是学习，期待能补上更多与土生土长日本孩子拉开的11年差距。要想把日语学到母语的程度，理科和社会的学习也非常重要。即使上了私塾，儿子和大家的弱项不同，效果也有可能打折扣。所以，我们始终没有妥协到为考学而应试，而是把考学当成人生过程的修行。

高中不能留级，考不上怎么办？哪个学校能保证考上呢？这种不安通过模拟考试就逐渐缓解了。日本的考学模拟系统比较发达，最基本的有V模拟、W模拟，主办方不同，志愿都立高中的考哪个系列都可以。东京及其周边的考生都知道V模拟、W模拟，也基本都会去考，以了解自己的偏差值。V模拟每年38万人考，一人多次，报1次4600日元（300元），报3次优惠到每次4200日元，还发行回数券，避免每次申请的麻烦。中考是到志愿高中考试，模考也以高中为考场。从6月到转年1月之间，每月都举办多次，出题范围不同。V模拟有都立模拟、都立自校出题模拟、私立模拟、千叶县立模拟，其中的都立自校出题模拟是针对采用自校出题方式的上位都立高中，每次5400日元，没有优惠。儿子是V模拟和W模拟都各自考过若干次，除了都立模拟，也考过自校出题模拟、私立模拟。W模拟应对考神奈川县立高中有一套，都立自校出题模拟更针对日比谷高中、西高中和国立高中这三所难关高中。模考是一周出结果，纸面成绩单9天内邮寄到家，可以随时确认自己的进步情况。

模考成绩单是彩色图表式，视觉化程度高。按照都立高中考试的分数计算方法，有中学评定分数（横轴）和考试分数（纵轴）构成的表格，显示为考取志愿学校自己尚需在哪方面提高多少分，一目了然。合格判定从S—E分为6级，S是考取率90%以上，A是80%，B是60%，C是40%，D是20%，E是20%以下。针对答题正确率也有分析，能了解自己哪方面内容掌握得好，哪方面是弱点。

儿子的都立志愿校在初三后半学期发生了变化，从二档的户山提升到了最高级的日比谷，两所学校偏差值分别为72和74。变化的原因是来自私塾的一通电话。

根据儿子参加模考的成绩，其实与户山还有很大的差距。模考时可以填写3所学校，以了解自己的考取率，新宿考取率90%，户山也就40%，日比谷连20%都到不了。西川君说，不上私塾考取户山或许有点儿可能，但顶尖高中不可能。都立的需要占3成分数的中学评定，考日比谷的学生基本是全5。儿子的中学在校成绩评定为40分（满分51分），中考的成绩占7成，这意味着，要比别人多60多分才能弥补中学评定的差距。

没让儿子上私塾，我就想找到有帮助的习题集，还在中国买了一些。想起儿子来日本之前给他买过教科书的书店好像有习题集，就去买了偏差值 70 以上的系列。据儿子的反馈，后来又去过几次这家书店，哪方面需要突破，就再买些有针对性的。习题集买了不少，百册有余，不如再多花点钱上私塾，对考学更有效。西川君看了儿子用的习题集感觉仍然欠缺，主要是题路各校有对策，还送给儿子一本他在私塾用的资料，我们很是感动。

有一次西川君告诉儿子，他们的私塾有针对最顶尖高中"国立筑波大学附属驹场高中"的公开模考，"公开"的意义就是非私塾学生也可以参加考试。那时儿子仍然相信不去私塾也能考上顶尖高中，就想去试试自己的实力。通过西川君交了报名费，后来就去考了。结果，什么题都不会做。比如有一道题，给出一个公式，要去证明这个公式。之前一直以为，考学全靠知识，应用公式的习题做了很多，却从没想过要去从头证明那些公式。筑驹的模考让儿子受了刺激，考完就去书店买筑驹以往的考题。几乎快要忘了自己是考都立的，每天学习理科和社会的时间全给了筑驹攻略，简直就像迷上游戏一样。我在心里开始责怪起西川君来，就像孩子小时候在外边和坏孩子玩儿了的感觉。

儿子说，他明白筑驹的题路了，考的是思考方法。他在中国上小学的时候没有受过逻辑思维的训练，上中学以后也是自己瞎努力，理科的学法也似乎不大对头，总之，不是短时间努力就能做到和筑驹的学生一样的。

住在我们附近的熊泽君考进筑驹了，可谓大泉中学独一无二的杰出毕业生。儿子从教过熊泽君的老师那里听说，熊泽君经常在学校的期中期末考试前把复习内容整理出来，然后复印发给同学。老师说，教别人对自己是最好的学习。看到熊泽君上了筑驹高中之后发一些在校不上课而只投入文化节的照片，儿子甚为羡慕。有时偶尔在附近街上碰见熊泽君，就问社会要怎么背。熊泽君最擅长社会了，从小就做摘抄册，从报纸或电视上看到有意思的新闻就记录下来，不了解的就去调查了解，考试出什么犄角旮旯儿的事儿都能作答。

听了儿子对熊泽君的介绍，我也终于明白了国立小学时班主任曾经说的，在日本的生活少几年，实力就一直差几年，学校的教育不是只教知识，而是结合各种活动培养实力。

望尘莫及之中，有一天晚饭后，家里的电话铃声响了。固定电话的铃响已经非常稀罕，估计是谁打错电话了。电话对方说，他是早稻田学院的，要和我介绍一下儿子前日参加的筑驹模考情况。

私塾老师说，他发现我的孩子一直没有上过私塾，却能做出一些题，筑驹可能够呛了，但开成或许还可以努力一把。

我简直不敢相信自己的听力，开成是和筑驹并列的顶尖私立高中，比最高级的都立高中更难考，儿子恐怕连二档公立高中都够不着呢。

这时离中考已经没几个月了，私塾老师说，要不要考虑到他所在的地区本校去上两个月私塾，还特别强调，不能去儿子参加筑驹公开模考的私塾。我怕让私塾老师忽悠得连都立高中都考不上，就以两月时间太紧拒绝了入塾。老师又说，可以允许儿子去参加私塾内部应对开成高中必胜班的考试。这次考试设计一个分数线，私塾内能过线的学生才能进必胜班。儿子去挑战了，结果差了不多的分，也就没有入塾。但是，早稻田学院私塾老师打来的电话让我们意识到，自己属于可以努力够着开成高中的行列。

不是因为参加招生说明会改了主意，而是改了主意又去参加了新志愿校的说明会。筑驹和开成的最后一次说明会，我们去参加了。筑驹的说明会还是孩子爸一起去的，没觉得学校有什么特殊。的确，特殊的不是学校，而是学生。开成的说明会有一节理科的模拟课，我听不懂，儿子说对他正合适。

好吧，开成也试试吧。

开成发榜的时间和筑驹的考试在同一天，据说熊泽君是考上开成放弃了，因为筑驹也考上了。我们只报考了开成，儿子也买来开成的过去习题集做了好几遍。这时又做了都立日比谷高中的习题，之前是判定为 E 的，现在却进入合格圈了，所以，第一志愿的都立高中提升到了最高级。

东京有三所顶尖高中，男校的国立筑驹、男校的私立开成、都立日比谷高中，我们都趁参加说明会，长了见识。

国立筑驹决定不报考了，就准备报考同一天考试的国立东京工业大学附高，私立开成也属于纪念性考试，考取了就是把一辈子的运气都搭上了。没有接受学校的推荐优待，都立日比谷高中即使当天考试已经达到实力要求，3 成的中学评定分换算进来就只能期待学校网开一面了，所以也属于冒险应考。那么，必须要选择一所有把握考取的私立高中。

儿子只顾备考，决定这所垫底高中成了我的调查任务。他给出了三项原则，第一是男校，第二是偏差值 70 以上，第三是有立领校服。

不可能去参加更多学校的说明会了，我做了大量的调查研究和比较，给儿子推荐了本乡高中。儿子看过介绍，确认符合他提出的三个条件，对学校有 90 年历史也感兴趣，还有去英国名校高中留学的先例，兼具国际化，就同意报考了。已经错过了参加说明会的时间，就去学校取了一份报名文件。

就这样，确定了志愿校的顺序。第一志愿私立开成高中，第二志愿都立日比谷高中，第三志愿私立本乡高中，第四志愿国立东京工业大学附属高中。

考高中的思考：从进学指导到确定志愿

公立中学的升学指导也是学习活动，初二开学 2 个月后的 6 月下旬，利用综合学习时间，实施以小组为单位的高中访问。这时的访问与个人志愿无关，一是实际感受高中，再就是更像大家分工了解学校，最后组织访问报告，装订成册，发给大家参考。每个班分 6 组，每组访问一所学校，女儿上高中的时候 7 个班，就能做出 42 所高中的报告书了。

访问报告是学校发下来的 A3 大小竖版表格，报告标题为学校名称，表格需要填写访问时间、访问小组成员、学校地址和地图、联络方式等基本信息，还要贴张照片或绘画表现校服。其他就是访问记录的概括了，包括学校教育方针或基调等，以及课程、俱乐部、学生会活动、文化节、体育节、毕业生去向，其他还有学校老师的讲话，每个组员的提问和得到的回答，最后是小组感想。通过这次活动，学生就真正开始有考学的实际感受了。

大泉中学每个年级的教室占一楼层，楼道粘贴的学生报告和楼梯口的长条桌摆设能表现出年级教育活动的主题特色，初二楼层的楼梯口资料已经有少量的高中海报，初三楼层就贴满了高中海报，各种资料都快摆不下了。学生从这里逐渐熟悉高中的名字，对焦自己感兴趣的学校。

初三时学生和家长都有若干次升学指导会，4月开学马上就有升学介绍会，之后要填写升学计划的问卷：考高中还是就业，考普通科高中还是专科的，考都立还是私立。通过填写问卷的思考，自己也就明确了毕业后的大致志愿方向。5月有期中考试和运动会，6月期末考试，之后，第一次升学指导会召开，进入第一次志愿调查表填写。

升学指导是为了学习正确选择志愿的思路，考学不是目的，而要想象高中毕业后、大学毕业后自己从事怎样的职业，也就是为10年后选择志愿。再就是要根据自己的个性和能力考虑进学方向，并按照志愿选择的要求确认学习方法和收集相关信息。

家庭学习从初一的1个小时，初二的2个小时，延长到初三的3个小时了。儿子初一时的主要精力都投入到羽毛球俱乐部了，每天回家后连1个小时的学习时间都没有。后来儿子告诉我，上私塾的孩子平日学习4个小时，休息日8—10个小时。他不上私塾，回家还不学，就产生危机感了，这才逐渐做到了每天学习2个小时。终于有一个休息日学了将近4个小时，然后就生病了。所以，家庭学习只能循序渐进。

儿子8岁、女儿5岁时，我们一家去美国自驾游，到过NASA。儿子从小就对宇宙之谜感兴趣，在那里萌生了要学习天文物理的志向。初一时，区教委组织50名中学生去筑波宇宙中心参观，儿子马上就报了名。那次活动属于科学伙伴项目，受到科学技术振兴机构的支持。在筑波宇宙中心参观了宇宙航空开发设施和人工卫星抛物面天线、无重量环境试验楼、宇航员训练基地。在产业技术综合研究所参观了机器人，体验学习了 2000 度高温下制作红宝石。参观回来，儿子激动不已，更加坚定了学习天文物理的志向。

有朋友建议说，学天文物理最好考虑去美国留学。于是，我赶紧了解了美国大学的情况，还专门开辟了一个档案册，开始为留学美国选择高中。日本官方有高中期间去海外留学的制度，只要高中认可，留学时间可以作为高中学时的一部分，还能 3 年时间就在日本的高中毕业。可是，列出有留学制度的高中后发现，它们的偏差值都不高。如果高中毕业后想去日本的高偏差值大学，只在日本上 3 年高中是不够的，还要去私塾。也就是说，留学意味着放弃在日本进取。深入了解才知，日本初中学的已经和美国的高中程度差不多，学霸对留学没兴趣，反而是在日本学业不振的，才把留学看作一条出路。

因为留学在日本不流行，SAT 考试的参考书都不好买，我还是在中国网上订购了一大堆带到日本。儿子翻看内容后确认了，果真是用日本的初中知识就能对付考美国大学。对日本学生来说，可以在日本初中毕业后到美国上高中，一边复习知识一边学语言，然后考美国的大学，或者上个日本的高中，中途去美国的高中留学，然后考美国的大学，还能留下日本的高中毕业证书。但不管哪条出路，10 年之后的自己都是在美国了。儿子不再考虑留学美国，主要原因是觉得那里的饭不好吃，只能想象 10 年后的自己在日本就业。

SAT 的参考书没有废，英语总是要学的。不过，通过对美国留学的了解，也明确了自己要在日本进取的志向。

接下来是思考，10年后的自己在日本从事什么职业呢？他爸说，学医呢？因为儿子的爷爷是学医的，他爸的爷爷是民国医师。他爸的志向曾经就是学医，因为"文革"未能如愿。而且，学医在日本学习比在美国合适，日本的医学教育水平也比较高，高中毕业后进医学院，日本是6年，美国是8年。最后我还向在美国做医生的高中同学咨询，她的儿子在美国学医，认为我的儿子就不必去美国上医学院了。

之后，我们就开始以高中毕业后在日本考医学院为目标，选择高中志愿了。然而，这就对考高中的偏差值提出了最高要求，因为日本的医学院偏差值最高。虽然各校医学部还有偏差区别，但只要说想考医学院，别人一般都先要唏嘘一阵。对公立中学来说，基本没有谁考虑学医，想学医的从幼儿园开始就走精英路线了，不会来公立中学。我们是迟到的来者，不了解日本的教育国情，也没有像很多奥运选手、钢琴家那样过早地为10年后的目标牺牲正常的童年。我们和绝大多数中学生处境相同，不一样的是，儿子比同学缺少11年的语言和日常生活经验。全日本1万所中学，私立只占不到8%，东京的私立中学比例高，超过20%。儿子面对的考高中对手是超出公立中学水准的，也就意味着，公立中学期间学习成绩必须努力排到前列。

我本来想，中学3年争取达到平均水平，就算基本补上11年的差距了，而公立中学的教育也更注重多方面能力的培养，即使儿子的学习成绩处于中下游水平，他有领导能力，照样理直气壮地当班长。个人考试成绩是不公开的，每次考试之后发来成绩分布图表，只能了解自己的成绩处于全年级的什么位置。同学之间并不知道谁的成绩好，谁的成绩不好，也不以学习成绩论英雄，体育强手才是榜样。

儿子初一的最后一次期末考试成绩已经通过努力达到了中等水平，

立志初二要进入前 10 名，可是，形势比我们预想的严峻多了。初一的学习内容很多属于小学课程的延伸，出身日本公立小学的学生轻而易举就能学会，一般没有努力学习的意识。但到了初二，学习内容突然难起来，不少小学以来的优等生大受挫折，大家开始努力了。儿子在初一能取得平均分的成绩已经是努力的结果了，因为他没有理科和社会的小学基础，只能从头学起。基础不扎实。到了初二，儿子发现了更多需要补习的基础内容，学习真的是了解自己还有什么不知道的过程，也才明白，进入前 10 名几乎是妄想。初二的期末考试成绩达到了中上游水平，也就是 250 多人里的 70 名以内吧。

想考入有学医毕业生的高中，还不是学校成绩名列前茅就行，儿子开始考虑去上私塾。

上私塾增加经济负担是一方面，关键是打听以后，私塾都是从初一开始进入，都有 3 年的学习计划，初三就全是做习题。如果上私塾，儿子在学校积累的多方面业绩有可能半途而废。

纠结之中，就已经错过了初三进私塾的时间。

从学校发来的考试成绩分布图表，只能了解自己的成绩处于什么区间，想知道自己的名次，可以去咨询年级主任老师。儿子在公立中学的最好成绩是 21 名，没有实现进入前 10 名的目标。但实际考高中时，各校出题的难度和取向、类型等都不一样，需一一应对。后来才明白熊泽君和西川君为什么都说不上私塾考不上顶尖高中。

私塾与不鼓励上
私塾的学校教育

　　日本的私塾主要有两种，考高偏差值的所谓难关校，去进学塾，应对学校期中期末考试，去补习塾。

　　进学塾应对小升初、考高中、考大学，以提高偏差值为目的，从考学时间倒算编排每年的课程，比学校的上课进度要快，毕竟考学时间比毕业时间早好几个月。学校4月开学，进学塾是2月开始新学年的课程，学校还没教的私塾先教，所以，私塾不适合中途入学。

　　进学塾各有特点，并不单纯是要考难关校的孩子才上进学塾，进学塾定位的偏差值不一样，同一进学塾也根据塾生的具体学力设置不同班级。入塾时测试，有些私塾规定达不到私塾学力不得入塾。东京大学毕业生办的铁绿会私塾有指定校，几所顶尖高中的学生不需要考试即可入塾，其他高中的学生没能考进顶尖高中的，可以通过测试进铁绿会。还有学生为了通过铁绿会的入塾考试而先去上其他私塾。儿子高二时通过考试进了铁绿会，之前没有去过其他私塾。

补习塾就是跟随学校的进度给予辅导，以学校期中期末考试取得更好成绩为目的。学校人多，有的学生不适应，就跟不上学校的进度，经补习塾更有针对性的辅导，还是很有成效的。学校考试成绩影响到考学时的评价分，叫内申点，采用推荐方式考学的学生主要靠内申点，都立高中的一般考试方式招考，内申点计入成绩，即使报考私立，内申点也是参考。

除了进学塾和补习塾，其他还有综合学习塾，兼具进学塾和补习塾的功能，不仅辅导考学和志愿咨询，对学校的课程和考试也有对策。相比之下，还有一种专门塾，针对英语、理科等特定科目。

此外，采用个别指导方式的私塾叫个别指导塾，针对多人授课指导的叫集团指导塾。

女儿学习成绩不好，但她的问题比较复杂，基本是我在家为她开设个人指导的补习塾，儿子的学习我管不了，我主要担当综合学习塾中的志愿咨询人。不过，日本人基本没有在家辅导孩子学业的文化，所以才让多种私塾得以存在。日本的学校主要开展教育活动，学习靠私塾。

公立学校并不鼓励上私塾，学校的教育方针是通过各种活动全面提高能力，学习成绩不是评价学生能力的唯一标准，而且追求文武两道，认为参加俱乐部还能学习好，才具有了真正的实力，将来能应对现实问题。私塾会留很多作业，如果上私塾，还会出现在学习方面需要兼顾学校和私塾的问题。

日本的私塾产业非常发达，没上过私塾的孩子不多。儿子的学习成绩有所提高时，没上私塾都是值得夸耀的。如果只看学校教育，以为日本孩子没有很多学习负担，其实不管是补习还是提高，私塾学习并不轻松。学校教育的宗旨是平等，但上私塾是选择性的，也是学生自愿，学校并不推荐，更不强迫。让学生自愿承担学习的重负，应该是日本教育的独特之处吧。

后进生和学霸
各有前途

日本的高中按偏差值排列，儿子是看 70 以上的，女儿是看 40 左右的。有人说偏差值相差 25 就没有共同语言了，还真是有道理，他们各自关注的事情不一样，即使针对同一件事，角度也不同。在偏差值上表现为学霸和后进生，但在日本，是个性不同的表现，比如儿子用脑力判断，而女儿凭感觉，儿子逻辑性强，背书快，女儿要花更长时间去记忆，但感觉的记忆总是更长久。

从另一方面说，偏差值 65 以上时，提高 1—2 分偏差值，都有具体的学力差距，而偏差值 40 和 45 的学力差别并不大。追求偏差值的主要是少数学霸，考高中，更多的还是根据个性选择志愿。

女儿从小就喜欢和小孩儿玩儿，在日本上小学的时候，看到同学的弟弟妹妹来学校，总是表现出不同寻常的热情。公立学校的同学住得近，女儿放学后经常骑车出去转，回来便兴致勃勃地说起碰到了某同学的弟弟或妹妹。

日本公立中学一千天

我们觉得，女儿喜欢小孩儿是因为她的智力和小孩儿差不多。考高中的时候，当她说起要学幼教，我们都觉得她理性认识不够。

　　根据学校发来的推荐考学标准，女儿的内申点不够，只能按一般考学方式应考了。为减轻考学负担，一般应该以私立高中为第一志愿，只考语数英，但想到考学可以促进学习，也不想放弃复习理科和社会的机会，还是决定考都立高中。

　　按偏差值我们选择了都立农艺高中，因为孩子爸在中国经营农艺业务的公司，说不定将来女儿能继承父业。女儿在职场体验时去的是幼儿园，从那以后就确立了将来要从事幼教工作的梦想。私立高中有很多学校可以报考，不过，有幼教班的高中基本是女校，而女儿坚持不去女校，可选的学校就寥寥无几了。女儿同班同学也有想学幼教的，人家就准备进女校，女儿偏偏要去同学志愿校附近的一所男女混校 T 校，可 T 校对女儿来说，按填报并列志愿的报考方式报考，内申点不达标。大泉中学举办高中联合咨询会时 T 校来了，我也陪女儿一起面谈过，但当时还不知道内申点，难以形成初步意向。后来我和女儿又去学校参加说明会，了解了学校介绍彩页上没写的单独志愿标准，我们能达标！我们喜出望外地申请了个人面谈，幸运地又碰到来过大泉中学的老师，他还记得我们。看女儿那么想考他们的学校，老师马上发给了单愿标志，即使女儿的内申点达不到学校介绍上注明的报考标准，把单愿标志贴在报名表上即可报考。还有一所艺人多的高中，女儿从小学五年级就成了杰尼斯 Kis-My-Ft2 组合的"粉丝"，其中的偶像成员有从这所高中毕业的，我们也去参加了学校说明会，并参加了个人面谈，告知内申点后，老师说可以报考。

　　就这样，女儿的志愿终于确定下来了。

三者面谈时，班主任 Jack 看着女儿填写的志愿调查表说，虽然还有两次考试，内申点有可能提高，但也要考虑，如果内申点还是达不到报考 T 校的标准要如何应对。女儿出示了 T 校发给她的单愿标志，Jack 理解了。接着又说到志愿校没考上情况下的滑坡校，Jack 只推荐了几所通信高中。公立中学的追求是所有学生都有学可上，虽然女儿在初二缺课多了些，但 3 年总体看，不是达不到普通高中的报考标准，所以，我们就表示，还是想考一所普通高中。

三者面谈之后，我们参加了老师推荐的 3 所通信高中的说明会。有一所老师特别推荐的，感觉校舍和普通高中没有什么区别，周围风景也很好。如果考不上志愿校，女儿和我都愿意接受将这所学校作为滑坡校。

一直担心作为后进生的女儿没高中上可怎么办，摸爬滚打着也走到了这一步。

第一志愿是 T 校，都立农艺高中保留，因为都立学校最后考，如果第一志愿的 T 校考取了，都立的就不考了。除了滑坡校的通信高中，女儿还报考了一所人气通信高中。这所通信高中设有多所分校，各分校特点不同，可填写校内若干志愿。我们看了好几所分校，女儿只写了两个志愿。我一再试图说服她写上有声优班的分校作为第三志愿，女儿嗓音条件不错，我还挺想让她发挥声音特长的，可那不过是我的想法，女儿不同意，只好作罢。

学习一直还是用着考高中 5 科的参考书，以及从各校取来的历年考题，我研究题路，并给她每天布置家庭作业。

可能通过备考明白了不少过去模模糊糊的问题，女儿提出，不报滑坡校了！好不容易平息的担心又像海啸般袭来。女儿做的决定，我从来就没能说服她改变过。虽然和她哥报考的学校是偏差值排行头部和末尾的区别，可不报滑坡校的风险就是：可能没有高中可上，一辈子都是初中学历。她哥也多嘴，说万一没高中可上，他来辅导妹妹考高中毕业认证，然后也能考大学，他在大泉中学的同学就有这样的。再就是通信高中也招中学毕业 1 年的，第二年还能再考一次。想到女儿进不去普通高中，失去日本高中的各种体验，我实在是于心不忍。

想好了退路，我心中的海啸也算暂时被抑制了。

最后一次三者面谈，我们告知班主任 Jack 老师准备放弃他推荐的滑坡校，Jack 老师用他简直可称为深情的眼神再次向女儿确认：你真的想好了吗？同学都上高中了，只有你自己在家，出来进去碰上同学，路过学校，能想象出自己的感受吧？你没问题吗？……

女儿的回答很坚定：Yes！

"盛产"艺人的高中也没有报考，还买了那学校的考题书呢！女儿说，她的偶像又不可能成为同学，所以就不费劲了。

通信高中的考试是第一考，因为属于私立，只考语数英，面试是家长旁听，我也要正装陪同。考官问女儿，今天的考试你感觉怎么样？女儿说，简单。考官又问，你觉得能得多少分，女儿说，40 分。考官笑了，40 分还叫简单吗？女儿说，虽然简单，可惜算错了。考官笑得更开心了，你怎么知道算错了？女儿说，检查的时候发现错了，可改起来时间不够了。

过了几天，通信高中的通知来了。第一志愿没录取，第二志愿的分校录取了。这个结果也在预料之中，与考试结果无关，开始老师就说过，第一志愿的学校基本是推荐的或单愿的，名额基本没有了。实际已经没名额了，只是不能公开说，也是对分校的支援。不过，起码

不会没高中上了，我们都很高兴。次日女儿拿着录取通知书去告诉
Jack，据说 Jack 热泪盈眶地握了半天女儿的手。

接下来是第一志愿的考试，面谈过的老师看着像学校的负责人，
站在考场入口处迎接考生。我陪女儿到考场入口，老师向我鞠躬，显
然还记得我。那之前的新年，他还给女儿发了贺卡，期待她的入校。

几天后第一志愿的 T 校发榜，我陪女儿去看榜。校园里放满了一
排排的移动白板，贴着录取学生的准考号，有自己的号就进校舍办理
手续。女儿混在大多欢腾雀跃的考生中去找自己的号。她没有向校舍
而去，而是朝我走来了。

其实，想从事幼教在普通科高中毕业后考大学也能如愿，不一定
从高中开始就学习相关专业。安慰女儿也无济于事了，经历挫败也是
需要的。

通信高中属于并列志愿报考，办理入学手续可延长到都立高中发
榜当天的下午，但分校没有去看过，就和女儿去了一趟。当时看到有
个女生身体不舒服趴在入口处的桌子上，女儿问，这里没有保健室吗？

分校的设施比较简陋，地方小，让女儿在那里度过高中 3 年，我
觉得不如让她哥辅导她考高中毕业认证，然后直接考大学。

考高中分为前后期，有的学校属于前期没招满则发布后期招生通
知，有的学校是从开始就设置了前后期的招生名额。从通信高中分校
回家后，我马上开始了解女校高中的信息，女儿还想考 T 校的后期，
我觉得希望不大，就给她推荐了几所女校。有一所女校离我们住的地
方仅几公里远，巴士来去很方便，可这所学校不在我们附近的铁路线上，
从来没来大泉中学宣传过。

女儿开始不积极，是我主动给学校打电话表示要考虑后期的报考，

希望校方能接待我们参观一下。

　　我和女儿去参观了，学校设施太好了，原来是千人的学校，近年来女校人气下降，只剩十分之一的学生，还在坚持办女校。可是，看了过去的考题发现，那怎么也是偏差值 50 以上才能应付得了，对女儿来说有难度。这所学校的推荐报考条件女儿能达到，可惜当时不知道这所学校，已经错过了推荐方式报考期。

　　回家以后不久，接待我们的老师来电话说，如果按单愿报考，考上后不再考都立，就可以按推荐方式报考。之后校方和 Jack 老师通话了解了女儿的情况，我们就本着考上则放弃都立高中考试的决心去应试了。

　　这份幸运，让女儿成为我一直期盼的日本女校高中生。

修学旅行不是旅游，
而是学习

　　毕业季在紧张的考学准备之中，让同学们最为期待的就是 2 夜 3 天的修学旅行了。"修学旅行"可谓日本学校文化的一大特色，小学、中学、高中都有，中学的修学旅行一般是北海道的学校去道内主要城市的札幌和函馆，东北地区的学校来东京及周边的首都圈，首都圈的学校去京都、大阪等近畿地区。来东京的会去日光、国会议事堂、皇居、羽田国际机场、东京巨蛋、东京迪士尼等主题公园，还有东京塔、东京证券交易所、日本银行总部、横滨的港口未来 21 地区、空中树等城市标志建筑。东京的私立中学有乘飞机去北海道和冲绳或海外的。大泉中学去的是京都、奈良。

　　"修学"是修得学业之意，修学旅行不是单纯的游山玩水，属于《学习指导要领》中规定的特别活动之一，所以，修学旅行还是要通过领域研究和地区调查、采访活动等写出报告。

　　修学旅行一般是在学生升入最高年级后安排，但有些学校为了不影响考学，就安排在二年级，大泉中学的修学旅行是初三学年的 9 月上旬，也就是暑假之后马上去旅行。

与临海学校和滑雪教室不同，住宿设施不是需要学生自己清扫、配饭的营地性质了，而由旅行社提供食宿和交通等服务。因为费用较高，从中学入学那天起就可以开始在旅行社指定的账户攒钱。每人交费相当于人民币 4000 多元，我们没有采用攒钱的方式，而是选择了在交费期限前一次性支付。

日本的修学旅行历史可追溯到明治时代，1882 年，栃木县一所中学的学生在老师带领下，到东京的上野参观了当时举办的劝业博览会，成为学生集体旅行的开始。"修学旅行"一词第一次出现在 1887 年《大日本教育杂志》54 号刊登的长野师范学校长途远足的报道，文章为避免军事术语干扰学术研究，把行军旅行改成了修学旅行。1896 年，长崎的商业学校来中国的上海进行修学旅行，这成为日本最早的国外修学旅行。"二战"前的修学旅行基本是神道教育的一部分，主要是去神宫、神社，而积极导入传统美术观光目的的修学旅行是在 20 世纪 50 年代以后才开始普及的。日本修学旅行协会发行的杂志《修学旅行》也推荐传统美术观光地，外加考虑交通和团体住宿环境等因素，旅行地自然就变成了京都、奈良。到了 20 世纪 70 年代，交通手段多样化，修学旅行开始选择铁路出行，出现了若干校一起利用专列的方式，大泉中学的修学旅行就是乘新干线专列前往目的地。

通过初一的临海学校和初二的滑雪教室，同学们已经积累了住宿旅行的经验，还是先由学生组成执行委员会负责运营，制作了旅行手册。中学修学旅行的记忆是唯有和中学伙伴一起才能留下的，女儿那年的标语是"一期一笑"，力求让修学旅行充满笑脸。

京都、奈良几日的修学旅行全程都是以6人小组为单位行动，男女生各3名，提前几个月就开始设计小组行程了，调动自主性，对历史文化深入学习，可谓培养学校教育最高目标之生存能力的集大成。

小组设计行程时先各自分头做功课，然后提交自己感兴趣地点的介绍。在当地活动的第二天使用1天自由行公交车票，第三天有旅行社安排的出租车随便使用，去偏远山区做陶艺等的行程设计也有了可能。虽然小组有行程目的地的决定权，但必须包括学校规定的几个景点，对这些景点的学习，所有组员都要提交自己的参观记录。儿子在修学旅行时担任组长、班长、委员长，准备工作很多。

日本的旅行社操办集团旅行可谓超一流，服务竟是超出预想地贴心。在中学教育活动中，修学旅行是学生第一次感受旅行社的服务，让他们对做事考虑周全有了具体的认知。

修学旅行从周一开始，行李是出发前三天的周五一早上学时带到学校，旅行社来车将行李运往京都的住宿旅馆，以便学生轻装乘车前往。

修学旅行之前也召开了家长会，但已经不用仔细听要带什么东西，女儿用10分钟就把行李装好了。如果出现中途生病，家长要去当地接孩子，路费有学校保险罩着。

新干线从东京站出发，专列车票也是周五就发给学生了。新干线由日本铁道JR的各地公司经营，乘坐东京市区JR段铁路到东京站的车费含在新干线车票之中，但到达JR段之前的其他铁路线还是照常要买车票。女儿有交通卡，但如果不了解新干线票包含JR段车费，就可能用自己的交通卡乘坐JR线前往东京站。这一常识学校有所交代，但中学生金钱概念不强，儿子和女儿都接受了我对这一常识的再教育。

早 7:30 东京车站集合，8:23 发车。因为同学都住在学校附近，各小组就在 6:00—6:20 从附近车站集体出发，儿子和女儿都是 5:30 出门，5 点起床，我得 4 点半起来做早饭和便当饭团。10:41 就到京都站了，早、中饭就是在新干线上吃自带的饭团。

儿子上中学的时候不太担心早出晚归的安全，女儿经常周末很早出门参加篮球部的外出比赛，周末上班人少，太早了街上过于清静，我都是离女儿一段距离悄悄地跟着她到车站。日本的电车一般都是 5:00 前始发，有时去机场赶早班飞机要坐早班车，人还那么多，真佩服日本人的勤奋。修学旅行那天早出门就不需要我跟着了，一方面是因为出发日期是平日，上班族让小街不清静，再就是穿大泉中学校服的身影从四面八方聚来，家长跟着也让孩子没面子。

中学的修学旅行不让带手机，学校发给每个小组一部手机，老师用电脑监控手机 GPS。儿子是组长，出发前领了手机。考虑到和组长走散就可能遇到麻烦，组员要求带电话卡，我让女儿也带了。

女儿的修学旅行运气不错，预报有雨，结果只是多云。

第一天到达京都后全体乘坐巴士先前往法隆寺，小组分头活动一个半小时，再全体乘坐巴士前往东大寺。之后小组行动，傍晚在奈良公园集合后乘坐巴士去往京都的住宿地点。

女儿修学旅行时有很多外国人到日本旅游，第一天留下最强烈印象的是奈良鹿，其次就是东大寺有很多外国人。小组活动去了列入世界遗产的春日大社，还去了以红叶知名的手向山八幡宫，那是奈良的坐镇神社。女儿还给中国游客翻译了几句，一向闷声不吭的女儿终于让小组同学刮目相看了。

大泉中学的优点之一是人多，一个年级就把旅馆全包了。修学旅行住宿在拥有 180 年历史、江户时代开业的三木半旅馆。住宿为几人一间和室，用餐是旅馆服务人员端进屋来，很有奢侈体验感。但是，组长、副组长、室长、副室长、学习、美化、保健、入浴、会计、饮食的几个工作组还是有的，各自负责相关事宜。儿子所在的组长工作组，要负责统管和指挥所有行动小组，提出建议，督促遵守规则，集合时点名，紧急状态时应对，管理携带的现金、个人物品、手机等。日常注意事项，如行动提前 5 分钟，见人礼貌问候，不需要的东西不带，绝对不边走边吃喝，垃圾自己带走和乘坐公交、参观、点名、购物的常识也都是组长工作组提出。女儿参加学习工作组，负责旅行前后的学习，保管参观地点资料，督促小组行动时采写参观记录，还有要用学校的相机拍照。旅行后，各小组都要用制图纸做一张新闻海报，也是由学习工作组负责监督完成。

第一天饭后有传统工艺的体验学习，是京都陶器清水烧的图绘，做一个专属于自己的纪念品，烧制好之后寄到家里。

体验学习之后还有工作组会议和房间会议。

次日一整天都是小组行动，女儿的小组首先去了影视剧中多次出现的本能寺，也是织田信长被烧死的地方，然后去了列入世界遗产的二条城、东映电影制片厂的太秦电影村、人们祈愿考试合格的北野天满宫、金阁寺、清水寺。这一天完全没有老师带队，260 多人，四五十个小组，全部在 17:15 前安全返回饭店。很佩服日本的学校，每次活动都如此管理有方。

第二天晚饭后的体验学习是观看属于传统艺能的狂言。

修学旅行第三天，我看京都天气预报是雨，实际是大晴天。这一天是乘出租包车行动，旅行社提供四五十辆出租车，随学生发号施令，不到现场也能想象其壮观的场面。女儿的小组去了洗钱祈愿的御金神社、举办京都三祭之一祇园节的八坂神社、以千本鸟居著名的伏见稻荷神社、伏见稻荷参道茶屋、世界文化遗产东寺。

当天下午返回，行李一早有专车运往学生在东京的家里。

携带现金上限为7000日元（450元），用于小组行动中的门票、午餐、购买特产等支出，女儿用3000日元买了自己喜欢吃的甜品，作为给我们的礼物。京都特产是桂皮味儿和式点心"八桥"，有很多品牌，儿子修学旅行的时候买的是"元祖"，女儿买的是以小说《五番街夕雾楼》主人公夕子命名的品牌。看到女儿买的"八桥"之后，我还赶紧去图书馆把小说借来看了。女儿说，京都的山很美。

儿子修学旅行时买回三个茶杯，有爸爸的、妈妈的，和他自己的，没有妹妹的。都是黑色磨砂质地的，图样文化信息浓厚，但不好清理，或者说是否洗净完全不知。女儿也买回一个茶杯，她自己的，蓝色，非常好看。京都茶杯算是凑齐了。

都是刚进11月，儿子和女儿在京都修学旅行时做的陶艺送到了。儿子说，烧好以后感觉和自己做的完全不是一个东西，可能是烧后变小了？要么就是搞错了。女儿做的杯子，文案不错："只是爱你，MARS"。

高中按偏差值
形成职业圈

　　江户时代的德川一族中，地位仅次于将军的是家康的九子、十子、十一子，掌管尾张、纪州、水户各藩，称作"御三家"。对于踏进小升初和考高中的孩子来说，耳熟能详的"御三家"就是指考入东京大学人数最多的开成、麻布、武藏三家中高一贯制的私立男校，女校"御三家"是松荫、女子学院、双叶。偏差值最高的高中是神户男校"滩高"，首都圈还有国立筑波大学附属驹场高中的"筑驹"，也是男校，都立高中偏差值最高的是日比谷。公立学校没有男校和女校，都是男女混校。熊泽君是开成和筑驹都考上了，入学筑驹了。大泉中学的毕业生有人踏入了名门高中，自然让我们产生了出身公立也能追求最好的冲动，一般公立中学看不到如此的毕业去向风景。儿子的高中考学追求也因为熊泽君而聚焦在了筑驹和开成上。

　　到了考高中的时候，儿子已经不再说自己12岁才开始学日语而表现出进步快，只检讨没上私塾，难及熊泽君的实力。儿子问过熊泽君，不上私塾能不能考上开成，熊泽君回答说，应该不行，因为各校题路不同，他上了两个私塾，目的是各取对策之所长。西川君说过类似的话，儿子半信半疑，过来人的熊泽君也这么说，就确信无疑了。但是，儿子还是反复地做过去 6 年的考题，自己应对筑驹、开成和日比谷。

东京工业大学附属高中虽然偏差值稍低，但毕竟是国立的，进不了私立"御三家"和都立日比谷，进国立高中也是不错的。我看儿子的目标太不现实，就一个劲儿地说服他报考东工大附高，儿子提不起精神，考题书还是我给他买回来的。他翻看后仍然感觉不到挑战性，提不起报考的积极性。参加私塾的筑驹公开模拟考试以后，在私塾老师的鼓舞之下，儿子放下了应对筑驹而专攻开成。筑驹是国立，和国立东工大附高同一天考试，这时儿子才不痛快地答应不考筑驹而报考东工大附高，但第一志愿也已经不是都立的日比谷，而变成了开成。

小升初的偏差值最高学校是开成中学，发榜的时候甚至有主要大众媒体在热播时段介绍那些小学生的家庭环境，大家的共同特点是在客厅里摆放学习用具。有一家的客厅里立着移动式白板，爸妈介绍说，孩子放学回来就让他复述那天在学校学了什么，白板用于复述的时候写，以加深理解。开成中学有初中和高中，初中跟不上的升高中时会被劝退，但这样的学生很少。儿子考开成属于高中入学，不和电视里介绍的小学生竞争，但考入以后就和他们一起学习了。日本的小学算数有鸡兔同笼之类的鹤龟算、植树算等，儿子都没学过，没自己推算和证明过中学以后学用的公式，更没经历开成中学生的家庭学习。但是，儿子做开成过去 6 年的考题不觉得难，自己判分认为能考上。

可是，没有滑坡校，全是高偏差值高中的志愿，实在太冒险了。儿子说，东工大附高就是滑坡校。能考上国立附高都是公立中学毕业生的一道亮丽风景，把国立附高想成滑坡校，未免太狂妄了。也不知他这走火入魔的自信从何而来，我的心脏真是难以承受。为了自身的健康，我研究了偏差值 60 以上的所有学校，为的是确定一所滑坡校。中学也急得要命，总是催促儿子选一所推荐优待校。

推荐优待校都是私立的，我也基本研究了，偏差值没有过 60 的，和儿子同时在校考过数学满分的同学确定了一所私立男校，可以作为特待生免费上私立。儿子要是愿意，凭模拟考试的成绩也有免费上的私立，男校和立领校服也能保证。

我做了个表格，按偏差值从高到低排列了偏差值 60 以上的所有男校，有好几十所。经过全面和仔细的排查，偏差值 65 以下的学校没有特点突出并对儿子产生吸引力的。偏差值 65 以上的学校，填入报名时间、考试时间、发榜时间、办理入学手续时间和学费、备注，对考试时间冲突的，先征求儿子的意见后做出取舍判断，然后我来核对发榜和办手续的时间差，规避重复交纳入学金，还有权衡学费的高低。应对庆应和早稻田系列的附高又与筑驹和开成不一样了，也有考试时间冲突的问题，儿子不想分散应对开成的精力，更不可能把偏差值低不了几个点的学校当滑坡校。

最后，我们选中了刚过九十华诞的本乡高中，儿子喜欢有历史的学校。德川家族的松平赖寿是该校创办时的理事长。而且，地处东京大学附近的本乡地区，毕业生有奥运游泳金牌得主北岛康介、人气歌舞组合 EXILE 主唱 ATSUSHI、漫画家秋本治等。儿子刚来日本就看了秋本治的代表作品《这里是葛饰区龟有公园前派出所》，喜欢 EXILE 组合。提起本乡高中，日本人都知道该校的橄榄球项目很厉害。最重要的是，本乡高中符合儿子对报考校的三个条件：偏差值 70 以上、男校、立领校服。同时，本乡高中也符合我的愿望：学费较低。

把本乡高中当成滑坡校可不敢说出去，儿子还是太傲慢了。

因为早已错过说明会召开时间，只能自己去取报名资料。当时本乡高中正在施工新教学楼，没见校内什么样，在传达室拿了学校介绍册和报名资料就报考了。

不过，学校介绍册做得漂亮，全白，有凹凸立体感的封皮，儿子很是中意，提起了报考的兴趣。当天就去书店买来了本乡的历年考题书。翻开一看，没想到，完全不是想象的那么容易。儿子感受到滑坡校的挑战性，有些紧张起来了。

后来总结，感觉难的主要原因还是题路生疏。

最终儿子报考了4所学校：私立开成、都立日比谷、国立东工大附高和私立本乡高中。都立高中的志愿从户山变成日比谷还有一个原因，就是户山没校服，日比谷是立领校服，放弃筑驹也是因为没校服。日式全黑立领校服确实是近代以来日本文化的一种标志。把开成作为第一志愿，很大原因是儿子喜欢它的校徽图案：笔剑交叉，笔压在剑上。关于男校的事，我还征求过朋友的意见，朋友说，女生上女校好，男生上男校不好。不过，偏差值70以上的学校只有男校。

到今天儿子都在说，要想学习出类拔萃，初一开始就该进男校。中学要专心学到快能考东京大学的程度，这样，进高中后的休息日每天学6—7个小时就够了，而无须像他那样每天学10个小时。兼顾学习和运动很难，俱乐部实际上应该是学习好了以后才能参加的。中学时学好了，高中可以更好地投入俱乐部、文化节、体育节等。

儿子说得对，开成高中的学生真的是高一就参加东京大学的模拟考学，基本不学习了，人气电视节目的东大王智力竞赛就是以开成高中的智力竞赛俱乐部为基础发展起来的。庆应大学的面试考官提的问题是，入学后没时间学习，基本是为参加大学生体育大会而训练，你行吗？也就是说，小升初已经把天才筛分出来了，再经过中学时期在一起学习和互动，考入东京大学的就只是出身几所高中名门的学生，而官场、银行、大企业、咨询公司的主力都是出身高偏差值大学的，职业圈的布局也随之确定。不夸张地说，考入高偏差值的高中，基本决定了未来即将进入日本社会的精英圈子。

檀聪日记

2013 年 2 月 9 日（星期六）晴

明天就是开成的考试了，本来准备今天不学习的，可还是傍晚以后学习了。上午写了学校的报告，之后坐在电脑前，尽兴读了已经好久没读的轻小说。

2013 年 2 月 10 日（星期日）晴

今天是开成的考试，从结论说，很难！比去年，甚至比往年都难，特别是数学。其他大概能得 5—6 成的分数。不过，入口处私塾老师的声援太厉害了！

2013 年 2 月 11 日（星期一）晴

今天是本乡的考试，没想到国语考的还不错，数学最后几小题错了。英语的作文部分可能稍有点错。说心里话，能不能考上真说不好，以个人感觉，非常不安。其他考生的水平不清楚，但和开成完全没有可比性。

2013 年 2 月 12 日（星期二） 晴

今天一早就发榜，先本乡后开成，所以没有去学校。首先，很紧张。看榜的瞬间就发现没我的号！后来又仔细地看了看，是竖列错位了。稍微放心了一下，然后去看旁边一列。啊，有！当时的感动无以言表。不出所料，开成落榜了。

2013 年 2 月 13 日（星期三） 多云

今天是东工大附高的考试。考国语时间很富裕，数学量很大，最后 5 个小问题来不及做了。英语有满分的自信。这也有点不安，别是因为数学没考上。倍率是 5.2，属于高倍率。不过，感觉应该能考上。

2013 年 2 月 15 日（星期五） 多云

今天上午去学校了，吃过午饭马上去往东工大附高看发榜。哎呀，还是不安呐！而且还是雨中，没带伞，显然兆头不好。然后，我徐徐走向发榜的告示牌，找 222 号……，有啦！感动得乱七八糟的。

2013 年 2 月 16 日（星期六） 多云

两所学校都考上了，感觉已经放心了，还有最后的日比谷。国立和私立的考学都已经通过了，我还是不能妥协，一直要努力到最后。

2013 年 2 月 17 日（星期日）晴

　　今天在家学习，到底是两所学校都考上了，学习的心情也变得轻松些了。而且，今天没有学中学的内容，而是一直在做蓝图式数学。已经进入高中的学习了。

2013 年 2 月 22 日（星期五）晴转多云

　　明天就是都立的考试了，说实话，今天什么也不想干了。不过，要是不学点儿什么就有不好的预感。所以，做了社会和英语的过去考题，英语 90 分，社会 90 分，感觉还真不错。真没准儿明天能考上！过了明天，就是 PARA-DISE！

2013 年 2 月 23 日（星期六）雨

　　今天是日比谷的考试。数学难！以为会比较简单呢，结果今年难到和早、庆差不多了。为什么这么难呀？这不是让能考上的学校也考不上嘛，还有讨厌的内申点。

2013 年 2 月 28 日（星期四）雨

　　今天都立高中发榜，先说结果，日比谷没考上。不过久保田考上了，有点儿难受。也许，这就是神定的进学之路。这样，国立、公立、私立的日本三大教育体制我就全部体验了。好啦，没什么可消沉的，新的人生开始啦！

中学毕业典礼

正如儿子在日记中写到的，国立小学、公立中学、私立高中男校，他都能体验了。女儿考入了私立高中女校，我的写作任务也在《日本公立中学一千天》之后可以增加"日本私立高中男校女校"了。

久保田君的内申点比儿子高1分，但他擅长文科，原本以为儿子能考上日比谷，久保田君考不上。儿子准备用自己擅长的数学填补内申点的缺陷，可数学太难，也拉不开距离了。都立高中的考试成绩不给个人但返回公立中学，年级主任后来告诉儿子，他的理科和社会考得不够好。理科和社会用的是都立统考题，内容不难，但这却正是儿子的弱项。其他考生是中学3年一直全科认真学习才能拿到内申点全5的，教科书内容的理科和社会也拉不开距离，大家几乎都得满分。

熊泽君和西川君都说不上私塾考不进顶尖高中，后来明白了，其实那是有很大程度依靠私塾的答题思路。儿子觉得开成的考题难是因为对题型生疏，如果上了私塾，训练过解题思路，考试时就不至于无从下手了。所以说，开成落榜很正常。

本乡高中发榜那天，不仅我紧张到浑身僵硬，在家等儿子的电话，学校的班主任也急得团团转。这所学校要是考不上，那儿子没高中可上的可能性就很大了。儿子做学生干部已经很出名，没选保底校一事人人皆知，年级老师也跟着担心。看榜后儿子去学校报告，班主任连声说，太好了，太好了，高兴得眼泪都出来了。

都立发榜那天，学校负责升学的老师对儿子的结果很期待，听说到底还是没考上就感叹："还是要靠内申点呀。不过，你国立考上了！"

东工大附高发榜那天，儿子看榜回来也是去学校报告，在雨里走到学校附近时，迎面碰到了负责升学的老师。老师问，怎么样？儿子说，考上了！老师马上主动和儿子 Hi-touch 表示祝贺。国立也需要内申点，而且是 3 年份儿的。儿子初一、初二的内申点更糟糕，所以，东工大附高能考上，说明儿子的考试成绩非常好。

然而，谁也想不到的是，儿子提出，如果日比谷考不上，他就要辞退国立的东工大附高，而去私立本乡高中。确实，本乡比东工大附高的偏差值高，可学费也贵多了。其实，儿子在心里早已决定了第一志愿开成、第二志愿本乡，只是因为我在意学费他才努力考日比谷。

东工大附高是国字头的学校，说出去荣誉感强，东工大也是难关国立大学，附高毕业有 10 人可享受内部推荐。但是，东工大附高开设不同的工科班，还不能保证进志愿的班。最重要的是，高中毕业都是学工，没有学医的。儿子说了他的辞退理由，我感到自己更在意学校名声和学费低，实在是太不理智了。儿子成长了！

本乡高中的入学手续截止到日比谷高中发榜之后两小时，我带好了入学金和相关文件去换车地点与儿子会合。路上还在做思想斗争，如果日比谷考上了，要不要仍然辞退都立去本乡。日比谷和东工大附高不一样，偏差值比本乡高，儿子应该不会选择偏差值较低的学校。

在站台上，儿子迎面走来，凭我的经验，已经知道那脸上写的是没考上。不过，日比谷和本乡之间选择谁的纠结也消失了。说心里话，我最难过的是，他告诉我久保田君考上了。

久保田君也是上了私塾的，而且都立自校出题模拟的成绩不如儿子。因为儿子没上私塾，久保田君就把私塾的日比谷模拟考题拿给儿子做，儿子的成绩居然比久保田君高。久保田君对儿子没有戒心，儿子也是真心为久保田君考上日比谷而高兴。狭隘的只有我。

办完本乡高中的手续，我给东工大附高打了电话，声明要辞退。对方问，决定入学哪里了？我说本乡高中。对方的反应像是难以理解。

学校每年都为初三年级举办"听毕业生讲话"的活动。儿子高二那年，大泉中学邀请他作为毕业生回母校讲话。因为是平日，儿子需要向高中请假。大泉中学把正式的邀请函寄到家里，儿子持该公文到高中请假不记缺席，算作公欠。之后高中开家长会的时候，班主任横山老师还特意把这件事当作荣誉介绍给大家。班里只有两人是高中入学，也只有儿子出身公立中学。同学的妈妈们都是私立教育的追随者，对公立学校完全陌生，听我介绍公立中学，感觉简直就是娱乐休闲。班主任也一直就职于私立学校，大家都感觉我们特别厉害，是出身公立的奇迹。

大泉中学邀请了不同类型去向的毕业生回校讲话，儿子那年邀请了5名毕业生，包括升入专科高中的伊藤君。大家回忆自身的考学经历，对在校生的暑假学习方法和志愿选择起到辅助作用。这项活动家长也能参加。

儿子是最后一个发言，之后有问答时间，当被问到男校如何时，儿子回答说，虽然缺少女生的色彩，但男生特有的默契将一直持续到毕业。男校的魅力是：精神自由、学习集中、人际关系简单。

在儿子考高中的时候，大泉中学只有两三名学生志愿男校。讲话之后，儿子收到好几封来信，有的说："最感兴趣的是学长说到了男校的气氛，男生特有的默契和因为没有女生而学习集中，本来犹豫要不要志愿男校，现在更想进男校了。""印象最深的是，学长说，为了解自己的实力，开始要做一些水平较高学校的考题。""自由的校风太让人羡慕了，听说有上半身裸体在楼道跑的，吓了我一跳。不过，我想那也是男校特色。更加羡慕的是，男生特有的默契一直持续到毕业。"还有一名女生来信写道："学长说，学习不能大概齐（糊弄），这句话留在了我的心里。"

儿子到日本以后，有几件事对他的成长和进步起到了不小的影响，对我自身的观念也有冲击。

国立小学的年级主任老师肯定儿子上课接老师的话是活跃课堂气氛，而在此之前，儿子的这种行为只被认为是"调皮""不遵守课堂纪律"；公立中学的初一班主任评价儿子有领导能力，使儿子意识到自己的潜能；私塾老师的一通电话让儿子了解到，自己在学习上有争取最高水平的可能性；高中上私塾时，辅导老师指出，不能为追求正确就一直使用模式化对策，而要尝试不同的解题方法。

教育不只是培养优秀的学生，而是启发学生对自己潜力的认知，让优秀的学生更优秀，让不太优秀的学生能进步。

毕业典礼那天，东京热得像盛夏。一早到学校登记时，领到一封

日本公立中学一千天

3 年的路

儿子写给父母的信，给我的用日语，给他爸爸的用中文。日语写的比中文好，也许日语适合表达感激之情。

这一天，男老师着燕尾服，女老师穿和服。2013 年 3 月 19 日，练马区立大泉中学举行了第 66 届毕业典礼。全场齐唱校歌之后进行学业汇报，重申教育目标。

毕业典礼结束后，家长到校庭等待孩子走出校园。操场上已经搭好了五彩缤纷的毕业生欢送隧道，因为不知道儿子什么时候走出来，而且大家都穿着校服，我担心拍不到儿子的照片。等了许久，也许没多久，看到儿子的班主任和几个学生一起走来，知道儿子就快过来了，赶紧凑近欢送隧道准备拍照。儿子和几个男生打打闹闹地走过来了，手里捧着花束。知道他不喜欢我拍照，更不愿意我喊他的名字，只能故意让他看到我，他还算配合，朝向我这边做了一个 V 的手势。

女儿的时候是和班主任 Jack 一起从欢送隧道走来。那时候的毕业典礼默认可以带手机，不用我拍照，女儿自己就积极地和各位老师合影了。小林老师和 Jack 都为女儿在考学最后时期把握住了机会而表示由衷的高兴和祝贺。

儿子 2013 年 4 月入学本乡高中，高一几次考试均名列第 1，高二以后作为三人之一被编入主攻偏差值置顶的名门大学的特进班，应届考入顺天堂大学医学部。大学期间，他的照片作为本乡高中的两名毕业生代表之一，刊登在当年的本乡高中介绍册中，就是那本他第一次接触本乡高中时领到的全白册子。

女儿 2017 年 4 月入学东京女子学院，幸运变成了机会，高一去澳大利亚短期留学，坚持 3 年参加学校的舞蹈俱乐部，应届保送东京纯心大学幼教专业，向公立中学时萌生的职业理想靠近了。